Vergleichende statistische Uebersicht

der

in Berlin

in den vier Epidemien 1831, 1832, 1837 und 1848 vorgekommenen

Cholerafälle

nach den Wohnungen der Erkrankten aus den amtlichen Listen zusammengestellt und erläutert

von

Dr. W. Schütz,
Medizinalrath.

Nebst einem Grundriß von Berlin.

Berlin,
Verlag von G. Reimer.
1849.

Vorwort.

In der statistischen Uebersicht der bis jetzt in Berlin vorgekommenen Fälle epidemischer Cholera, welche ich hiermit der Oeffentlichkeit übergebe, wünsche ich einen Beitrag zur Geschichte der Choleraepidemien überhaupt und zugleich einzelne Aufschlüsse über die Gesundheitsverhältnisse unserer Hauptstadt zu liefern. Wenn ich bei den von mir angestellten Vergleichungen auch nicht zu wesentlich neuen Ansichten über die Natur und Verbreitung der Cholera gelangt bin, so hoffe ich doch, manches Bekannte durch Zahlen bestätigt, einzelnes Irrthümliche berichtigt und jedenfalls den künftigen Bearbeitern der Berliner Choleraepidemien das vorhandene Material zugänglicher gemacht zu haben. Dies ist auch der Grund, weshalb ich mich nicht auf die aus der numerischen Zusammenstellung gezogenen Schlüsse beschränkt, sondern die tabellarische Aufzählung aller einzelnen Krankheitsfälle in extenso mitgetheilt habe. Der Königlichen Sanitäts-Commission sage ich für die Bereitwilligkeit, mit welcher sie mir die amtlichen Listen zur Benutzung überlassen hat, hiermit öffentlich meinen Dank.

Berlin, den 20sten Februar 1849.

Schütz.

Einleitung.

Die Cholera hat im vorigen Jahre Berlin zum vierten Male heimgesucht und dessenungeachtet sind unsere Kenntnisse von der Entstehung und Verbreitung der Krankheit noch nicht viel weiter gediehen, als sie es bei dem ersten Erscheinen derselben im Jahre 1831 waren. Insbesondere ist der Streit über die contagiöse oder miasmatische Natur der Cholera bei jeder neuen Epidemie immer wieder aufgenommen worden, und selbst nach unseren neuesten Erfahrungen nicht als beendigt anzusehen. Der Grund hiervon liegt allerdings zum Theil darin, daß die Lehre von den Contagien und Miasmen überhaupt noch nicht abgeschlossen und neuerdings sogar mancher ältere Satz wiederum in Frage gestellt worden ist. Noch mehr aber hat zur Verwicklung des Streites beigetragen, daß man den von andern sogenannten contagiösen Krankheiten entnommenen Begriff der Ansteckung gewaltsam auf die Cholera angewendet hat. Anfänglich setzte man voraus, die Cholera werde, wenn sie ansteckend sei, auch durch die seit Jahrhunderten gegen die Pest bewährten Maaßregeln der Sperre, Contumaz &c. in ihrem Verlaufe gehemmt werden. Da sich diese Voraussetzung nun weder im Großen in den Ländern, noch im Kleinen in den Ortschaften bestätigt hat, so zog ein Theil der Aerzte hieraus den Schluß, die Krankheit sei keine contagiöse. Diese Folgerung ist aber eine zu voreilige, denn die Absperrungsmittel könnten schlecht oder unausführbar gewesen sein. Es wäre ferner möglich, daß ein Contagium zwar vorhanden aber zu flüchtig oder nur unter gewissen Bedingungen der Krankheit eigen sei u. s. w. Allen diesen Möglichkeiten nachzuspüren, ist die Aufgabe der Medizin. Sie wird aber dadurch allein nicht gelöst werden, daß man in jeder neuen Epidemie eine Anzahl von Fällen, welche nach ihrem Auftreten für eine Uebertragung der Krankheit zu sprechen scheinen, zusammenstellt, da sich jedesmal eine eben so große, wenn nicht größere Zahl dagegen anführen läßt, welche durch Uebertragung von Individuen zu Individuen nicht zu erklären ist. Rationeller scheint es mir zu sein, wenn man die Verbreitung der Krankheit in allen Fällen, die zu einer Epidemie gehören, zu verfolgen sucht. Natürlich ist es unmöglich, alle bei der Entstehung eines jeden Krankheitsfalles concurrirenden Umstände zu erwägen; es lassen sich aber nach den amtlichen Listen, die wir in Berlin von den Cholerakranken besitzen, wenigstens die Wohnung des Kranken und die Zeit der Erkrankung feststellen und hierauf Vergleichungen des Ganges und der Ausbreitung der Berliner Epidemien gründen. Bereits im Jahre 1831 hat der Major Blesson in der von Casper herausgegebenen Cholerazeitung eine hierauf zielende Tabelle der Erkrankungen angefertigt. Da aber der damals beabsichtigte Zweck, aus der verhältnißmäßig kleinen Zahl von Krankheitsfällen ein Gesetz für den Typus der Verbreitung und die Zeit der Ansteckung abzuleiten, nicht erreicht wurde, so ist dieser Weg, der Cholera in ihrer Entwicklung zu folgen, verlassen und auch in den andern Epidemien nicht wieder betreten worden. Ich halte denselben jedoch für keinen erfolglosen, besonders wenn die Vergleichung über eine sehr große Zahl von Fällen ausgedehnt wird.

Wir haben in Berlin 4 Choleraepidemien in den Jahren 1831, 1832, 1837 und 1848 gehabt. Die Zahl der angemeldeten Kranken beträgt etwa 9,000. Diese sind nun sämmtlich von mir in einer Tabelle in der Weise zusammengestellt worden, daß die Fälle der einzelnen Epidemien nach dem Wohnort der Erkrankten einander gegenüberstehen und bei Jedem Straße, Hausnummer, Tag der Erkrankung, Anzahl der Fälle in demselben Hause und ob er glücklich oder tödlich verlief, verzeichnet worden. Andere Beziehungen, welche sich aus den Listen der Sanitäts-Commission auch hätten entnehmen lassen, wie z. B. das Geschlecht, das Alter, den Stand der Kranken habe ich nicht mit aufgenommen, theils um die Uebersicht nicht zu erschweren, theils weil mir diese Gesichtspunkte für den Nachweis der Verbreitung weniger wichtig zu sein schienen. Auch hat die Erfahrung die Fragen, ob eine Altersklasse von der Cholera verschont oder mehr oder weniger ergriffen werde, und ob das Geschlecht besonders zur Krankheit disponire, verneinend entschieden. Was die Vertheilung der Kranken nach Ständen und Gewerben betrifft, so besitzen wir aus den beiden ersten Epidemien in der Cholerazeitung Nr. 10, S. 83 und in dem 1832 von einem Verein Berliner Aerzte herausgegebenen Cholera-Archiv bereits eine Uebersicht. Eine Fortsetzung dieser Vergleichung in den Jahren

1837 und 1848 wäre zwar ganz interessant gewesen; ich mußte aber schon deshalb davon abstehen, weil sich in der letzten Epidemie bei den durch die Revolution vielfach gestörten Verhältnissen der Gewerbtreibenden die Beschäftigung derselben nothgedrungen geändert hatte, und in sehr vielen Fällen aus einem Handwerker ein Erdarbeiter geworden war, ohne daß dies aus den Krankenlisten hervorging. Ich würde ferner nicht nur die Fälle, welche in einem Hause, sondern auch diejenigen, welche in einer Wohnung vorkamen, zusammengestellt haben, da dies für die Frage von der Ansteckung besonders wichtig ist. Die amtlichen Listen geben aber hierüber keinen sicheren Aufschluß und man kann in den Fällen, wo mehrere Glieder einer Familie als Cholerakranke gemeldet sind, niemals wissen, ob nicht noch andere Personen, welche einen andern Namen führen, namentlich Dienstboten, Einlieger u. s. w. in derselben Wohnung erkrankt sind.

Der Werth der tabellarischen Uebersicht der Berliner Cholera-Epidemien und die Sicherheit der daraus gezogenen Schlüsse hängen natürlich von der Zuverläßigkeit der Quellen ab, aus welchen die Zahlenverhältnisse geschöpft worden, und in dieser Beziehung muß ich einräumen, daß die amtlichen Meldungen die Zahl der Kranken nicht absolut richtig wiedergeben. Dies ist schon deshalb nicht möglich, weil in einer Choleraepidemie, wie bei jeder anderen Abstufungen der Krankheit vorkommen, die nach dem individuellen Urtheil des Arztes entweder zu der Cholera gezählt werden oder nicht. Manche leichtere Fälle sind daher gemeldet andere nicht. Nicht selten ist die Anzeige ferner von den Aerzten aus Bequemlichkeit oder um die betroffene Familie nicht noch durch die Veröffentlichung des Krankheitsfalles und deren Folgen zu ängstigen, unterlassen worden. Auf der anderen Seite ist es auch vorgekommen, daß Fälle, die entschieden nicht zur Cholera gehörten, als solche gemeldet worden sind, wie denn in jeder Epidemie an andern Krankheiten Leidende in die Cholera-Lazarethe gesandt worden. Mitunter mögen auch sehr leichte Erkrankungen an Durchfall oder Brechdurchfall als Cholerafälle angezeigt worden sein, um glückliche Resultate der Heilung zu erzielen. Wären diese Ungenauigkeiten in den Anmeldungen in allen Epidemien dieselben, so würden sie bei einer Vergleichung derselben unbeachtet bleiben können. Dies läßt sich nun zwar in so fern nicht voraussetzen, als die sanitäts-polizeilichen Maßregeln in den ersten beiden Epidemien viel strenger als späterhin und daher auch die Aerzte in jenen vielleicht eher veranlaßt waren, Erkrankungen zu verschweigen als jetzt. Auf der anderen Seite mögen aber auch in den beiden letzten Epidemien manche Aerzte bei der größeren

Nachsicht der Behörden in ihren Anmeldungen weniger gewissenhaft geworden sein. Welcher Einfluß der bedeutendere gewesen ist, läßt sich schwer feststellen. Indessen können die Unterschiede in der Angabe der Cholerafälle während der verschiedenen Epidemien nicht sehr erheblich sein, weil das Verhältniß der Genesenen zu den Gestorbenen im Ganzen stets dasselbe geblieben und namentlich im letzten Jahre die Zahl der Heilungen nicht größer geworden ist. Die Todesfälle an Cholera sind aber gewiß immer mit wenigen Ausnahmen zur Kenntniß der Sanitäts-Commission gekommen, indem in allen Epidemien eine sorgfältige Revision der Todtenscheine stattfand, so daß in den Fällen, welche nicht als asiatische Cholera, sondern nur als Cholera oder Brechdurchfall bezeichnet wurden, nachträglich eine Ermittelung des Krankheitsfalles bewirkt wurde. Ist demnach überhaupt das Verhältniß der Genesenen zu den Gestorbenen in allen Epidemien im Wesentlichen dasselbe geblieben, was man nach den analogen Resultaten der Cholera-Hospitäler in den verschiedenen Jahren annehmen kann, so sind auch die Schwankungen in der Zahl der Erkrankten, welche nicht gemeldet wurden, nicht sehr erheblich gewesen. Bemerken muß ich hierbei noch, daß die Zahlen der Erkrankungen in meinen Tabellen nicht immer genau mit denjenigen übereinstimmen, welche ich in der Cholerazeitung, dem Cholera-Archiv und in den hieraus hervorgegangenen Uebersichten, wie z. B. in Wollheim's Topographie von Berlin gefunden habe. Ich habe mich jedoch ungeachtet dieser Differenzen, deren Entstehung ich meistens nicht aufklären konnte, streng an die amtlichen Listen der Sanitäts-Commission gehalten.

Veränderungen der Stadt Berlin von 1831 bis 1848.

Wenn man eine Vergleichung der verschiedenen Choleraepidemien in Berlin mit Rücksicht auf die räumliche Vertheilung der Kranken anstellen will, so ist es vor Allem nöthig, die äußeren Veränderungen, welche die Stadt seit dem ersten Auftreten der Cholera erfahren hat, sich zu vergegenwärtigen. So wie alle größeren Städte ist auch Berlin in den letzten 20 Jahren an Ausdehnung und Einwohnerzahl fortdauernd gewachsen. Nach den Angaben des statistischen Büreau's hatte Berlin im Jahre 1831 Häuser 7,330*) und Einwohner mit Einschluß

*) Diese Zahl ist kleiner als sie sonst wohl angegeben wird; der Grund hiervon liegt darin, daß häufig bei den statistischen Angaben alle Häuser, d. h. Vorder- und Hinterhäuser, hier aber nur die Häuser mit besonderen Straßennummern aufgezählt worden sind, da es auf diese bei der nachfolgenden Uebersicht allein ankommt.

des Militairs 248,682; im Jahre 1837 Häuser 7,614 und Einwohner 283,722; im Jahre 1846 Häuser 9,146 und Einwohner 408,502. Eine spätere genaue Zählung existirt nicht. Man kann aber nach der Zunahme, welche die Stadt in den letzten Jahren durch Neubauten erfahren hat, zuverlässig annehmen, daß die Zahl der Häuser 1848 circa 10,000 und die Einwohnerzahl, welche schon von 1840 an jährlich um 10 Procent gewachsen ist, nicht unter 450,000 betragen hat.

Berlin ist in den letzten 20 Jahren theils durch den Ausbau bereits vorhandener Häuser, theils durch Ausdehnung nach außen und namentlich durch den Anbau ganz neuer Vorstädte und Erweiterung der vorhandenen vergrößert worden. Der innere Ausbau betraf am meisten die geräumigen Regionen der Friedrichsstadt, des Stralauer-Viertels und der Königsstadt, am wenigsten den älteren mittleren Theil der Stadt Die Ausdehnung Berlins fand bis auf die letzten Jahre mehr nach Westen und Norden statt, nach Westen durch die Entstehung neuer Stadttheile vor dem Potsdamer- und Anhalter-Thore, nach Norden durch die Vergrößerung der Friedrich-Wilhelmsstadt und die Vorstadt vor dem Oranienburger-Thore. In den letzten Jahren hat sich Berlin auch innerhalb der alten Ringmauern nach Süden hin durch die begonnene Bebauung des Köpnicker-Feldes vergrößert. Alle diese Veränderungen fallen zum kleinern Theil in den Zeitraum von 1831 — 1837, zum bei weitem größern in die spätere Zeit, was schon die viel bedeutendere Zunahme der Häuser und der Einwohner in den letzten 11 Jahren ergiebt. Der mittlere ältere Theil Berlins, worunter ich die von dem Festungsgraben eingeschlossenen vier Stadttheile, Berlin, Alt-Cöln, Neu-Cöln und Friedrichswerder verstehe (vergleiche den Plan von Berlin), ist von den baulichen Veränderungen weit weniger berührt worden und daher auch die Einwohnerzahl dort im Ganzen dieselbe geblieben. Auch in Bezug auf die Einrichtung der Häuser, Pflasterung der Straßen und Regelung der Abzugskanäle hat sich hier nichts Wesentliches geändert. Hingegen haben die an der Peripherie liegenden Stadttheile durch die seit dem Jahre 1839 entstandenen fünf Eisenbahnhöfe und durch viele Fabrikanlagen namentlich vor dem Oranienburger-Thore eine andere und bessere Gestalt bekommen. Die Straßen in denselben sind gepflastert und mit Abzugskanälen versehen worden. Durch den regeren Geschäftsverkehr und die größere Wohlhabenheit der Bewohner sind bessere Häuser entstanden und aus den Zufluchtsstätten eigentlicher Proletarier Wohnungen regelmäßig beschäftigter Arbeiter geworden. Dies findet ganz besonders auf die Familienhäuser vor dem Hamburger-Thore und die benachbarten Straßen

Anwendung. Man muß deshalb nicht glauben, daß die allerärmste Klasse von Einwohnern verschwunden sei. Sie hat sich nur anders in der Stadt vertheilt und andere Gegenden Berlins, wie z. B. die äußeren Endigungen der Königsstadt, die Landsbergerstraße, den Büschingsplatz und deren Nachbarschaft zu ihrem Wohnsitz gewählt. Endlich läßt sich nicht verkennen, daß mit der über dies Bedürfniß gestiegenen Zahl neuer Häuser und Wohnungen im Allgemeinen diese auch für die ärmere Klasse gegen früher geräumiger und gesunder geworden sind. Diese Verhältnisse sind für die Vergleichung der Cholera-Erkrankungen in den verschiedenen Jahren von großer Wichtigkeit.

Kurze Geschichte der vier Cholera-Epidemien.

Die asiatische Cholera erschien, nachdem man den von Osten her immer näher rückenden Feind vergeblich durch Cordons abzuhalten gesucht hatte, in Berlin zuerst im August 1831. Am 29. August starb in Charlottenburg der Schiffer Wegener und am folgenden Tage der Schiffer Mater auf einem Kahn vor dem Hause Schiffbauerdamm Nr. 13 unter der Cholera verdächtigen Symtomen. Diesem Fall folgte am 30. August ein neuer an der Schleuse Nr. 5 und hierauf ward am 31. August von der Gesundheits-Commission die Krankheit als solche constatirt. Dieselbe nahm nun sehr schnell zu, zunächst auf Kähnen und in den der Spree nahe gelegenen Straßen. Nach wenigen Tagen zeigten sich aber schon in allen Stadttheilen Kranke. Nur das Voigtland war in den ersten beiden Wochen noch frei von der Epidemie. September, October und November waren die Monate, während welcher die Cholera vorzugsweise herrschte. Im Dezember und Januar nahm die Zahl der Kranken sichtlich ab. Am 27. Januar wurde der letzte Kranke gemeldet und am 19. Februar 1832 ein Dankfest für die Befreiung der Stadt von der Seuche gefeiert.

Die damals von Vielen gehegte Hoffnung auf ein gänzliches oder längeres Verschontbleiben Berlins bestätigte sich aber leider nicht. Schon im Anfang des Sommers 1832 zeigten sich wieder einzelne Cholerafälle, im Juni und im Juli je Einer, im August Mehrere und von der Zeit an begann wiederum eine fortlaufende Reihe von Erkrankungen, zwar in Bezug auf die Anzahl der Fälle viel geringer als die des Jahres zuvor, rücksichtlich der Dauer aber mit ihr fast gleichen Schritt haltend. Bis auf 3 Nachzügler, die im Februar und März 1833 vorkamen, war die Epidemie am 23. Januar beendigt und dauerte wie die vorige circa 22 Wochen (vergl. Tab. II.).

Viel unerwarteter als das erste Erscheinen der Cholera im Jahre 1831 war ihr neues und diesmal sehr bedeutendes Auftreten im Jahre 1837. Die Krankheit war damals in der jüngsten Zeit in weitem Umkreise nicht aufgetaucht. Breslau war der nächste Ort, wo sie herrschte. Nachdem bereits vom 7. August an sich einige verdächtige Fälle gezeigt hatten, entwickelte sich die Krankheit vom 12. August an entschiedener. Die Epidemie des Jahres 1837 übertraf sodann im weitern Verlauf die beiden früheren an Krankenzahl sehr bedeutend. Hingegen war ihre Dauer eine kürzere. Am 25. November 1837 hörte sie bereits auf, nachdem sie etwas über 15 Wochen geherrscht hatte.

Nach dem Jahre 1837 trat nun eine längere Pause ein, während welcher die Cholera-Acten und Schriften reponirt und fast in Vergessenheit gerathen waren, als im vorigen Jahre mit der wiederholten Ausbreitung der Krankheit in Rußland auch die Besorgniß einer abermaligen Heimsuchung unseres Vaterlandes wieder laut wurde. Ehe wir es uns versahen und ehe, wie im Jahre 1831, die östlichen Provinzen Preußens von der Cholera schrittweise befallen worden waren, tauchte sie plötzlich am 27. Juli v. J in der Residenz auf. Der erste Fall wurde, wie im Jahre 1831, wiederum am Schiffbauerdamm und zwar bei einem Fuhrmann beobachtet. Der zweite kam am 30. August auf einem Kahn am Schiffbauerdamm und der dritte auf eben demselben bei einem 3 Wochen zuvor von Stettin gekommenen Schiffer vor. Es wurden hierauf in den nächsten Tagen in ganz verschiedenen Stadttheilen Erkrankungen bekannt. Die Epidemie unterschied sich aber in ihrem Verlauf von den früheren wesentlich dadurch, daß die Zahl der Kranken in den ersten Wochen nur eine geringe Höhe erreichte. Erst mit dem Monat September stieg die Krankenzahl auffallend und dauerte, in den letzten Wochen wiederum merklich abnehmend, fast genau so lange, wie im Jahre 1837, nämlich bis zum 23. November. Sie hatte aber um zwei Wochen früher begonnen und überhaupt circa 17 Wochen gewährt.

Zur Vergleichung der einzelnen Epidemien nach Wochen habe ich die Tabelle II. zusammengestellt. Hiernach findet sich in den Jahren 1831 und 1837 jedesmal in der dritten Woche die höchste Krankenzahl. Ja es war sogar der 16te Tag in beiden Epidemien derjenige, an welchem die meisten Kranken vorkamen. 1832 war der Gang der Epidemie unregelmäßiger und eben so auch in dem vorigen Jahre. Auffallend ist es ferner, daß die Cholera in Berlin fast immer in derselben Jahreszeit geherrscht hat. Mit Ausnahme vereinzelter Fälle im Februar, März, Juni und Juli hat sie sich fast dieselben Monate des

Jahres ausgewählt. In den beiden letzten Epidemien hat sie früher begonnen, aber auch eher wieder aufgehört. Die Monate September, October und November sind allen vier Epidemien gemeinschaftlich. Man muß hieraus folgern, daß eine bestimmte Jahreszeit, nämlich die Herbstzeit, in Berlin der Entwicklung der Krankheit besonders günstig ist. An andern Orten hat es sich zwar früher und auch während der letzten Epidemie anders gestaltet, wie namentlich im vorigen Jahre in Rußland und auch noch jetzt in Breslau, wo die Cholera im vollen Winter geherrscht hat. Die viermalige Wiederholung derselben Erscheinung in Berlin deutet aber, selbst wenn später Abweichungen von dieser Regel vorkommen sollten, darauf hin, daß hier bei uns das Agens der Cholera, sei es ein Contagium oder Miasma, im Sommer und Herbst vorzugsweise gedeiht.

Verhältniß der Gesammtzahl der Cholerakranken zur jedesmaligen Einwohner- und Häuserzahl.

Die Gesammtzahlen der Erkrankungen in den einzelnen Epidemien weichen sehr erheblich von einander ab; denn

1831	erkrankten	überhaupt	2,274	Personen
1832	"	"	613	"
1837	"	"	3,580	"
1848	"	"	2,406	"

Betrachtet man die Summe der Kranken im Jahre 1832 als Einheit, so verhält sich diese zu der Zahl im Jahre 1831 wie 1 : 3,7; zu der im Jahre 1837 wie 1 : 6 und zu der im Jahre 1848 wie 1 : 4.

Vergleicht man ferner die Menge der Erkrankungen mit der jedesmaligen Einwohnerzahl, so erhält man, angenommen, daß diese Zahl von 1831 bis zu 1832 nicht erheblich gewachsen ist, folgendes Resultat: Es kommen

1831	auf	248,682	Einwohner	2,274	Kranke	= 109 : 1.
1832	"	248,682	"	613	"	= 405 : 1.
1837	"	283,722	"	3,580	"	= 76 : 1.
1848	"	450,000	"	2,406	"	= 187 : 1.

Die Krankenzahl ist also im Verhältniß zu der Einwohnerzahl bei weitem am größten 1837 und am geringsten 1832. Rechnet man die Kranken der beiden ersten Epidemien zusammen, wozu man bei der fast fortlaufenden Kette der Erkrankungen einigermaßen berechtigt ist, so erhält man für beide Jahre ein Verhältniß wie 86 : 1., was dem des Jahres 1837 schon viel näher kommt. Dagegen würde die Anzahl der Kranken in der letzten Epidemie im Verhältniß zu der Einwohnerzahl gegen die früheren Epidemien immer auffallend zurückstehen; es müßte denn im nächsten Jahre, wie bei der ersten Choleraepidemie eine Wiederholung der Krankheit folgen, was leider sehr möglich ist.

Vergleicht man die Zahl der Kranken mit der jedesmaligen Zahl der Häuser, so kommen

1831 auf 7,330 Häuser 2,274 Cholerafälle = auf 3 Häuser 1 Kranker,
1832 auf 7,330 Häuser 613 Cholerafälle = auf 12 Häuser 1 Kranker,
1837 auf 7,614 Häuser 3,580 Cholerafälle = auf 2 Häuser 1 Kranker,
1848 auf 10,000 Häuser 2,406 Cholerafälle = auf 4 Häuser 1 Kranker.

Die Ursachen dieser verschiedenen Extensität der Cholera in den einzelnen Epidemien aufzufinden, ist eine Aufgabe, welche bei dem Stande unserer Wissenschaft und bei unserer mangelhaften Kenntniß von der Natur der Cholera nicht gelöst werden kann. Indessen ist eine Vergleichung der bisher vornehmlich gewürdigten Veranlassungen zum mehr oder weniger intensiven Auftreten der Krankheit insofern nicht unwichtig, als sich bei dem wiederholten Erscheinen derselben manches früher Angenommene als unhaltbar gezeigt hat und man so wenigstens zu negativen Resultaten gelangt.

Man hat anfänglich in veränderten Witterungseinflüssen oder besonderen magnetischen und electrischen Verhältnissen den Schlüssel zur Erklärung der räthselhaften Krankheit zu finden gehofft, aber vergeblich. Namentlich haben die meteorologischen Beobachtungen in Berlin in den Cholerajahren keine constanten und für die Erklärung einer so ungewöhnlichen Erscheinung zureichenden Abweichungen nachgewiesen. Möglich, daß die Forschungen in dem Gebiete der nur mit bewaffnetem Auge sichtbaren Bewohner der Luftschichten, der Atmosphärilien, welche Ehrenberg schon früher und auch während der vorjährigen Cholera-Epidemie sorgfältig verfolgt hat, mit der Zeit eine ergiebigere Quelle für die Kenntniß des uns umgebenden Luft-Mediums und seiner Veränderungen während einer Cholera-Epidemie eröffnen werden. Bis jetzt sind die normalen Verhältnisse nicht hinreichend bekannt und die Beobachtungen zu vereinzelt, um sichere Schlüsse darauf zu bauen, wie Ehrenberg dies in dem Bericht über die Verhandlungen der Akademie der Wissenschaften zu Berlin in den Monaten September und October 1848 ausgesprochen hat. Wenn wir aber über den Einfluß der Atmosphäre auf die Entstehung der Cholera noch gänzlich im Dunkel sind, so ist es vollends nicht möglich, aus etwaigen Veränderungen derselben die verschiedene Extensität der Krankheit in den einzelnen Epidemien abzuleiten.

Ein Umstand, der für die Ausbreitung der Cholera ohne Zweifel sehr erheblich ist, besteht in der Beschaffenheit der Wohnungen, namentlich ihrer Lage und Salubrität im Allgemeinen. Berlin hat in dieser Beziehung, wie ich bereits angeführt habe, in den letzten 10 Jahren sehr wesentliche Veränderungen erfahren. Indessen sind diese gewiß nicht von solcher Bedeutung, daß sich daraus allein die verschiedene Ausbreitung der Epidemien im Großen erklären läßt. Wie sollte es namentlich gekommen sein, daß 1837, ungeachtet die Stadt keinenfalls damals weniger gesunde Wohnungen darbot als früher, die Krankenzahl so bedeutend gegen 1831 und 1832 gestiegen war.

Das diätetische Verhalten der Einwohner ist in allen Epidemien immer wieder als eine Hauptveranlassung zur Entstehung der Cholera angeklagt worden und es fragt sich daher, ob Veränderungen der Lebensweise auf den größeren oder geringeren Umfang der Krankheit in den verschiedenen Jahren influirt haben können. Die Frage ist meiner Ansicht nach zu verneinen. Im Allgemeinen ist das diätetische Verhalten der Einwohner gewiß dasselbe geblieben. Höchstens könnte man behaupten, daß die Masse der Einwohner sich bei jeder neuen Epidemie mit der abnehmenden Furcht vor dem unbekannten Feinde in dem Genusse der gemeinhin als schädlich betrachteten Nahrungsmittel immer weniger gemäßigt hat. In gleicher Weise hat die Sorglosigkeit in Bezug auf Erkältung gewiß eher zugenommen als sich vermindert. Wenigstens haben in der letzten Epidemie die vielen Volksversammlungen im Freien, der Bürgerwehrdienst und insbesondere das Geleit der an der Cholera verstorbenen Bürgerwehrmänner vielfache Gelegenheit zu Erkältungen gegeben, und dennoch ist die Extensität der letzten Epidemie im Vergleich zur Einwohnerzahl gerade eine geringere geblieben. Einen recht schlagenden Beweis dafür, daß die Erkältung als veranlassendes Moment für die Entwicklung der Cholera nicht so hoch anzuschlagen ist, als es häufig geschieht, hat in der letzten Epidemie folgende Thatsache geliefert. Nachdem die Krankheit sich bereits Wochen lang, aber nur vereinzelt in der Stadt gezeigt hatte, fand am 17. August im Thiergarten ein Concert zum Besten der deutschen Flotte statt, bei welchem viele Tausende den Abend im Freien zubrachten, obwohl es am Tage vorher geregnet hatte. Jeder erwartete hiernach einen ungewöhnlichen Aufschwung der Epidemie. Derselbe trat aber erst mit dem September ein.

Eben so sind alle in den früheren Epidemien angeblich gemachten Beobachtungen, daß durch das Zusammenströmen vieler Menschen und durch einen bunten Verkehr derselben die Ausbreitung der Krankheit gesteigert worden sei, von den Erfahrungen des vorigen Jahres widerlegt worden. Man denke an die vielen politischen Vereine, die Volksversammlungen, den Straßenaufruhr in den Monaten September und October, den Bürgerwehrdienst und die gemeinsamen großen Arbeiten an Kanälen und Straßen. Wenn man in den früheren Epidemien bei unbefangener Beobachtung einräumen mußte, daß alle Rathschläge, den Verkehr mit vielen Menschen und namentlich mit den Wohnungen der Cholerakranken zu vermeiden, von der geringeren Klasse nicht befolgt worden sind, weil dies eben nicht möglich ist, so hat gerade im letzten Jahre die größte Sorglosigkeit und eine Gelegenheit zur vielseitigen Berührung der Einwohner stattgefunden, wie sie vielleicht niemals wieder vorkommen wird, und dennoch ist die Cholera hierdurch nicht potenzirt worden. In der ersten Choleraepidemie steigerte sich die Krankenzahl, nachdem sie bereits abgenommen hatte, von Neuem nach dem 2. October, woraus man damals den Schluß zog, daß der am 2. und 3. October stattfindende Wohnungswechsel durch eine vermehrte Communication der Einwohner mit einander von Einfluß auf den Gang der Cholera gewesen sei. Diese Annahme hat sich aber nach der Tabelle II. in den folgenden Epidemien namentlich in den beiden letzten nicht bestätigt.

Das letzte Jahr hat es daher auch zur Evidenz nachgewiesen, wie ohnmächtig und vergeblich die sanitäts-polizeilichen Maßregeln der Häuser- und Wohnungssperre, der Contumaz, der Desinfection, der vorsichtigen Beerdigung ohne Geleit und auf besonderen Kirchhöfen u. s. w. gegen die ihren eigenen Gang befolgende Cholera gewesen sind. Während man in der ersten Epidemie die genannten Maßregeln anfänglich mit aller Strenge handhabte, modificirte man sie in der folgenden Epidemie schon in mancher Hinsicht. 1837 geschah außer der Anmeldung der Kranken bei der Sanitäts-Commission und der Desinfection in den Wohnungen der Cholerakranken von Seiten der Behörden nichts irgend Beläſtigendes. Im vorigen Jahre geschah das Letztere auch nur, wenn es gewünscht wurde. Diese Abnahme in der Ausführung der den Verkehr und die etwaige Ansteckung hemmenden Einrichtungen hat aber offenbar nicht etwa zur weiteren Verbreitung der Cholera beigetragen; denn sonst hätte die Krankenzahl in der letzten Epidemie verhältnißmäßig viel größer sein müssen. Im Gegentheil kann man vielleicht mit mehr Grund behaupten, daß alle Präventiv-Maßregeln durch den damit verbundenen deprimirenden Eindruck auf die Gemüther die Disposition zur Erkrankung eher noch gesteigert haben. Wenigstens hat gerade in der letzten Epidemie bei der das Volk tief durchdringenden politischen Gährung die Cholera, welche in früheren Zeiten den Wendepunkt aller Gedanken bildete, kaum eine Rolle gespielt, und die vorjährige Epidemie aus diesem Grunde vielleicht einen geringeren Aufschwung genommen als früher.

Rücksichtlich der ärztlichen Behandlung und Verpflegung der Kranken haben in den einzelnen Epidemien wesentliche Verschiedenheiten nicht stattgefunden. Jedesmal waren Lazarethe in mehreren Stadttheilen eingerichtet, und in diesen, wie auch in der Stadt, wurde alles aufgeboten, was zur Herstellung der Kranken dienen konnte. In der letzten Epidemie bestand eine neue Einrichtung darin, daß jedem Arzte ohne Unterschied bei einem Cholerafalle gestattet war, dem Kranken für Rechnung der Commune freie Arznei zu gewähren. Dies war für die Behandlung der bereits Kranken von großem Werth und kann auch durch schnellere Hülfe zuweilen die Cholera in ihrem Entstehen bekämpft und in ihrer weiteren Verbreitung beschränkt haben. Auf die Meldung der Erkrankungen kann es aber schon deshalb nicht von Einfluß gewesen sein, weil die Aerzte die Kranken, welchen sie mit der Bezeichnung: Cholera - periculum in mora Arzneien verschrieben, auch größtentheils angezeigt haben werden. Die Zahl der gemeldeten Kranken kann hierdurch also nicht geringer geworden sein. Eben so wenig läßt sich annehmen, daß unter den gemeldeten Cholerafällen in der letzten Epidemie verhältnißmäßig mehr leichte Fälle als sonst gewesen sind; denn es zeigen die Uebersichten der Genesenen und Gestorbenen am Schlusse der Tabelle I., daß die letzte Epidemie sogar ein etwas ungünstigeres Resultat als die erste geliefert hat.

Wir müssen demnach einräumen, daß wir die Veranlassungen, durch welche die Cholera in dem einen Jahre eine größere, in dem andern eine geringere Ausbreitung erlangt hat, bis jetzt nicht kennen. Hierin ist auch ein Vorwurf für die Medizin nicht zu sehen, da wir auch bei anderen epidemischen Krankheiten in der Regel die Ursachen ihrer größeren oder geringeren Extensität nicht nachweisen können.

Vertheilung der Cholerafälle nach Straßen und Stadttheilen.

Die Cholera hat sich in jeder der 4 Epidemien so über die ganze Stadt verbreitet, daß eigentlich kein Stadttheil ganz von derselben verschont blieb. In der größeren Epidemie war aber die Zahl der Straßen, welche Krankheitsfälle darboten, größer, als in der geringeren. Die Tabelle III. macht dieses Verhältniß anschaulich. Hiernach kommen 1831 auf eine Gesammtzahl von 282 Straßen in 206 Straßen mit 986 Häusern; 1832 bei einer gleichen Zahl von Straßen in 129 mit 325 Häusern; 1837 bei einer Summe von 326 Straßen in 247 mit 1,762 Häusern und 1848 bei 338 Straßen in 242 mit 1,258 Häusern Cholerafälle vor. Man sieht hieraus, daß 1837 bei der größten Zahl von Kranken diese auch über die meisten Straßen und Häuser verbreitet waren.

Vergleicht man ferner nach der Tabelle I. dieselben Straßen in den 4 Epidemien in Bezug auf die Zahl der Erkrankungen mit einander, so findet man in manchen Fällen durchgehends eine der jedesmaligen Extensität der Krankheit entsprechende Summe. Dies Verhältniß ist aber kein constantes; zum Theil liegt der Grund hiervon ganz natürlich darin, daß manche Straßen erst in den spätern Epidemien hinzugekommen oder erweitert und mehr bebaut worden sind. Aber auch hiervon abgesehen ist die Vertheilung der Kranken nach Straßen im Allgemeinen keine regelmäßig sich wiederholende. Das Auftreten der Cholera ist im Ganzen ein gruppenweises, nnd wir finden daher öfter in einer Epidemie eine Straße auffallend betheiligt, während sie in einer andern nur wenige oder gar keine Krankheitsfälle lieferte. In dieser gruppenweisen Vertheilung und dem vorzugsweisen Befallensein einzelner Straßen findet sich aber doch auch wieder eine Gleichmäßigkeit, so daß die Anhäufung von Kranken zwar nicht immer dieselbe Straße betrifft, hingegen dafür während einer andern Epidemie in andern Straßen eine Concentration der Erkrankungen vorkommt. Um dies Verhältniß durch Zahlen zu erweisen, habe ich in der Tabelle IV. 30 Straßen, in welchen die auffallendsten Differenzen in Bezug auf die Summe der Kranken stattfanden, zusammengestellt, und die am wenigsten hervorragenden Zahlen durch fettere Ziffern bemerkbarer gemacht. Hiernach häufen sich die Kranken in denselben Straßen am meisten in der Epidemie von 1837, welche die größte war, am wenigsten 1832, ohngefähr auf gleiche Weise in der ersten und letzten Epidemie. Sehr entschieden ist die Abnahme der Cholerafälle in der letzten Epidemie in den, dem sogenannten Voigtlande angehörenden Straßen, der Acker-, Berg-, Brunnen- und Gartenstraße. Letztere ist relativ am meisten in der ersten, der Gesammtzahl der Fälle entsprechend, in der zweiten und dritten betheiligt. Hingegen lieferten die Hamburger-, Landsberger-, Post- und Stralauer-Straße in der dritten und vierten Epidemie ungewöhnlich viel Kranke. Während ferner in der ersten Epidemie Jüdenstraße und Königsmauer sehr reichlich bedacht sind, ist dies in der dritten Epidemie bei der August- und Linienstraße und in der vierten bei der Blumen- und Wallstraße der Fall. Im Verhältniß zur Häuserzahl war die Wallstraße in der letzten Epidemie mehr von der Cholera ergriffen, als irgend eine andere Straße in sämmtlichen 4 Epidemien, mit Ausnahme der Gartenstraße im Jahre 1831, wobei jedoch noch besondere Verhältnisse in Betracht kommen. Bemerkenswerth ist, daß die in der ersten Epidemie stark betheiligten Straßen, Jüdenstraße und Königsmauer, einander sehr nahe liegen, ebenso die in der dritten Epidemie am meisten heimgesuchten August- und Linienstraße. Es hängt dies mit der Erfahrung zusammen, daß die Cholera in den einzelnen Gegenden der Stadt gern besondere Krankheitsheerde bildet.

Es giebt aber auch Regionen in der Stadt, welche in jeder Epidemie ungewöhnlich stark betheiligt waren. So war jedesmal der innere, am engsten und unregelmäßigsten gebaute Theil der Stadt weit mehr der Sitz der Cholera, als die mehr nach außen gelegenen, weiter und regelmäßiger gebauten Regionen. Dies fand nicht etwa bloß in dem Verhältnisse statt, daß der innere Theil der Stadt relativ mehr Krankheitsfälle darbot, weil er auf einem kleinern Raum mehr Häuser und sonach auch eine stärkere Population besitzt, sondern die Krankheit war auch abgesehen hiervon intensiver. Leider war es mir nicht möglich, die Einwohnerzahl einzelner Stadttheile direct zu ermitteln. Ich bin aber indirect zu einem annähernden Resultat in Bezug auf den Grad der Verbreitung der Cholera in einzelnen Stadttheilen dadurch gekommen, daß ich die Menge der angemeldeten Kranken mit der Menge der Häuser, die sich nicht schwer ermitteln ließ, verglichen habe. Ich setze hierbei als richtig voraus, daß die Häuser der Stadttheile, welche ich zur Vergleichung bestimmt habe, im Durchschnitt eine gleiche Zahl von Bewohnern haben, eine Annahme, die der Wahrheit ziemlich nahe kommen dürfte; denn wenn auch die Häuser in der Mitte der Stadt im Ganzen höher und etwas dichter bewohnt sind als in der Friedrichs- und Dorotheenstadt, so haben dagegen die Häuser hier im Allgemeinen eine größere Straßenfront und geräumigere Höfe. Und selbst wenn das Verhältniß etwas zum Nachtheil der letztgedachten Stadttheile ausschlagen sollte, so bliebe der Unterschied in der Vertheilung der Cholera dennoch ein sehr auffallender.

Ich habe, um dies deutlich zu machen, auf der Tabelle III. alle Cholerafälle, die sich in der Friedrich- und Dorotheenstadt nebst den daran grenzenden Vorstädten (vergleiche den Plan) ereigneten, zusammengestellt, und bei jeder Epidemie die Zahl der Straßen mit der

Menge ihrer Häuser angegeben. Ebenso habe ich die in den vier vom Festungsgraben eingeschlossenen Stadtvierteln: Berlin, Alt-Cöln, Neu-Cöln und Friedrichswerder vorgekommenen Krankheitsfälle mit Angabe der betroffenen Straßen und deren Häuserzahl in eine Tabelle gebracht.

Hiernach war die Cholera in allen vier Epidemien in dem mittleren Theile der Stadt verhältnißmäßig weit intensiver als in der Friedrich- und Dorotheenstadt. Hier kamen 1831 überhaupt 173 Kranke vor, eine Zahl, die sich zur Gesammtzahl der Epidemie verhält wie 1 : 13; 1832 waren es 92 also wie 1 : 7; 1837 waren es 390 wie 1 : 9 und 1848 — 213 wie 1 : 12. Hingegen wurden aus dem vom Festungsgraben umschlossenen mittleren Theil der Stadt 1831 gemeldet 523 Kranke, ein Verhältniß zur Gesammtzahl wie 1 : 4,3; 1832 — 150 Kranke wie 1 : 4; 1837 — 1,018 Kranke wie 1 : 3,5 und 1848 — 629 Kranke wie 1 : 4.

Das Verhältniß ist also innerhalb des Festungsgrabens ein ziemlich constantes geblieben, wogegen es in der Friedrichs- und Dorotheenstadt viel mehr wechselt. Es überwiegt ferner die Zahl der Erkrankungen in der Mitte der Stadt jedesmal um ein sehr erhebliches die in der Friedrichs- und Dorotheenstadt. Dies ist um so auffallender, als die Menge der Häuser, auf welche die Cholerafälle kommen, hier in jeder Epidemie noch bedeutender ist als dort; dazu kommt, daß die öffentlichen Anstalten, in welchen wegen Zusammenhäufung von Menschen und aus manchen anderen Rücksichten jedesmal eine größere Zahl von Kranken vorkam, fast sämmtlich außerhalb des Festungsgrabens liegen und daher bei der Zählung nicht mit inbegriffen sind; so z. B. das Arbeitshaus, die Armenbeschäftigungs-Anstalt, die Charité und die meisten Kasernen. Nur das Hospital an der Waisenbrücke macht hiervon eine Ausnahme. Die Bedingungen für die Entstehung und Verbreitung der Cholera müssen also in dem innern Theile der Stadt besonders günstige sein.

Worin bestehen aber diese Bedingungen? Der vom Festungsgraben eingeschlossene Theil der Stadt ist viel reicher an Wasser als die Friedrichs- und Dorotheenstadt. Die Spree durchschneidet in zwei Armen die Mitte der Stadt; außerdem ist diese noch vom Festungsgraben umgeben. Dagegen ist die Friedrichsstadt ganz frei von Wasser, und die Dorotheenstadt berührt nur mit wenigen Straßen den Spreestrom. Sollte nun hierin der Grund der verschiedenen Intensität der Cholera zu suchen sein? Man hat öfter und namentlich in der ersten Epidemie behauptet, die Nähe des Wassers sei eine Hauptbedingung zur Entwicklung der Krankheit. Allerdings läßt es sich nicht leugnen, daß in der ersten Epidemie und auch im vorigen Jahre die ersten Fälle am Schiffbauerdamm auf Kähnen vorkamen, und daß auch in den weiter oberhalb am Wasser gelegenen Straßen, Friedrichsgracht und an der Schleuse, sich frühzeitig Kranke zeigten. Die Contagionisten benutzten auch im Jahre 1831 diese Thatsache, um daraus die Einschleppung der Krankheit durch Schiffer zu folgern. Ja es sollte das linke Spreeufer an Friedrichsgracht und an der Schleuse deshalb anfänglich mehr Kranke geliefert haben, weil die Schiffer dort häufiger anlegten als auf der entgegengesetzten Seite, an Neu-Cöln am Wasser und an der Ober- und Unterwasserstraße. Diese Erklärungsweise läßt sich jedoch, soweit ich von diesen Verhältnissen Kenntniß habe, nicht durchführen. Ich kann nicht einmal zugeben, daß überhaupt die unmittelbare Nähe des Spreestroms von Einfluß auf die Intensität der Cholera gewesen ist. Es sind nehmlich in den Straßen, die unmittelbar am Wasser liegen, nicht mehr Kranke vorgekommen als in anderen Straßen, welche nur in der Nähe des Wassers oder in derselben Stadtgegend gelegen sind. So hatte die Friedrichsgracht mit 61 Häusern in allen Epidemien weniger Kranke als die Fischerstraße mit 43 Häusern. Nur 1837, in welchem Jahre die Einschleppung von den Schiffern nicht behauptet worden ist, kamen an Friedrichsgracht 5 Kranke mehr vor. An der unmittelbar am Wasser gelegenen Schifferbrücke ereignete sich in 28 Häusern stets weniger als die Hälfte der Kranken, welche aus der parallel mit ihr laufenden, aber nicht am Wasser liegenden Fischerstraße mit 43 Häusern gemeldet wurden. Ebenso ist die nur in der Nähe des Wassers verlaufende Wallstraße stets weit mehr von der Cholera heimgesucht worden als die mit ihr parallel gehende, dicht an der Spree liegende Straße, Neu-Cöln am Wasser, in welcher letzteren die Schiffer vielfach verkehren. Diese Beispiele ließen sich noch vervielfältigen, und beweisen, wenn auch Zweifler dagegen geltend machen könnten, daß die Population in der Fischer- und Wallstraße in einer gleichen Zahl Häuser vielleicht etwas größer sei als an Friedrichsgracht und Neu-Cöln, jedenfalls so viel, daß in der unmittelbaren Nähe des Stromes und in der Communication mit den Kähnen ein erhebliches Moment für die größere Intensität der Cholera nicht zu finden ist.

Daß es auf die Nähe des Wassers bei der Verbreitung der Cholera nicht hauptsächlich ankommt, beweisen aber neben vielen Erfahrungen außerhalb Berlins auch die Verhältnisse der Cholera in den Vorstädten vor dem Oranienburger- und Hamburger-Thore, dem sogenannten Voigtlande. Dasselbe liegt fern vom Spreestrom in einer sandigen

Gegend, und doch sind in den ersten drei Epidemien daselbst verhältnißmäßig noch mehr Personen an der Cholera erkrankt als in der Mitte der Stadt. Es kommen nämlich daselbst nach der Tabelle III. im Jahre 1831 auf 7 Straßen mit 334 Häusern 271 Cholerafälle; 1832 auf 5 Straßen mit 247 Häusern 69 und 1837 auf 8 Straßen mit 338 Häusern 321 Fälle. Dieselben concentriren sich zwar größtentheils auf die in der Gartenstraße gelegenen sogenannten Wülknitzschen, Wieseseschen jetzt Heyderschen Familienhäuser, welche sehr dicht von der ärmeren Klasse bewohnt sind. Man suchte daher auch im Sinne der Contagiosität die ungewöhnliche starke Betheiligung dieser Häuser durch die Zusammenhäufung vieler Menschen und die dadurch bedingte leichtere Uebertragung und Potenzirung des Ansteckungsstoffes zu erklären. Durch die Erfahrungen der letzten Epidemie wird diese Annahme aber sehr erschüttert. Während nehmlich die Familienhäuser jetzt noch ungefähr eben so dicht bewohnt sind als in den früheren Jahren, und während in der Gartenstraße und den übrigen Straßen des Voigtlandes durch die Anlage der Stettiner-Eisenbahn und vieler großen Maschinenfabriken in den letzten zehn Jahren sogar viele neue Häuser entstanden sind, und die Population somit ansehnlich gewachsen ist, hat die Zahl der Cholerafälle in der letzten Epidemie nicht verhältnißmäßig zugenommen, sondern auf eine sehr auffallende Weise abgenommen. Die Familienhäuser sind zwar auch in dem vorigen Jahre nicht von der Krankheit frei geblieben; die Zahl der Kranken ist aber viel geringer als sonst. Wäre es die Contagion und die Gelegenheit zur Potenzirung derselben allein, wodurch in früheren Epidemien die Krankenzahl im Voigtlande so ansehnlich gestiegen war, so ist nicht einzusehen, wie dieselbe im letzten Jahre, obwohl die Cholera weder in dem ganzen Stadttheile, noch auch in den Familienhäusern fehlte, und obwohl die Population im Ganzen noch gewachsen war, so ansehnlich hat abnehmen können.

Man darf nicht sagen, diese Abnahme wäre eine zufällige. Wenigstens ist eine solche Deutung nicht zulässig, so lange sich Erklärungsgründe für dieselbe finden, wie hier. Das Voigtland hat, wie ich bereits oben ausgeführt habe, seit dem Jahre 1837 eine ganz andere Gestalt gewonnen. 1842 ist der Stettiner-Eisenbahnhof entstanden, und in demselben Jahre sind die meisten Straßen des Voigtlandes, namentlich Garten-, Acker-, Berg- und Invalidenstraße gepflastert worden. Man hat einen Abzugskanal von diesen Straßen aus nach der in die Spree führenden Panke gebaut, durch welchen Regen und Spülwasser, so wie andere Unreinigkeiten, die sonst auf den Höfen der

Grundstücke in Senkgruben aufgefangen wurden, und langsam in die Erde einziehen sollten, fortgeführt werden. Der größte Theil der gedachten Flüssigkeiten verdunstete früher, und verbreitete namentlich im Sommer und Herbst eine widrige Ausdünstung. Es läßt sich daher wohl denken, daß es in den früheren Choleraepidemien die Einwirkung einer mit fauligen Substanzen geschwängerten Atmosphäre auf eine ärmliche zum Theil dicht zusammengedrängte Bevölkerung gewesen ist, welche die Cholera zu einer so bedeutenden Höhe gesteigert hat.

Mit demselben Rechte kann man aber auch die Intensität der Krankheit in der Mitte der Stadt nicht etwa bloß von der Nähe des Wassers, welches, wenn es strömt, eher zur Reinigung der Luft beiträgt, sondern von den Ausdünstungen der langsam fließenden, im Sommer eigentlich stagnirenden Flußarme ableiten. Rechnet man hierzu die engeren Straßen, welche durch ihre unregelmäßige Bauart gegen Luftströmungen geschützt werden, und das verhältnißmäßig dichtere Zusammenwohnen der Menschen, so ist es ganz erklärlich, wie die Krankheit in der Mitte der Stadt und in der Nähe der gerade dort vorhandenen Flußarme einen günstigeren Boden für ihre Verbreitung gefunden hat, als in den geräumigen und regelmäßig gebauten Straßen der Friedrichs- und Dorotheenstadt.

Ein recht schlagendes Beispiel für den Einfluß der gedachten localen Bedingungen auf die Entwicklung der Cholera hat die vorjährige Epidemie in der Wallstraße und zwar in dem kleinen Theil derselben geliefert, welcher zwischen der Waisenbrücke und Roßstraße liegt. Die Situation der Straße ist eine eigenthümliche. Auf einer schmalen Insel gelegen, welche auf der einen Seite von der Spree und auf der anderen von dem hinter dem Logengarten fließenden Festungsgraben gebildet wird, erhält sie vermöge ihrer engen und schmalen Bauart wenig Luft und Licht. Die Häuser haben auf der einen Seite gar keine oder sehr kleine und auf der anderen Seite mit den Häusern von Neu-Cöln am Wasser gemeinschaftliche Höfe, in denen meistens noch Gerbereien oder Färbereien getrieben werden. Auf diese Weise ist die Straße fast immer feucht. In die Keller und Parterrewohnungen dringt wenig oder gar keine Sonne. Der Unrath aus den Häusern kann nicht gehörig fortgeschafft werden, und häuft sich daher in den Wohnungen oder in den Rinnsteinen an. Das Trinkwasser ist moorig, trübe und in manchen Häusern nicht einmal zum Kochen zu gebrauchen. Die Straße, obwohl nicht unmittelbar am Wasser gelegen, ist in allen Epidemien von der Cholera stark heimgesucht worden. Am meisten war dies in dem vorigen Jahre der Fall. Es kamen nehmlich in der oben bezeichneten kurzen Strecke der Wallstraße, welche 53 Häuser enthält, 100 Kranke, und selbst wenn man die 32 Fälle, welche dem Hospital an der Waisenbrücke angehören, in Abzug bringt, in einer Strecke von 52 Häusern 68 Kranke vor. Diese vertheilen sich wiederum auf 22 Häuser, und zwar blieben fast durchgehends diejenigen Häuser verschont, welche geräumiger und besser gebaut sind. Wie will man hier die Intensität der Krankheit auf einem kleinen Raum aus der Gelegenheit zur leichteren Uebertragung eines Contagiums erklären? Die Berührungen der Einwohner sind keine anderen als in den übrigen Straßen Berlins. Die Population ist im Ganzen ärmlich; sie gehört aber keinesweges zu der allerärmsten. Die Lage am Wasser und die Communication mit den Schiffern ist gleichfalls nicht anzuklagen. Dagegen concentriren sich in der Wallstraße die aus einer stagnirenden, mit fauligen Substanzen geschwängerten Atmosphäre entstehenden Schädlichkeiten in einer so auffallenden Weise, daß ich kein Bedenken trage, ihren Einfluß auf die Entwicklung der Cholera sehr hoch anzuschlagen.

Damit will ich jedoch keinesweges behaupten, daß das Agens der Krankheit lediglich ein Product dieser Schädlichkeiten sei; denn sonst wäre es wunderbar, warum sich die Cholera nicht bereits vor dem Jahre 1831 und seitdem immer nur in gewissen Jahren entwickelt hat. Es handelt sich nur um die Frage, ob und in wie fern die localen Verhältnisse einzelner Stadttheile und Straßen die Fortpflanzung der Krankheit gefördert haben. Der Ursprung derselben zu einer bestimmten Zeit und an einem bestimmten Orte wird dadurch nicht erklärt.

Anhäufung von Cholerafällen in einzelnen Häusern.

Schon in der ersten Epidemie wurde das Vorkommen mehrerer Kranken in einem Hause als etwas sehr Häufiges beobachtet, und von den Anhängern der Contagiosität als ein Beweis für diese hervorgehoben. Wie bereits erwähnt, hat der Major Blesson damals eine der meinigen analoge Uebersicht aller Erkrankungen zusammengestellt, um dadurch eine Controlle der in demselben Hause vorkommenden Wiedererkrankungen zu gewinnen, und einen regelmäßigen Typus für die Zeitdauer der Fortpflanzung des Contagiums, das sogenannte Incubationsstadium, zu berechnen. Das Resultat sollte ein viertägiger Zeitraum für die Entwicklung eines neuen Krankheitsfalles sein. Ein solcher ist nun in der Folge an keinem Orte und in keiner Epidemie als etwas Constantes beobachtet worden, so daß ich es für überflüssig halte, die Blessonsche Annahme durch Zahlen für die Berliner Epidemien zu widerlegen. Hingegen hat sich das gruppenweise Vorkommen der Cholera in Berlin stets gezeigt. Nur wollte man bald eine Zunahme, bald eine Verminderung dieses Verhältnisses beobachtet haben. Ich habe daher die wiederholten Erkrankungen in einem Hause nach der Zahl der Fälle geordnet in einer besonderen Tabelle V. zusammengestellt. Hiernach ist die Wiederkehr von Cholerafällen in einem Hause zwar nicht so regelmäßig, daß sie sich in eine arithmetische Formel bringen läßt. Indessen ist dieselbe doch in allen Epidemien an eine gewisse Regel gebunden. Das Vorkommen von zwei Fällen in einem Hause ist in allen Epidemien das häufigste, weniger häufig das von drei, noch weniger von vier und so fort. Nur im Jahre 1837 ereigneten sich sechs Fälle in einem Hause öfter als fünf.

Es hat ferner das gruppenweise Auftreten der Cholera im Vergleich zu den isolirten Fällen und zur Gesammtzahl der Kranken in jeder Epidemie ein ziemlich constantes Verhältniß befolgt.

1831	kamen von	2,158	Fällen nicht isolirt vor	1,605 = 69,7%
1832	= =	587	= = = =	354 = 60,1%
1837	= =	3,515	= = = =	2,431 = 69,7%
1848	= =	2,300	= = = =	1,469 = 63,9%

Das Verhältniß der nicht isolirten Fälle zur Gesammtzahl ist also 1831 und 1837 genau dasselbe und 1832 und 1848 nicht viel geringer gewesen. Erwägt man, daß 1832 überhaupt wenig Kranke vorkamen, so erscheint es natürlich, daß auch die Zusammenhäufung von einzelnen Kranken in einem Hause verhältnißmäßig seltener war, und ebenso, daß 1848 bei der größeren räumlichen Ausdehnung der Stadt und Vermehrung der Häuserzahl die Cholera, welche sich auch diesmal über die ganze Stadt verbreitete, sich in denselben Häusern etwas seltener wiederholte.

Summirt man die nicht isolirten Fälle bis dahin, wo 7 in einem Hause zugleich vorkamen, so erhält man folgendes Resultat:

Es gab

1831	von	2,158	Kranken deren in Gruppen bis zu 7 Kranken	927 = 42%
1832	=	587	= = = =	236 = 40%
1837	=	3,515	= = = =	1,922 = 53%
1848	=	2,300	= = = =	1,041 = 45%

so daß also die Wiederholung der Fälle in einem Hause von 2 bis incl. 7 Kranken ein constantes, der Größe der Epidemie entsprechendes Verhältniß beobachtet.

Diese Resultate scheinen mir insofern nicht unwichtig zu sein, als die Cholera in Bezug auf das isolirte und gruppenweise Vorkommen in allen Epidemien im Ganzen denselben Charakter der Verbreitung gehabt hat, so verschieden auch die sanitäts-polizeilichen Maßregeln gegen das Umsichgreifen der Krankheit waren. Wären Absperrung der Häuser und Wohnungen, Contumaz, regelmäßige Desinfection u. s. w. nicht bereits durch die öffentliche Meinung gerichtet, so würde hierdurch von Neuem ihre Fruchtlosigkeit dargethan werden. Man sieht ferner, daß die größere oder geringere Furcht vor der Ansteckung der Cholera, größere oder geringere diätetische Vorsicht, Hemmung oder völlige Ungebundenheit des Verkehrs in Bezug auf die Fortpflanzung der Krankheit in demselben Hause ohne wesentlichen Einfluß sind, und daß die Cholera über allen diesen Verhältnissen steht, ebenso wie sie rücksichtlich der Heilbarkeit im Großen in Berlin unverändert geblieben ist.

Befallensein derselben Häuser in verschiedenen Epidemien.

Beim Durchsehen der ausführlichen Tabelle I. wird es Jedem auffallen, wie oft dieselben Hausnummern in mehreren Epidemien vorkommen. Es ist nun zwar ganz natürlich, daß, wenn eine Straße in mehreren Epidemien viele Kranke liefert, sich in manchen Häusern die Erkrankungen wiederholen. Ebenso ist es nicht zu verwundern, daß Häuser, welche von vielen Personen zumal in dürftigen Verhältnissen bewohnt werden, wie die Familienhäuser in der Gartenstraße, die Hacheschen Häuser am Haakschen Markt und manche öffentliche Anstalten, jedesmal reich an Kranken sind. Das Vorkommen der Cholera an derselben Stelle und in denselben Häusern ist aber, abgesehen von jenen Verhältnissen, etwas sehr in die Augen Fallendes. Zum Beweise will ich die nachfolgenden Fälle hervorheben.

In allen vier Epidemien wurden Cholerafälle gemeldet aus den Häusern: Auguststraße 37, Bergstraße 13, Charitéstraße 9, Jüdenstraße 18, Köpnickerstraße 115, Petristraße 16 und 18, Poststraße 9, Prenzlauerstraße 5 und 38, Schleuse 3, Spittelbrücke 4 und Wallstraße 11.

In drei Epidemien kamen Kranke vor: Bergstraße 16, 19, 27, Dresdenerstraße 41, Elisabethstraße 2 und 7, Gertrautenstraße 23, Neue Grünstraße 15, 24, 34, Heiligegeiststraße 9, Holzmarktstraße 20/21, Alte Jakobsstraße 61, Neue Jakobsstraße 3, 17, Jüdenstraße 57, Kaiserstraße 1, 32, Klosterstraße 81, Kochstraße 43, Krausenstraße 22, Kronenstraße 18, Kürassierstraße 15, Lindenstraße 36a., Linienstraße 9, 197, Mittelstraße 38, Mohrenstraße 61, Nagelgasse 13, Neumannsgasse 17, Niederwallstraße 13, 14, Oranienburgerstraße 1, 7, Baddengasse 5, Papenstraße 7, Petristraße 2, 17, Poststraße 1, 5, 14, Prenzlauerstraße 3, 19, 35, 47, Rosenthalerstraße 29, Roßmariengasse 1, 2,

Roßstraße 4, 9, 30, Schendelgasse 4, Schiffbauerdamm 10, 16, 21, Schillingsgasse 21, Schleuse 6, 11, 14, Alte Schönhauserstraße 17, Sebastianskirchgasse 13, Spittelbrücke 15, Spittelmarktstraße 4, Stallschreibergasse 1, 21, 24, 25, 32, 43, Steingasse 29, Wallstraße 46, Waßmannsstraße 29, Weinmeisterstraße 4, Wilhelmsstraße 134.

Noch viel häufiger wiederholt sich das Vorkommen von Cholerakranken in denselben Häusern in zwei Epidemien. Eine Aufzählung aller dieser Fälle würde zu weit führen, da es sich fast in allen Straßen, welche in mehreren Epidemien stärker von der Cholera heimgesucht worden, vorfindet. Es sind ferner öfter nicht nur überhaupt Cholerafälle aus denselben Häusern in verschiedenen Jahren gemeldet, sondern diese Häuser sind sogar wiederholt ohngefähr in gleicher Ausdehnung an der Krankheit betheiligt, so z. B. in der Ackerstraße in den Jahren 1831 und 1837. Mitunter sind auch nur einzelne Häuser einer Straße der Sitz der Cholera, die übrigen mehr oder weniger frei, so Albrechtsstraße 6, 16 und 18 Am Belleallianceplatz kamen 1837 und 1848 von 3 Kranken jedesmal 2 in Nr. 20 vor. In der Brauhausgasse waren die Erkrankungen 1832 und 1848 jedesmal auf einen Fall in Nr. 9 beschränkt; in der Brückenstraße in drei Epidemien auf die Nummern 2 und 16. In der Dragonerstraße enthielten die Häuser 38, 40, 41, 42, 43 und 47 in zwei Epidemien Kranke, während die dazwischenliegenden jedesmal frei davon waren. In der Eiergasse kamen in den beiden letzten Epidemien nur in dem Hause Nr. 3 einmal 5, das andere Mal 4 Kranke vor. In der Elisabethstraße wiederholen sich gleichfalls oft dieselben Nummern. Dasselbe ist Fischerbrücke, Fischerstraße, Gartenstraße, Gipsstraße, Gollnowsstraße, Hamburgerstraße, Hirtengasse, Jägerstraße, Klosterstraße, Kreuzgasse, Kuirassierstraße, Neumannsgasse, Prenzlauerstraße, Neue Promenade, Rittergasse, Schiffbauerdamm, Stralauerstraße u. s. w. der Fall. In der Gollnowsstraße findet sich sogar das Curiosum, daß 1837 und 1848 in Nr. 29 an demselben Datum Jemand an der Cholera erkrankt ist. Aehnliche Spiele des Zufalls kommen vor Königsstraße 7, Alte Leipzigerstraße 3 und Linienstraße 197.

Soll man das wiederholte Erscheinen der Cholera in denselben Häusern für ein rein zufälliges halten? Ich glaube nicht, denn für eine Zufälligkeit ist dasselbe zu häufig. Sehr oft mag es darin seinen Grund haben, daß die betroffenen Häuser in einer Gegend und in einer Straße liegen, welche an sich der Entwicklung der Cholera günstig sind, und daß diese Häuser gerade enge gebaut, unreinlich und von vielen Personen der ärmeren Klasse bewohnt sind. In manchen der angeführten Fälle trifft diese Erklärung aber nicht zu, so z. B. in der Albrechtsstraße, Brückenstraße, Wilhelmsstraße und mehreren anderen Straßen, welche im Ganzen wenig Kranke lieferten. Es sind ferner nicht gerade immer die am meisten bevölkerten Häuser, in welchen die Krankheit vornehmlich Wurzel faßt, sondern solche sind zuweilen ganz frei geblieben, während andere weniger bewohnte jedesmal oder in mehreren Epidemien von der Cholera befallen wurden. Hier bleibt uns nichts übrig, als das wiederholte Erscheinen der Cholera für etwas Zufälliges zu erklären, oder einzugestehen, daß in einzelnen Häusern Dispositionen zur Entstehung der Krankheit existiren, die wir bis jetzt nicht kennen.

Einzelne intensivere Krankheitsheerde.

Man hat in der letzten Epidemie öfter als etwas Auffallendes hervorgehoben, daß in einzelnen Straßen, auf kurze Strecken derselben, auf mehrere Häuser oder auch nur auf ein einzelnes Haus beschränkt, ungewöhnlich viele Cholerakranke vorkamen. Denjenigen, welche die früheren Epidemien nicht erlebt haben, oder welchen die damalige Verbreitungsweise der Krankheit nicht mehr gegenwärtig ist, könnte es hiernach scheinen, als ob das gruppenweise Vorkommen der Krankheit der letzten Epidemie besonders eigen gewesen sei. Um diesen Zweifel zu beseitigen, will ich die Orte, an welchen die Cholerakranken sich am meisten häuften, in den verschiedenen Epidemien etwas näher beleuchten, und auch die Ursachen der Concentration der Krankheit an einzelnen Punkten, so weit es mir möglich ist, aufzuklären versuchen.

Es giebt in Berlin öffentliche Anstalten, in welchen in jeder Choleraepidemie eine größere Zahl von Kranken vorkam. Zu diesen gehört:

Das Arbeitshaus in der Alexanderstraße Nr. 3 und 4. Aus demselben wurden gemeldet:

1831	Cholerakranke	70,
1832	„	22,
1837	„	44,
1848	„	67.

Die Bevölkerung des Arbeitshauses ist seit dem Jahre 1831 durchschnittlich stets zwischen 7—800 geblieben. Die Zahl der Kranken ist hiernach, obwohl sie mit der Totalsumme der Cholerafälle in den einzelnen Epidemien nicht gleichen Schritt hält, verhältnißmäßig immer sehr bedeutend gewesen. Auffallend ist, daß im Jahre 1832 der erste Krankheitsfall erst am 10ten Dezember vorkam, obwohl die Cholera bereits seit Ende August in der Stadt war. In den übrigen Epidemien begann die Krankheit in dem Arbeitshause jedesmal nicht lange nach dem Auftreten an anderen Stellen der Stadt. Man hat das verspätete Erscheinen der Cholera in dem Arbeitshause 1832 als einen Beweis für die Contagiosität der Krankheit benutzt, und angenommen, daß dieselbe erst später in das Arbeitshaus eingeschleppt worden sei. Ich muß jedoch hiergegen bemerken, daß in keiner Anstalt in Berlin die Einschleppung einer ansteckenden Krankheit so schwer zu verhüten sein möchte als im Arbeitshause, in dem stets ein Wechsel von vagabondirenden Personen aus allen Stadttheilen stattfindet. Hingegen bietet die Bewohnerschaft des Arbeitshauses, welche aus Elenden der verschiedensten Kategorien, selbst unheilbaren Irren besteht, an sich ein sehr fruchtbares Feld für die Entstehung und Fortpflanzung der Krankheit, wozu auch noch die Lage des Gebäudes an dem Festungsgraben kommt.

Einen nicht minder bedeutenden Heerd für die Entwicklung der Cholera hat fast in allen Epidemien die dem Arbeitshause sehr nahe liegende von Kottwitzsche Armen-Beschäftigungs-Anstalt in der Alexanderstraße Nr. 5—7 gebildet. Es erkrankten dort an der Cholera:

1831 . . .	52	Personen,
1832 . . .	2	"
1837 . . .	23	"
1848 . . .	38	"

Da die v. Kottwitzsche Anstalt aus circa 90 Familien mit etwa 500 Personen besteht, so ist daselbst die Zahl der Cholerakranken, namentlich in der ersten Epidemie verhältnißmäßig sehr groß gewesen. Auffallend gering ist nur die Epidemie des Jahres 1832 betheiligt. Die beiden Erkrankungen, welche damals vorkamen, fallen nicht in den Dezember, wie in dem nahe liegenden Arbeitshause, sondern der erste in den September und der zweite in den October. Es bleibt daher immer wunderbar, wie das Arbeitshaus, welches ganz nahe und in ähnlicher Situation gelegen ist, so viel länger hat von der Cholera frei bleiben können. Die Annahme, daß in der Kottwitzschen Anstalt eine Einschleppung des Contagiums stattgefunden, in dem Arbeitshause aber nicht, scheint mir indessen eine sehr gewagte, wenn man bedenkt, wie vielfach die Berührung beider Anstalten mit der übrigen Stadt ist.

Noch intensiver als in den beiden genannten Anstalten war die Cholera meistens in dem neuen Hospital an der Waisenbrücke, in der Wallstraße Nr. 55. Dasselbe enthält etwa 300 Pfleglinge, meist sehr bejahrte und schwächliche Personen. Es erkrankten daselbst:

1831 . . .	77	Individuen,
1832 . . .	4	"
1837 . . .	16	"
1848 . . .	32	"

Merkwürdig ist es, daß sowohl hier, wie in den beiden anderen öffentlichen Anstalten jedesmal im Jahre 1831 die größte Zahl von Kranken vorkam, obwohl gerade damals die meiste Sorgfalt auf Absperrung des Hauses und der Zimmer verwendet und eine alle schädlichen Speisen ausschließende Diät angeordnet wurde. Die genannten Maßregeln haben sich dem Resultate nach offenbar als unwirksam gezeigt, und man wird vielmehr in anderen Umständen die Bedingungen zu einer geringeren oder stärkeren Entwicklung der Cholera zu suchen haben. Bemerkenswerth ist, daß die Summe der Erkrankungen in den drei öffentlichen Anstalten auch in den übrigen Epidemien der Extensität derselben nicht immer entspricht. So sind jedesmal 1837, wo die Cholera am meisten um sich gegriffen hatte, verhältnißmäßig weniger Individuen in diesen Anstalten erkrankt. Möglich, daß das Jahr 1831 die am meisten Disponirten bereits hingerafft hatte, und die Cholera daher 1832 und 1837 noch nicht wieder ein so günstiges Terrain für ihre Verheerung antraf.

Zu den öffentlichen Gebäuden, in denen jedesmal Cholerafälle vorkamen, gehören auch die Kasernen. Indessen ist hier die Zahl der Kranken immer sehr beschränkt geblieben, was seinen Grund theils in der auf die Soldaten verwandten diätetischen und therapeutischen Sorgfalt, theils in der Jugend und im Allgemeinen kräftigen Constitution derselben haben mag. Am meisten ist immer die am Kupfergraben gelegene Artillerie-Kaserne betheiligt gewesen, ein Umstand, der wiederum für den Einfluß des Wohnortes auf die Verbreitung der Cholera spricht; denn die persönlichen Verhältnisse der Soldaten sind gewiß in allen Kasernen genau dieselben gewesen. Die Artillerie-Kaserne ist aber einmal an dem Kupfergraben und an der Spree gelegen; andererseits ist dieselbe in ihrer unteren Etage sehr feucht und dumpfig.

Eigenthümlich ist das Auftreten der Cholera in der Charité gewesen. Es kamen daselbst

1831	Cholerakranke	77	vor.
1832	"	52	"
1837	"	49	"
1848	"	5	"

Die Zahlen entsprechen durchaus nicht der Totalsumme der vier Epidemien. Die Zahl der Kranken in der zweiten Epidemie ist bedeutender als die in der dritten 6 Mal so großen Epidemie, und die Menge der Erkrankungen im vorigen Jahre ist 4 Mal kleiner als im Jahre 1832. Woher stammen diese Differenzen? von der Verschiedenheit der Maßregeln gegen die Verbreitung der Cholera gewiß nicht. Man hat früher die Trennung der Cholerakranken von anderen Patienten gerade sorgfältiger beobachtet als jetzt. Der Verkehr der Aerzte und Wärter mit dem nahen Cholerahospital im Pockenhause ist stets ein vielfältiger und diesmal ein ganz ungehinderter gewesen. Man kann also nur sagen, daß das Agens der Cholera nicht immer gleich günstige Gelegenheit zu seiner Entwicklung gefunden hat. In der ersten Epidemie kamen in der Charité Cholerakranke vom Anfang bis zum Ende der Epidemie vor, in der zweiten erst, nachdem die Krankheit bereits sechs Wochen geherrscht hatte. Die Möglichkeit der Uebertragung war aber gewiß gleich von Anfang an gegeben. Dieselbe kann ferner in der letzten Epidemie in keiner Weise gefehlt haben, und doch ist es im vorigen Jahre in der Charité nicht eigentlich, wie früher, zu einem Krankheitsheerde gekommen. Sollten nun nicht auch hier, wie in einzelnen Gegenden der Stadt, die veränderten localen Verhältnisse auf die geringere Entwicklung der Cholera influirt haben? Wer die Charité vor 18 Jahren gekannt hat, und sie jetzt wieder besucht, wird in vieler Hinsicht einen ganz veränderten Eindruck empfangen. Die Umgebung der Charité, welche früher in Schutthaufen und Sümpfen bestand, ist erhöht, gepflastert und in einen anmuthigen Garten verwandelt worden. Corridore und Krankensäle sind sauberer und luftiger geworden. Kurz die Veränderung, welche mit der Charité vor sich gegangen ist, dürfte eher noch bedeutender sein als die des Voigtlandes, und ich möchte daher auch die Abnahme der Cholera in der letzten Epidemie dort wie hier der veränderten Salubrität zuschreiben.

Oeffentliche Anstalten, die nur in zwei Epidemien und zwar in den beiden letzten von der Cholera befallen wurden, sind die beiden Waisenhäuser, das große Friedrichs-Waisenhaus in der Stralauerstraße 58 und das französische in der Friedrichsstraße 129. In dem ersten erkrankten 1837 sechs und 1848 zehn Individuen. Zu den letzteren gehörte die Familie des in dem Waisenhause wohnenden Predigers. Der erste Fall im letztvergangenen Jahre betraf ein junges Mädchen aus der Wallstraße, welches seine Mutter an der Cholera verlor, und kurz darauf in das Waisenhaus aufgenommen wurde Wenn irgend ein Fall für die Einschleppung der Krankheit in der letzten Epidemie geltend gemacht werden kann, so ist es dieser. Hierzu kommt, daß man 1831 und 1832 während der Cholera-Epidemie sehr behutsam in der Aufnahme neuer Waisen gewesen sein soll, 1837 aber schon in dieser Vorsicht nachgelassen hatte.

In dem französischen Waisenhause gestaltete sich merkwürdigerweise das Verhältniß ganz analog. Nur in den beiden letzten Epidemien kamen Erkrankungen vor, und im vorigen Jahre sogar 62. Diese waren indessen fast sämmtlich sehr milder Natur, und können auch kaum zur eigentlichen Cholera gezählt werden, was schon daraus hervorgeht, daß von 62 Kranken nur 4 gestorben sind.

Im Gegensatz zu dem nur zweimaligen Auftreten der Cholera in den Waisenhäusern zeigte sich dieselbe in jeder Epidemie, mit Ausnahme der zweiten, in dem in der neuen Friedrichsstraße gelegenen Kadettenhause, obwohl hier während der ersten Epidemie gewiß die größte Vorsicht gegen eine mögliche Einschleppung der Krankheit beobachtet wurde.

Das Invalidenhaus, welches in der ersten Epidemie von der Cholera frei geblieben war, lieferte in der zweiten, viel unbedeutenderen, 21 Kranke. Man schob dies damals darauf, daß ein Cantonnements-Lazareth in das Invalidenhaus gelegt worden, und in demselben ein cholerakranker Soldat aus dem Lager bei Charlottenburg aufgenommen war. Er sollte die weitere Entwicklung der Krankheit in dem Invalidenhause und zwar in dem Raum des Cantonnements-Lazareths veranlaßt haben. Uebrigens erkrankte sonst kein Militair in dem Lager. Offenbar hat sich im Jahre 1832 in dem Invalidenhause ein intensiver Krankheitsheerd gebildet, wie wir dies in allen Epidemien hin und wieder finden. Im Jahre 1837 kamen indeß auch Cholerakranke in dem Invalidenhause vor, wenngleich nur 7 an der Zahl, ohne daß diesmal von einer Einschleppung der Krankheit die Rede war.

Unter den Privathäusern nehmen in Bezug auf die Ausbreitung der Cholera in denselben, wie bereits erwähnt, die Familienhäuser in der Gartenstraße am Hamburgerthore die erste Stelle ein. Die Gesammtzahl der Kranken in den einen gemeinschaftlichen Hof bildenden Gebäuden von Nr. 91 — 96 betrug:

1831 . . .	118	Personen.
1832 . . .	29	„
1837 . . .	105	„
1848 . . .	14	„

Am meisten war immer das Haus Nr. 92 betheiligt, welches 1831 allein 102; 1832 — 14; 1837 — 49 und 1848 — 13 Kranke lieferte. In Bezug auf die Entstehung dieser intensiven Krankheitsgruppen verdient bemerkt zu werden, daß in den drei ersten Epidemien jedesmal in dem Gehöfte der Familienhäuser ein Cholera-Lazareth etablirt war, und daß also zu den an Ort und Stelle Erkrankten noch manche andere aus der Umgegend hinzukamen. Man könnte hiernach wohl auf den Gedanken kommen, daß durch diese Maßregel der Krankheitsheerd noch an Intensität gewonnen habe. Diese Annahme wird noch dadurch unterstützt, daß die Erkrankungen in den übrigen Häusern der Gartenstraße in den drei ersten Epidemien nicht so überwiegend an Zahl sind, wie in den Familienhäusern; denn es kamen Kranke vor:

1831	in der Gartenstraße	142,	in den Familienhäusern	118,	Rest	24.
1832	= = =	37,	= = =	29,	=	16.
1837	= = =	141,	= = =	105,	=	36.
1848	= = =	42,	= = =	14,	=	28.

Es könnte daher wohl der Fall sein, daß das Agens der Cholera, sei es ein Contagium oder Miasma, durch die überaus große Zusammenhäufung von Kranken auf einem kleinen Raum, welche die Einrichtung eines Cholera-Lazareths auf dem Gehöfte der Familienhäuser mit sich brachte, in den drei ersten Epidemien noch in seiner Weiterentwicklung begünstigt worden wäre. Indessen möchte ich dies doch nur als eine Vermuthung hinstellen, weil in der Nähe der anderen Cholera-Lazarethe, welche in den ersten beiden Epidemien außer in der Gartenstraße noch im Pockenhause, in der neuen Königsstraße, Kochstraße und Louisenstraße, in der dritten Epidemie außer der Gartenstraße und der neuen Königsstraße in der Sebastiansstraße, endlich in der vierten Epidemie im Pockenhause, in der Pallisadenstraße, in der Köpnickerstraße und am Hallischen Thore existirten, eine auffallende Zunahme von Krankheitsfällen nicht beobachtet worden ist. Es kamen ferner nicht bloß in der Gartenstraße, sondern überhaupt in dem Voigtlande in dem letzten Jahre weit weniger Kranke vor; auf die übrigen Straßen würde aber der Einfluß des Cholera-Lazareths nicht auszudehnen sein. Vielmehr wird die geringere Verbreitung der Cholera in den Familienhäusern in der letzten Epidemie durch die oben angeführte Veränderung der örtlichen Verhältnisse im Voigtlande überhaupt zur Genüge erklärt. Sodann war auch die Lage der Bewohner der Familienhäuser in den Herbstmonaten vorigen Jahres eine viel bessere als sonst, indem sie nicht wie früher Mangel litten, sondern durch die öffentlichen Arbeiten an Kanälen und Kunststraßen einen reichlichen Tagelohn verdienten. Diese Umstände scheinen mir jedenfalls wichtiger zu sein als der Einfluß, welchen etwa die Contagiosität der Cholera auf ihre Entwicklung in den Familienhäusern gehabt haben könnte. Denn gerade in dem letzten Jahre, in welchem man der Verbreitung der Krankheit nicht die geringsten Schranken angelegt hat, ist dieselbe zu keiner erheblichen Intensität gelangt, obwohl die Berührung der Bewohner untereinander gewiß 1848 keine geringere als früher gewesen ist. Der verstorbene Eck hat im Cholera-Archiv Band 1. S. 399 und Band 3. S. 433 hervorgehoben, daß die Krankheit im Jahre 1831 erst gegen Ende September in den Familienhäusern aufgetreten ist, obwohl sie bereits seit Ende August in der Stadt herrschte, und daß sie sich dagegen in der Epidemie des folgenden Jahres längere Zeit fast ausschließlich auf die Gegend vor dem Hamburger-Thore beschränkte. Eck hat diese Thatsachen als Beweise für die Contagiosität der Cholera benutzt. Ich möchte jedoch in dieser Beziehung kein großes Gewicht auf das frühere oder spätere Erscheinen der Krankheit in einer Gegend legen, da es doch weiter Nichts beweist, als daß es in einem Jahre an einem bestimmten Orte früher oder später als an anderen zur Entwicklung des die Cholera bedingenden Agens gekommen ist. Die Gelegenheit zur Ansteckung, wenn eine solche existirt, war gewiß auch früher vorhanden, und man kann mit demselben Rechte sagen, daß ein Choleramiasma sich einmal früher, das andere Mal später gebildet hat. 1837 erschien z. B. die Cholera gleich Anfangs in den Familienhäusern und diesmal wiederum erst nach einigen Wochen. Soll man nun deshalb annehmen, daß sich im letzten Jahre die Bewohner der Familienhäuser, welche sich an den verschiedensten Stellen der Stadt ihren Erwerb suchen, nicht der Ansteckung ausgesetzt hätten?

Zu den Privathäusern, welche in allen Epidemien Cholerakranke lieferten, gehören auch die sogenannten Hacheschen Häuser an dem Haakschen Markt Nr. 1 — 3, jetzt Spandauerbrücke Nr. 3 — 5. Es erkrankten daselbst:

1831	. . .	10 Personen.
1832	. . .	7 "
1837	. . .	24 "
1848	. . .	12 "

Die Häuser liegen dicht an dem Festungsgraben, und sind sehr dicht bewohnt, so daß sich hier wiederum mehrere Umstände vereinigen, unter welchen die Cholera intensiver aufzutreten pflegt.

Außer diesen in allen oder mehreren Epidemien vorkommenden Krankheitsheerden finden sich aber noch manche andere. Ich habe die Fälle, in welchen 8 Kranke und Mehrere aus einem Privathause gemeldet wurden, in der Tabelle VI. zusammengestellt. Man sieht hieraus, daß solche Brennpunkte der Krankheitsintensität in den drei größeren Epidemien in ziemlich analoger Anzahl existirten. Am häufigsten waren sie in der Epidemie des Jahres 1837, am seltensten in dem vorigen Jahre, so daß also die Cholera keinenfalls in dieser letzten Epidemie mehr als sonst in größeren Gruppen aufgetreten ist. Indessen ist allerdings die Krankenzahl, welche diesmal in der Blumenstraße 38 vorkam, etwas bedeutender als die höchste Zahl im Jahre 1831. In der Epidemie von 1837 kamen, wenn man die Hacheschen Häuser ausnimmt, nirgends über 14 in einem Privathause vor. Diese Brennpunkte der Krankheit sind jedesmal in der ganzen Stadt zerstreut. Oefter befinden sie sich in Straßen, die überhaupt stark von der Cholera ergriffen sind, wie 1831 in der Bergstraße, 1837 in der Prenzlauerstraße und 1848 in der Wallstraße. Einzelne Fälle stehen aber auch wiederum ziemlich isolirt da, wie z. B. 1831 in der Feldstraße Nr. 4, 1837 in der kurzen Straße Nr. 16 und 1848 in der Blumenstraße Nr. 37b. und 38. Worin die Ursache solcher intensiver Krankheitsheerde zu suchen ist, vermag ich nicht anzugeben. An der Größe der Häuser und der starken Bevölkerung liegt es offenbar nicht, da die genannten Häuser in der Blumenstraße, das in der Wallstraße 44 und in der Cuirassierstraße 22 dieser Voraussetzung keinesweges entsprechen. Das Trinkwasser, der Grund und Boden, die Nähe von Sümpfen oder Senkgruben dürften wohl hie und da anzuklagen sein, oft aber auch nicht. In den Verhältnissen der Bewohner, ihrer größeren Armuth oder einer besonderen Beschäftigungsweise ist gleichfalls nicht immer der Aufschluß über die enorme Ausbreitung der Cholera an einzelnen Punkten zu finden. Eben so wenig läßt sich derselbe aus der größeren Gelegenheit zur Mittheilung eines Contagiums erklären, da dieselbe Gelegenheit und eine viel größere jedesmal in vielen anderen Privathäusern stattfand, ohne denselben Erfolg zu haben. Man muß sich daher mit der Thatsache begnügen, daß die Cholera in jeder Epidemie sich in einzelnen Häusern besonders eingenistet und verbreitet hat, ohne daß wir bis jetzt die Bedingungen hierzu kennen.

Contagium oder Miasma.

Welches von Beiden der eigentliche Hebel der Cholera ist, diese Frage bewegt noch immer Aerzte und Laien. Es war jedoch von Anfang an weniger das wissenschaftliche Interesse, welches dieser Frage eine große Wichtigkeit verlieh, als die Reihe der von ihrer Lösung erwarteten practischen Consequenzen. Man hoffte einen Ansteckungsstoff zu ermitteln, den man fixiren und beschränken und mit dessen Bekämpfung man der Verbreitung der Krankheit Herr werden könnte. In der Voraussetzung, daß die Cholera sich durch Ansteckung und nur durch diese fortpflanze, haben viele Staaten, wie der unsrige, große Summen für Cordons und Quarantainen verwandt, wie wir jetzt wissen, vergeblich. Hätten sie es aber nicht gethan, wer weiß, ob den Regierenden nicht noch größere Vorwürfe gemacht worden wären. Als die Cordons durchbrochen waren, und die Krankheit in den Residenzstädten Preußens und Oesterreichs erschien, suchte man sie hier auch noch auf Schritt und Tritt durch Maßregeln der Sanitätspolizei zu verfolgen. Auch dies hat man, der öffentlichen Meinung weichend, mit jeder Epidemie immer mehr aufgeben müssen. Der Erfolg war kein ungünstiger; im Gegentheil, in Berlin ist die Ausbreitung der Cholera, als sie sich ganz zwanglos bewegen konnte, nicht größer, die Sterblichkeit nicht bedeutender geworden.

Dessenungeachtet ist die wissenschaftliche Frage über die contagiöse und miasmatische Natur der Krankheit noch nicht entschieden. Ich bin nicht Willens, die zahllosen Controversen über diese Streitfrage hier aufzunehmen Indessen kann ich nicht umhin, den fraglichen Punkt mit Rücksicht auf die statistischen Ergebnisse in Berlin zu berühren.

Nehmen wir an, daß der Verbreitung der Cholera bei uns ein Contagium zu Grunde gelegen hat, so müssen wir nach dem Auftreten der Krankheit in Berlin zugleich einräumen, daß dieser Ansteckungsstoff sich nur unter gewissen Bedingungen fortpflanzt. Viermal ist die Cholera in Berlin zu derselben Jahreszeit erschienen. 1832 hörte sie im Januar auf, und setzte ihre Verheerungen, wiewohl eine neue Einschleppung nicht erfolgt sein sollte, erst dann wieder fort, als der Herbst herangekommen war. Von Breslau erschien sie 1837 ohne Zwischenglieder wiederum im August und auf ähnliche Weise diesmal ohne eine Brücke der Uebertragung von Rußland her Ende Juli. Man muß daher eingestehen, daß die Sommer- und Herbstmonate der Entwicklung des Contagiums, wenn ein solches existirt, in Berlin besonders günstig sind.

Das Contagium würde ferner die Eigenschaft haben müssen, an einzelnen Stellen der Stadt und zwar nicht bloß denen, wo der Verkehr der Menschen die Erzeugung desselben potenziren kann, sondern wo die localen Verhältnisse des Bodens und der Wohnungen besondere sind, mit größerer Intensität hervorzutreten.

Alle Einrichtungen, welche den Verkehr Gesunder mit Kranken beschränken, sind in Berlin erfolglos gewesen, und zum Beweise, daß es nicht etwa blos an der Unausführbarkeit der Maßregeln liegt, hat das vorige Jahr zur Evidenz gezeigt, wie gleichgültig für die Verbreitung der Cholera die ungebundenste Communication Gesunder mit Gesunden und Kranken gewesen ist.

Man gelangt hierdurch nothgedrungen zu dem Schluß, daß, wenn die Krankheit selbst ein Contagium erzeugt, die Verbreitung desselben auf Andere nur sehr bedingungsweise geschieht, und daß namentlich eine Verschleppung von einem Orte zum andern nur selten stattfindet.

Aber auch durch die Annahme eines Cholera-Miasmas werden die Eigenthümlichkeiten der Krankheit in ihrer Verbreitung nicht vollkommen erklärt. Wenn es auch der Natur einer miasmatischen Krankheit entspricht, daß sie sich an den Stellen besonders leicht und intensiv entwickelt, wo die Gelegenheit zur Entstehung einer Luftverderbniß erfahrungsmäßig am meisten vorhanden ist, also in feuchten, sumpfigen und dem Luftzuge weniger ausgesetzten Gegenden der Stadt, so fehlt es an der Erklärung der Thatsache, daß die Cholera sich so häufig in einzelnen Häusern und Wohnungen festsetzt und die nächste Nachbarschaft frei läßt, ohne daß die Localitäten wahrnehmbare Unterschiede des Bodens, der Lage u. s. w. darbieten. Aber nicht nur an einzelnen Häusern, sondern auch an einzelnen Wohnungen und Zimmern haftet die Krankheit. Die tabellarische Uebersicht giebt zwar hierüber keinen Aufschluß, aber diese Erfahrung ist eine nicht zu widerlegende. Beispiele der Art hat jeder Arzt zu machen Gelegenheit gehabt, und habe ich solche namentlich in meinem Bericht über die Epidemie in der Wallstraße im Jahre 1848 in dem letzten Heft des Archivs für pathologische Anatomie und Physiologie u. s. w. von R. Virchow und B. Reinhardt bekannt gemacht. Will man hier eine Uebertragung von Individuum zu Individuum zurückweisen, so wird man genöthigt, eine Concentration des Miasmas auf einem beschränkten Raum anzunehmen, der sich von seinen Umgebungen in Nichts unterscheidet. Noch schwieriger endlich wird die Aufklärung des Umstandes, daß die Cholera in der Regel nicht viele Personen zugleich in einem Hause befällt, sondern schrittweise in Zwischenräumen den Einen nach dem Andern heimsucht. Diese Intervalle sind zwar ganz unregelmäßig, aber eine Durchsicht der größeren Choleraheerde in der Tabelle I. ergiebt, daß wie die Epidemie im Großen auch die Epidemie im Kleinen in der Regel einen Cyclus vollendet. Wäre das Miasma allein die veranlassende Ursache der Krankheit, würden dann nicht an einer Stelle die disponirten Individuen ziemlich gleichzeitig ergriffen werden? Würden nicht wenigstens die Prodrome der Krankheit weniger oder stärker ausgeprägt sich bei den Bewohnern eines Hauses gleichzeitig einstellen? Dem ist aber nicht so. Das Agens, welches in einem Hause und in einer Familie heut ein Opfer und nach Tagen ein zweites fordert, scheint ein anderes intensiveres zu sein, als dasjenige, welches eine ganze Stadt plötzlich befällt, und jeden Bewohner mehr oder weniger verstimmt und krank macht. So wenig ich demnach Beweise für eine Verschleppung eines Ansteckungsstoffes bei der Krankheit im Großen wahrnehmen kann, so kann ich die Möglichkeit, daß unter Umständen eine Uebertragung der Cholera von Kranken direct auf Gesunde stattfindet, bis jetzt nicht aufgeben.

Recapitulation.

Die Cholera hat bis jetzt in Berlin jedesmal fast genau zu derselben Jahreszeit geherrscht. Die Herbstmonate scheinen für die Entwicklung der Krankheit in Berlin besonders günstig zu sein.

Die Dauer der Choleraepidemien war immer ziemlich dieselbe. Namentlich correspondiren die beiden ersten und die beiden letzten Epidemien in dieser Beziehung mit einander.

Das Verhältniß der Genesenen zu den Gestorbenen ist in allen Epidemien in Berlin ziemlich gleich geblieben. Es starben jedesmal beinahe zwei Drittheile der Erkrankten.

Die Veranlassungen zur größeren oder geringeren Extensität der einzelnen Epidemien sind uns bis jetzt nicht bekannt. Keinenfalls sind nachweisbare Witterungsveränderungen oder Verschiedenheiten der Lebensweise und des Verkehrs der Einwohner als solche zu betrachten.

Die Cholera hat sich zwar jedesmal über alle Theile der Stadt verbreitet. Je größer aber die Epidemie war, um so mehr Straßen und Häuser waren auch daran betheiligt.

Die Vertheilung der Kranken ist im Allgemeinen keine gleichmäßige gewesen. In jeder Epidemie häuften sich die Cholerafälle in einzelnen Gegenden und Straßen der Stadt.

Feuchte, finstere, eng gebaute und dicht bewohnte Regionen Berlins lieferten jedesmal vorzugsweise viele Kranke.

Der vom Festungsgraben eingeschlossene und von Spreearmen durchschnittene mittlere Theil der Stadt ist immer auffallend mehr von der Cholera heimgesucht worden, als die breiten, regelmäßigen Straßen der Friedrichs- und Dorotheenstadt.

Die Vorstadt vor dem Oranienburger-, Hamburger- und Rosenthaler-Thore, das sogenannte Voigtland, war in den ersten drei Epidemien recht eigentlich der Sitz der Cholera. Mit der größeren Salubrität dieses Stadttheiles ist aber die Krankheit im vorigen Jahre daselbst viel milder aufgetreten.

Die Lage der Häuser und Straßen unmittelbar am Wasser ist kein disponirendes Moment für das intensivere Auftreten der Cholera, wohl aber die Nähe stagnirender Gräben und Flußarme.

Der Verkehr mit Kähnen und Schiffern scheint ohne Einfluß auf die Verbreitung der Cholera gewesen zu sein.

Das Verhältniß des gruppenweisen und isolirten Vorkommens der Kranken in einzelnen Häusern ist in allen Epidemien ziemlich dasselbe gewesen. Die gruppenweisen Fälle übertreffen jedesmal die vereinzelten und zwar in analogen Proportionen. Die Cholera ist sehr häufig in denselben Häusern während der späteren Epidemien wieder erschienen

Sogar die Menge der Erkrankungen ist öfter während mehrerer Epidemien in denselben Häusern eine analoge gewesen.

Selbst in den Straßen, welche nur wenig bei der Cholera betheiligt waren, kamen öfter in denselben Häusern nach Jahren wiederum Kranke vor.

Manche öffentliche Anstalten bildeten jedesmal intensivere Krankheitsheerde, und hing die Ausbreitung der Cholera in denselben nicht von der größeren oder geringeren Strenge sanitäts-polizeilicher Maßregeln ab.

Einzelne sehr bevölkerte Privatgebäude sind ebenfalls immer der Sitz der Cholera gewesen, so namentlich die Familienhäuser im Voigtlande. In der letzten Epidemie ist die Krankenzahl dort aber eine auffallend geringe gewesen, was der gesunderen Beschaffenheit des Wohnorts und der Bewohner zuzuschreiben ist.

Andere größere Choleraheerde waren jedesmal hie und da in der Stadt zerstreut. Ihr Vorkommen ist der Zahl nach ein der Extensität der einzelnen Epidemien entsprechendes.

Ob das Agens der Cholera ein Contagium oder Miasma, ist mehr eine wissenschaftliche als practische Frage.

Ist dasselbe ein Contagium, so muß die Entstehung und Fortpflanzung desselben vielen Bedingungen unterworfen sein Jahreszeit und locale Verhältnisse der Stadttheile, Straßen, Häuser und Bewohner müssen einen entschiedenen Einfluß auf dasselbe ausüben können.

Durch die den Verkehr hemmenden Maßregeln der Absperrung und Contumaz würde dasselbe eben so wenig vermindert als durch die bunteste Vermischung der Einwohner in Volksversammlungen, Volksfesten, Aufzügen u. s. w. vermehrt werden können. Die Fortpflanzung des Contagiums müßte im Großen eine von der Communication der Menschen unabhängige sein, und einen eigenthümlichen Weg der Verbreitung befolgen.

Ist das Agens der Cholera ein Miasma, so erklärt sich hierdurch zwar, weshalb die Krankheit an feuchten, sumpfigen, eingeschlossenen Orten mehr haftet als an anderen.

Auffallend bleibt aber die Concentration der Fälle auf einzelne Häuser und das Verschontbleiben der gleichartigen Nachbarschaft.

Ebenso wird dadurch nicht erklärt, weshalb die Krankheitsfälle in denselben Häusern nicht zu gleicher Zeit, sondern in einer fortlaufenden Reihe, wenn auch mit unregelmäßigen Zwischenräumen aufzutreten pflegen.

Bestreitet man daher auch die Contagiosität der Cholera für die Verbreitung der Krankheit im Großen, so kann man dieselbe im Kleinen in einzelnen Häusern und Familien zur Erklärung des Krankheitsganges nicht wohl entbehren.

Mag das Agens der Cholera ein contagiöses oder miasmatisches oder eine Vermischung von Beiden sein, die Maßregeln der Gesundheitspflege werden im Wesentlichen in allen Fällen dieselben bleiben. Die Erfahrung hat für Berlin in vier Epidemien Hemmung des Verkehrs, Sperre der Häuser und Wohnungen, Quarantainen und Contumanz als erfolglos gezeigt.

Hingegen ist das Trockenlegen und Pflastern der Straßen, die Anlage von Abzugskanälen, die Entfernung von Unreinigkeiten, die Sorge für gesundere Wohnungen und die Hebung der ärmeren Volksklassen schon jetzt an einzelnen Stellen Berlins von wohlthätigem Einfluß gewesen, und wird neben schneller und sorgfältiger ärztlicher Hülfe in der Stadt und in Spitälern der Cholera auch in der Zukunft am sichersten Schranken setzen.

Tabellen.

Tab. I.

Tabellarische Uebersicht sämmtlicher Cholerafälle in Berlin.

Benennung der Straßen.	1831.					1832.					1837.					1848.				
	Haus-Nummer.	Tag der Erkrankungen.	Zahl der Kranken.	Genesen.	Gestorben.	Haus-Nummer.	Tag der Erkrankungen.	Zahl der Kranken.	Genesen.	Gestorben.	Haus-Nummer.	Tag der Erkrankungen.	Zahl der Kranken.	Genesen.	Gestorben.	Haus-Nummer.	Tag der Erkrankungen.	Zahl der Kranken.	Genesen.	Gestorben.
Ackerstraße.	.	.	.	.	.	.	.	.	.	.	5	8 Sep.	1	.	1	1	13 Sep.	1	.	1
	.	.	.	.	.	.	.	.	.	.	″	12 ″	1	.	1	7	26 ″	1	1	.
	.	.	.	.	.	.	.	.	.	.	6	3 ″	1	.	1	37	29 ″	1	.	1
	.	.	.	.	.	.	.	.	.	.	″	13 ″	1	.	1	57	19 ″	1	.	1
	8	19 Okt.	1	1	.	.	.	.	.	.	8	22 ″	1	.	1	″	1 Okt.	1	1	.
	10	2 ″	1	1	.	.	.	.	.	.	10	25 Aug.	1	.	1	″	10 ″	1	.	1
	″	8 ″	1	.	1	.	.	.	.	.	″	14 Sep.	1	.	1	.	.	.	.	.
	″	12 ″	1	.	1	.	.	.	.	.	″	21 Okt.	1	.	1	.	.	.	.	.
	12	16 ″	2	.	2	.	.	.	.	.	14	19 Sep.	1	1	.	.	.	.	.	.
	″	22 ″	1	.	1	.	.	.	.	.	15	6 ″	1	.	1	.	.	.	.	.
	″	13 Nov.	1	1	.	.	.	.	.	.	″	8 ″	1	.	1	.	.	.	.	.
	14	20 Sep.	1	.	1	.	.	.	.	.	″	14 ″	3	.	3	.	.	.	.	.
	.	.	.	.	.	.	.	.	.	.	″	18 ″	1	1	.	.	.	.	.	.
	16	2 Okt.	1	.	1	.	.	.	.	.	16	11 ″	1	1	.	.	.	.	.	.
	″	9 ″	2	2	.	.	.	.	.	.	″	14 ″	1	.	1	.	.	.	.	.
	″	22 ″	1	.	1	.	.	.	.	.	″	16 ″	1	.	1	.	.	.	.	.
	17	8 ″	1	.	1	.	.	.	.	.	″	18 ″	1	.	1	.	.	.	.	.
	.	.	.	.	.	.	.	.	.	.	″	14 Okt.	2	.	2	.	.	.	.	.
	20	1 Okt.	1	1	.	.	.	.	.	.	″	19 ″	1	1	.	.	.	.	.	.
	″	2 ″	1	.	1	.	.	.	.	.	20	1 Sep.	1	1	.	.	.	.	.	.
	″	9 ″	1	1	.	.	.	.	.	.	″	2 ″	1	1	.	.	.	.	.	.
	″	24 ″	1	.	1	.	.	.	.	.	″	5 ″	1	1	.	.	.	.	.	.
	22	18 ″	1	.	1	.	.	.	.	.	22	29 Aug.	2	2	.	.	.	.	.	.
	″	19 ″	1	1	.	.	.	.	.	.	23	17 ″	1	.	1	.	.	.	.	.
	.	.	.	.	.	.	.	.	.	.	″	12 Sep.	1	.	1	.	.	.	.	.
	25	18 Sep.	1	.	1	.	.	.	.	.	25	28 Aug.	1	1	.	.	.	.	.	.
	″	1 Okt.	1		1	.	.	.	.	.	″	1 Sep.	3	2	1	.	.	.	.	.
	.	.	.	.	.	.	.	.	.	.	″	3 ″	2	.	2	.	.	.	.	.
	26	14 Okt.	1	.	1	.	.	.	.	.	26	12 ″	1	.	1	.	.	.	.	.
	.	.	.	.	.	.	.	.	.	.	″	13 ″	1	.	1	.	.	.	.	.
	.	.	.	.	.	.	.	.	.	.	″	17 ″	1	.	1	.	.	.	.	.
	27	1 Okt.	1	.	1	.	.	.	.	.	27	17 ″	1	1	.	.	.	.	.	.
	″	8 ″	1	.	1	.	.	.	.	.	″	19 ″	1	.	1	.	.	.	.	.
	.	.	.	.	.	.	.	.	.	.	″	21 ″	2	.	2	.	.	.	.	.
	34	15 Okt.	1	.	1	.	.	.	.	.	33	18 ″	1	.	1	.	.	.	.	.
	″	16 ″	1	.	1	.	.	.	.	.	″	21 ″	1	1	.	.	.	.	.	.

Benennung der Straßen.	1831.					1832.					1837.					1848.				
	Haus-Nummer.	Tag der Erkrankungen.	Zahl der Kranken.	Genesen.	Gestorben.	Haus-Nummer.	Tag der Erkrankungen.	Zahl der Kranken.	Genesen.	Gestorben.	Haus-Nummer.	Tag der Erkrankungen.	Zahl der Kranken.	Genesen.	Gestorben.	Haus-Nummer.	Tag der Erkrankungen.	Zahl der Kranken.	Genesen.	Gestorben.
Ackerstraße.	34	21 Okt.	1	.	1	.	.	.	.		37	28 Aug.	1	1	.	.	.	.	.	.
	36	27 Sep.	1	.	1	.	.	.	.	.	40	21 Sep.	1	.	1	.	.	.	.	.
	=	1 Okt.	1	.	1	.	.	.	.	.	=	10 Okt.	1	1	.	.	.	.	.	.
	=	14 =	1	1	.	.	.	.	.	.	42	11 Sep.	1	.	1	.	.	.	.	.
	39	19 Sep.	1	.	1	.	.	.	.	.	43	26 =	1	.	1	.	.	.	.	.
	40	15 Okt.	1	1	.	.	.	.	.	.	52	1 =	1	1	.	.	.	.	.	.
	=	17 =	1	.	1	.	.	.	.	.	=	4 =	1	.	1	.	.	.	.	.
	43	24 =	1	.	1	.	.	.	.	.	=	11 =	1	1	.	.	.	.	.	.
	=	7 Nov.	1	.	1	.	.	.	.	.	54	19 =	1	.	1	.	.	.	.	.
	45	21 Okt.	1	.	1	.	.	.	.	.	56	1 =	1	.	1	.	.	.	.	.
	48	6 =	1	.	1	.	.	.	.	.	57	29 Aug.	1	1	.	.	.	.	.	.
	49	11 =	1	.	1	.	.	.	.	.	=	21 =	1	.	1	.	.	.	.	.
	=	12 =	1	.	1	.	.	.	.	.	58	9 Sep.	1	.	1	.	.	.	.	.
	51	6 =	1	.	1	.	.	.	.	.	=	27 =	1	.	1	.	.	.	.	.
	.	.	.	.	.	.	.	.	.	.	=	16 =	1	1	.	.	.	.	.	.
Summa	.	.	41	10	31	.	.	.	.	.	.	.	59	20	39	.	.	6	2	4
Ackerstraße, neue.	.	.	.	.	.	.	9 Nov	1	.	1	.	.	.	.	.	.	4 Sep.	1	1	.
Adlerstraße	2	12 Sep.	1	.	1	.	.	.	.	.	2-3	23 Aug.	1	.	1	.	.	.	.	.
	.	.	.	.	.	.	.	.	.	.	4	11 Sep.	1	1	.	.	.	.	.	.
	.	.	.	.	.	.	.	.	.	.	5	24 Aug.	1	.	1	5	1 Sep.	3	.	3
	.	.	.	.	.	6	27 Okt.	1	.	1	6	21 =	1	1	.	=	9 =	1	.	1
	.	.	.	.	.	.	.	.	.	.	=	11 Sep.	2	2	.	=	13 =	1	.	1
	7	12 Okt.	1	1	.	.	.	.	.	.	7	3 =	1	1	.	=	16 =	1	.	1
	.	.	.	.	.	.	.	.	.	.	=	7 =	1	.	1	11	11 =	1	1	.
	.	.	.	.	.	.	.	.	.	.	12	27 Aug.	2	.	2	13	9 Aug.	1	.	1
	15	3 Sep.	1	.	1	.	.	.	.	.	14	22 =	1	.	1	15	19 Sep.	1	.	1
	.	.	.	.	.	.	.	.	.	.	=	23 =	1	.	1	.	.	.	.	.
	.	.	.	.	.	.	.	.	.	.	=	27 =	1	1	.	.	.	.	.	.
	.	.	.	.	.	.	.	.	.	.	=	1 =	1	.	1	.	.	.	.	.
Summa	.	.	3	1	2	.	.	1	.	1	.	.	14	6	8	.	.	9	1	8
Albrechtsstraße.	.	.	.	.	.	.	.	.	.	.	6	18 Aug.	1	.	1	6	6 Sep.	1	.	1
	.	.	.	.	.	.	.	.	.	.	=	19 =	1	1	.	.	.	.	.	.
	.	.	.	.	.	.	.	.	.	.	16	16 Sep.	1	.	1	16	28 Aug.	1	.	1

Benennung der Straßen.	1831. Haus-Nummer.	Tag der Erkrankungen.	Zahl der Kranken.	Genesen.	Gestorben.	1832. Haus-Nummer.	Tag der Erkrankungen.	Zahl der Kranken.	Genesen.	Gestorben.	1837. Haus-Nummer.	Tag der Erkrankungen.	Zahl der Kranken.	Genesen.	Gestorben.	1848. Haus-Nummer.	Tag der Erkrankungen.	Zahl der Kranken.	Genesen.	Gestorben.
Albrechtsstraße	.	.	.	.	.	.	.	.	.	.	16	23 Sep	1	1	.	16	22 Sep.	1	.	1
	.	.	.	.	.	.	.	.	.	.	=	18 Okt.	1	.	1	.	.	.	.	.
	.	.	.	.	.	.	.	.	.	.	18	23 Sep.	1	1	.	18	3 Okt.	1	.	1
Summa	.	.	.	.	.	.	.	.	.	.	.	.	6	3	3	.	.	4	.	4
Alexanderstraße.	2	7 Sep.	1	.	1	.	.	.	.	.	.	.	.	.	.	2	17 Sep.	1	1	.
daselbst Arbeitshaus.	3-4	.	.	.	.	3-4	10 Dez.	1	1	.	3-4	17 Aug.	1	.	1	3-4	31 Aug.	1	.	1
	=	3 Sep.	2	.	2	=	12 =	1	.	1	=	19 =	6	2	4	=	1 Sep.	2	.	2
	=	5 =	2	.	2	=	14 =	1	1	.	=	20 =	3	1	2	=	2 =	1	.	1
	=	11 =	1	.	1	=	15 =	1	1	.	=	21 =	1	.	1	=	3 =	1	.	1
	=	12 =	2	2	.	=	16 =	4	2	2	=	22 =	1	1	.	=	4 =	1	.	1
	=	15 =	3	1	2	=	17 =	1	1	.	=	23 =	4	1	3	=	5 =	4	2	2
	=	16 =	1	.	1	=	18 =	1	.	1	=	24 =	1	1	.	=	6 =	1	.	1
	=	17 =	7	3	4	=	20 =	3	2	1	=	26 =	2	.	2	=	7 =	3	3	.
	=	18 =	6	4	2	=	21 =	2	2	.	=	27 =	1	.	1	=	9 =	3	1	2
	=	19 =	6	4	2	=	26 =	2	.	2	=	28 =	4	1	3	=	10 =	5	.	5
	=	20 =	4	3	1	=	27 =	1	1	.	=	29 =	3	1	2	=	11 =	8	2	6
	=	21 =	6	2	4	=	29 =	1	.	1	=	30 =	1	1	.	=	12 =	6	3	3
	=	22 =	2	.	2		**1833.**				=	31 =	1		1	=	13 =	5	2	3
	=	23 =	6	5	1						=	1 Sep	1	.	1	=	14 =	4	.	4
	=	24 =	3	3	.	=	1 Jan.	1	.	1	=	4 =	2	.	2	=	15 =	3	.	3
	=	25 =	2	1	1	=	5 =	1	.	1	=	6 =	1	.	1	=	16 =	2	1	1
	=	26 =	5	5	.	=	6 =	1	.	1	=	7 =	1	.	1	=	17 =	1	1	.
	=	27 =	4	2	2	.	.	.	.	.	=	8 =	1	.	1	=	19 =	1	.	1
	=	14 Okt.	1	.	1	.	.	.	.	.	=	10 =	2	1	1	=	20 =	2	.	2
	=	16 =	1	.	1	.	.	.	.	.	=	15 =	1	.	1	=	21 =	1	.	1
	=	18 =	1	1	.	.	.	.	.	.	=	23 =	1	.	1	=	22 =	2	.	2
	=	19 =	1	1	.	.	.	.	.	.	=	24 =	1	.	1	=	27 =	1	.	1
	=	22 =	1	.	1	.	.	.	.	.	=	26 =	2	.	2	=	28 =	2	.	2
	=	23 =	1	1	.	.	.	.	.	.	=	9 Okt.	1	1	.	=	2 Okt.	1	.	1
	=	6 Nov.	1	.	1	.	.	.	.	.	=	11 =	1	.	1	=	5 =	1	.	1
	=	7 Dez.	1	1	.	.	.	.	.	.	.	.	.	.	.	=	7 =	1	1	.
	=	8 =	1	.	1	.	.	.	.	.	.	.	.	.	.	=	9 =	1	.	1
	=	13 =	1	1	.	.	.	.	.	.	.	.	.	.	.	=	10 =	1	.	1
	.	.	.	.	.	.	.	.	.	.	.	.	.	.	.	=	13 =	1	1	.
	.	.	.	.	.	.	.	.	.	.	.	.	.	.	.	=	1 Nov.	1	1	.
Im Arbeitshause Summa	.	.	72	40	32	.	.	22	11	11	.	.	44	11	33	.	.	67	18	49

Benennung der Straßen.	1831.					1832.					1837.					1848.				
	Haus-Nummer.	Tag der Erkrankungen.	Zahl der Kranken.	Genesen.	Gestorben.	Haus-Nummer.	Tag der Erkrankungen.	Zahl der Kranken.	Genesen.	Gestorben.	Haus-Nummer.	Tag der Erkrankungen.	Zahl der Kranken.	Genesen.	Gestorben.	Haus-Nummer.	Tag der Erkrankungen.	Zahl der Kranken.	Genesen.	Gestorben.
Armenbeschäftigungs-Anstalt in der Alexanderstr.	5-7	7 Sep.	1		1	5-7	29 Sep.	1	1	.	5-7	14 Aug.	1	1	.	5-7	7 Aug	1	1	.
	=	9 =	1		1	=	19 Okt.	1	.	1	=	17 =	4	.	4	=	23 =	1	1	.
	=	11 =	1	1	.	.	.	.	.	.	=	18 =	1	.	1	=	31 =	2	2	.
	=	13 =	3	2	1	.	.	.	.	.	=	21 =	1	1	.	=	3 Sep.	1	1	
	=	14 =	3	2	1	.	.	.	.	.	=	22 =	4	2	2	=	5 =	1	.	1
	=	15 =	3	1	2	.	.	.	.	.	=	24 =	1	.	1	=	6 =	1	1	.
	=	16 =	5	4	1	.	.	.	.	.	=	25 =	2	1	1	=	10 =	1	.	1
	=	17 =	2	.	2	.	.	.	.	.	=	29 =	1	1	.	=	12 =	2	1	1
	=	18 =	7	5	2	.	.	.	.	.	=	31 =	1	.	1	=	14 =	3	2	1
	=	21 =	3	2	1	.	.	.	.	.	=	1 Sep.	1	1	.	=	15 =	1	.	1
	=	23 =	3	3	.	.	.	.	.	.	=	13 =	2	.	2	=	16 =	3	1	2
	=	25 =	1	.	1	.	.	.	.	.	=	27 =	1	1	.	=	18 =	2	1	1
	=	26 =	2	1	1	.	.	.	.	.	=	8 Okt.	1	.	1	=	19 =	1	1	.
	=	4 Okt	1	.	1	.	.	.	.	.	=	26 =	1	.	1	=	20 =	1	.	1
	=	5 =	1	1	.	.	.	.	.	.	=	1 Nov.	1	1	.	=	23 =	1	.	1
	=	6 =	3	.	3	.	.	.	.	.	.	.	.	.	.	=	30 =	1	.	1
	=	8 =	4	3	1	.	.	.	.	.	.	.	.	.	.	=	5 Okt.	2	.	2
	=	9 =	2	1	1	.	.	.	.	.	.	.	.	.	.	=	6 =	1	1	.
	=	10 =	4	4	.	.	.	.	.	.	.	.	.	.	.	=	8 =	1	.	1
	=	19 =	1	1	.	.	.	.	.	.	.	.	.	.	.	=	9 =	2		2
	=	28 =	1	.	1	.	.	.	.	.	.	.	.	.	.	=	10 =	1	1	.
	.	.	.	.	.	.	.	.	.	.	.	.	.	.	.	=	12 =	3	2	1
	.	.	.	.	.	.	.	.	.	.	.	.	.	.	.	=	17 =	3	1	2
	.	.	.	.	.	.	.	.	.	.	.	.	.	.	.	=	22 =	2	.	2
In der A.-B.-A. Summa	.	.	52	31	21	.	.	2	1	1	.	.	23	9	14	.	.	38	17	21
Kaiser-Franz-Kaserne daselbst.	.	.	.	.	.	10	11 Okt.	1	.	1	10	17 Aug.	1	.	1	.	.	.	.	.
	.	.	.	.	.	.	.	.	.	.	=	19 =	2	.	2	.	.	.	.	.
	.	.	.	.	.	.	.	.	.	.	=	25 =	1	1	.	.	.	.	.	.
	.	.	.	.	.	.	.	.	.	.	=	28 =	2	1	1	.	.	.	.	.
	.	.	.	.	.	.	.	.	.	.	=	9 Sep.	2	1	1	.	.	.	.	.
	.	.	.	.	.	.	.	.	.	.	=	15 =	1	1	.	.	.	.	.	.
	.	.	.	.	.	.	.	.	.	.	=	19 =	1	1	.	.	.	.	.	.
Alexanderstraße.	18	7 Sep.	1	.	1	.	.	.	.	.	23	8 =	1	.	1	18/19	12 Sep.	1	.	1
	19	6 =	2	1	1	.	.	.	.	.	27	29 Aug.	1	.	1	22	21 Aug.	1	.	1
	22	29 =	2	.	2	.	.	.	.	.	27 a	29 =	1	.	1	27	7 Sep	1	.	1
	20	14 =	1	.	1	.	.	.	.	.	30	13 =	1	.	1	=	10 =	1	.	1
	31	6 =	2	.	2	.	.	.	.	.	=	20 =	1	.	1	=	9 Okt.	1	.	1
	32	4 =	2	.	2	.	.	.	.	.	=	25 =	1	.	1	=	10 =	1	.	1

Benennung der Straßen.	1831. Haus-Nummer.	Tag der Erkrankungen.	Zahl der Kranken.	Genesen.	Gestorben.	1832. Haus-Nummer.	Tag der Erkrankungen	Zahl der Kranken.	Genesen.	Gestorben	1837. Haus-Nummer.	Tag der Erkrankungen.	Zahl der Kranken.	Genesen.	Gestorben.	1848. Haus-Nummer.	Tag der Erkrankungen.	Zahl der Kranken.	Genesen.	Gestorben.
Alexanderstraße.	37	13 Okt.	1	1	.	.	.	.	.	.	32	29 Aug.	1	.	1	27	13 Okt	2	2	.
	38a	15 Sep	1	.	1	.	.	.	.	.	„	19 Sep.	1	.	1	27a	15 Sep.	1	.	1
	.	.	.	.	.	.	.	.	.	.	36	29 Aug.	1	1	.	30	2 Okt.	1	.	1
	.	.	.	.	.	.	.	.	.	.	38	29 Sep.	1	.	1	„	5 „	1	.	1
	.	.	.	.	.	.	.	.	.	.	43	24 Aug.	2	1	1	32	1 „	1	1	.
	.	.	.	.	.	.	.	.	.	.	48	3 Sep.	1	.	1	34	12 „	1	.	1
	.	.	.	.	.	.	.	.	.	.	.	.	.	.	.	46	14 Sep	1	.	1
	.	.	.	.	.	.	.	.	.	.	.	.	.	.	.	„	27 „	1	.	1
	.	.	.	.	.	.	.	.	.	.	.	.	.	.	.	„	18 Okt	1	1	.
	.	.	.	.	.	.	.	.	.	.	.	.	.	.	.	47	12 Sep.	1	.	1
	.	.	.	.	.	.	.	.	.	.	.	.	.	.	.	48	29 Aug.	1	.	1
	.	.	.	.	.	.	.	.	.	.	.	.	.	.	.	„	3 Okt.	1	.	1
	.	.	.	.	.	.	.	.	.	.	.	.	.	.	.	„	25 „	1	.	1
	.	.	.	.	.	.	.	.	.	.	.	.	.	.	.	52	3 Nov.	1	.	1
	.	.	.	.	.	.	.	.	.	.	.	.	.	.	.	53	21 Aug.	1	.	1
	.	.	.	.	.	.	.	.	.	.	.	.	.	.	.	55	2 Sep.	1	.	1
Kaiser Alexander-Kaserne daselbst.	56	13 Sep	3	.	3	.	.	.	.	.	56	14 Aug.	1	.	1	56	16 Aug	1	.	1
	„	18 „	1	1	.	.	.	.	.	.	„	30 „	1	.	1	„	18 „	1	.	1
	.	.	.	.	.	.	.	.	.	.	„	4 Sep.	1	.	1	„	27 „	1	.	1
	.	.	.	.	.	.	.	.	.	.	„	5 „	1	1	.	„	29 „	1	.	1
	.	.	.	.	.	.	.	.	.	.	„	7 „	1	1	.	„	1 Sep	1	.	1
	.	.	.	.	.	.	.	.	.	.	„	11 „	2	2	.	„	3 „	1	1	.
	.	.	.	.	.	.	.	.	.	.	„	22 „	1	.	1	„	21 „	2	2	.
	.	.	.	.	.	.	.	.	.	.	„	24 „	1	.	1	„	1 Okt	4	1	3
	.	.	.	.	.	.	.	.	.	.	.	.	.	.	.	„	19 „	1	1	.
	.	.	.	.	.	.	.	.	.	.	.	.	.	.	.	„	20 „	1	1	.
Alexanderstraße.	70	22 Okt	1	1	.	57	18 Dez.	1	.	1	62	31 Aug	1	1	.	61	12 Sep	1	.	1
	.	.	.	.	.	.	.	.	.	.	„	6 Sep.	1	.	1	„	9 „	1	.	1
	.	.	.	.	.	.	.	.	.	.	63	28 Aug.	1	1	.	71	19 „	1	.	1
In der Alexanderstr.	.	.	.	.	.	.	.	.	.	.	„	31 „	1	.	1	.	.	.	.	.
Total-Sa.	.	.	142	75	67	.	.	26	12	14	.	.	103	33	70	.	.	146	46	100
Alexandrinenstraße.	.	.	.	.	.	.	.	.	.	.	.	.	.	.	.	40	21 Sep.	1	1	.
	.	.	.	.	.	.	.	.	.	.	.	.	.	.	.	42	4 Okt.	1		1
	.	.	.	.	.	.	.	.	.	.	.	.	.	.	.	53	19 Sep.	1	.	1
	.	.	.	.	.	.	.	.	.	.	.	.	.	.	.	91	3 „	1	1	.
Summa	.	.	.	.	.	.	.	.	.	.	.	.	.	.	.	.	.	4	2	2

Benennung der Straßen	1831. Haus-Nummer.	1831. Tag der Erkrankungen.	1831. Zahl der Kranken.	1831. Genesen.	1831. Gestorben.	1832. Haus-Nummer.	1832. Tag der Erkrankungen.	1832. Zahl der Kranken.	1832. Genesen.	1832. Gestorben.	1837. Haus-Nummer.	1837. Tag der Erkrankungen.	1837. Genesen.	1837. Gestorben.	1837. Zahl der Kranken.	1848. Haus-Nummer.	1848. Tag der Erkrankungen.	1848. Zahl der Kranken.	1848. Genesen.	1848. Gestorben.
Anhaltsche Communikation.	.	.	.	.	.	.	.	.	.	.	.	.	.	.	.	12	18Okt.	2	1	1
	.	.	.	.	.	.	.	.	.	.	.	.	.	.	.	13	24 =	1	1	.
Summa	.	.	.	.	.	.	.	.	.	.	.	.	.	.	.	.	.	3	2	1
Anhaltstr.	.	.	.	.	.	.	.	.	.	.	.	.	.	.	.	4	15Okt	1	.	1
Artilleriestraße.	.	.	.	.	.	.	.	.	.	.	5	12Sep.	1	1	.	3	1Sep.	1	1	.
	.	.	.	.	.	.	.	.	.	.	28	26 =	1	.	1	5	1 =	1	.	1
	.	.	.	.	.	.	.	.	.	.	=	27 =	1	1	.	15	23Okt.	1	.	1
	.	.	.	.	.	.	.	.	.	.	.	.	.	.	.	16	1 =	1	1	.
Summa	.	.	.	.	.	.	.	.	.	.	.	.	3	2	1	.	.	4	2	2
Auguststr. früher Hospitalstraße.	.	.	.	.	.	.	.	.	.	.	1	6Sep.	1	.	1	.	.	.	.	.
	.	.	.	.	.	.	.	.	.	.	=	10 =	1	.	1	.	.	.	.	.
	.	.	.	.	.	.	.	.	.	.	3	4 =	1	.	1	3a	7Sep	1	1	.
	.	.	.	.	.	.	.	.	.	.	=	10 =	1	.	1	=	12 =	1	.	1
	.	.	.	.	.	.	.	.	.	.	=	15 =	1	.	1	.	.	.	.	.
	.	.	.	.	.	.	.	.	.	.	=	20 =	1	.	1	.	.	.	.	.
	.	.	.	.	.	.	.	.	.	.	7	10 =	1	.	1	.	.	.	.	.
	.	.	.	.	.	.	.	.	.	.	11	15 =	1	.	1	11	26Aug.	2	1	1
	13	20Sep.	1		1	.	.	.	.	.	13	6 =	1	.	1	=	30 =	1	.	1
	.	.	.	.	.	.	.	.	.	.	=	17 =	1	1	.	.	.	.	.	.
	.	.	.	.	.	.	.	.	.	.	=	6Okt.	1	1	.	.	.	.	.	.
	16	15Okt.	1	1	.	.	.	.	.	.	14	6Sep.	1	.	1	14	18Okt.	1	1	.
	.	.	.	.	.	.	.	.	.	.	20	30Aug.	1	.	1	16	29Aug.	1	.	1
	.	.	.	.	.	.	.	.	.	.	21	24 =	1	1	.	.	.	.	.	.
	.	.	.	.	.	.	.	.	.	.	=	17Sep	1	.	1	.	.	.	.	.
	.	.	.	.	.	24	6Okt.	1	.	1	24	19Aug.	1	.	1	.	.	.	.	.
	.	.	.	.	.	25	18 =	1	.	1	=	22 =	1		1	.	.	.	.	.
	26	2Okt.	1	1	.	.	.	.	.	.	26	22 =	1	.	1	.	.	.	.	.
	=	3 =	1	1	.	.	.	.	.	.	30	20 =	1	.	1	30	13Sep.	1	.	1
	=	4 =	1	.	1	.	.	.	.	.	31	20 =	1	.	1	.	.	.	.	.
	.	.	.	.	.	.	.	.	.	.	=	28 =	2	2	.	.	.	.	.	.
	.	.	.	.	.	.	.	.	.	.	=	29 =	1	.	1	.	.	.	.	.
	.	.	.	.	.	.	.	.	.	.	=	31 =	1	1	.	.	.	.	.	.
	.	.	.	.	.	.	.	.	.	.	=	3Sep.	1	.	1	.	.	.	.	.

Benennung der Straßen.	1831.					1832.					1837.					1848.				
	Haus-Nummer.	Tag der Erkrankungen.	Zahl der Kranken.	Genesen.	Gestorben.	Haus-Nummer.	Tag der Erkrankungen.	Zahl der Kranken.	Genesen.	Gestorben.	Haus-Nummer.	Tag der Erkrankungen.	Zahl der Kranken.	Genesen.	Gestorben.	Haus-Nummer.	Tag der Erkrankungen.	Zahl der Kranken.	Genesen.	Gestorben.
Auguststr.	.	.	.	.	.	.	.	.	.	.	31	12 Sep.	1	.	1	.	.	.	.	.
	.	.	.	.	.	.	.	.	.	.	32	16 =	1	1	.	.	.	.	.	.
	.	.	.	.	.	.	.	.	.	.	=	22 =	1	.	1	.	.	.	.	.
	.	.	.	.	.	.	.	.	.	.	35	20 Aug.	1	.	1	35	1 Sep	1	1	.
	37	19 Sep.	1	.	1	37	9 Okt.	1	.	1	37	3 Sep.	1	1	.	36	6 =	1	1	.
	.	.	.	.	.	=	20 Nov.	1	.	1	=	5 =	2	1	1	=	15 =	1	.	1
	.	.	.	.	.	=	21 =	1	.	1	38	22 Aug.	1	.	1	37	13 =	1	.	1
	.	.	.	.	.	.	.	.	.	.	=	2 Sep.	2	.	2	=	21 =	1	1	.
	.	.	.	.	.	.	.	.	.	.	=	7 =	1	.	1	38	12 =	1	.	1
	.	.	.	.	.	.	.	.	.	.	=	12 =	1	.	1	=	16 =	1	.	1
	.	.	.	.	.	.	.	.	.	.	=	14 =	1	1	.	.	.	.	.	.
	.	.	.	.	.	.	.	.	.	.	=	16 Okt	1	.	1	.	.	.	.	.
	.	.	.	.	.	.	.	.	.	.	=	18 =	1	.	1	.	.	.	.	.
	.	.	.	.	.	39	19 Okt.	1	.	1	39	2 Sep.	1	.	1	.	.	.	.	.
	.	.	.	.	.	.	.	.	.	.	40	11 =	1	.	1	40	14 Sep.	1	1	.
	41	9 Sep.	1	.	1	.	.	.	.	.	41	20 Aug.	1	.	1	.	.	.	.	.
	=	11 =	1	.	1	.	.	.	.	.	=	22 =	1	.	1	.	.	.	.	.
	.	.	.	.	.	.	.	.	.	.	=	24 =	1	.	1	.	.	.	.	.
	.	.	.	.	.	.	.	.	.	.	=	3 Sep.	1	.	1	.	.	.	.	.
	.	.	.	.	.	.	.	.	.	.	=	11 =	1	.	1	.	.	.	.	.
	.	.	.	.	.	.	.	.	.	.	=	15 =	1	1	.	.	.	.	.	.
	.	.	.	.	.	.	.	.	.	.	42c	3 =	1	.	1	.	.	.	.	.
	48	10 Sep.	1	.	1	.	.	.	.	.	48	23 =	1	1	.	.	.	.	.	.
	49	19 =	1	.	1	.	.	.	.	.	49	24 =	1	.	1	.	.	.	.	.
	.	.	.	.	.	.	.	.	.	.	49a	24 Aug	1	.	1	.	.	.	.	.
	.	.	.	.	.	.	.	.	.	.	=	30 =	1	1	.	.	.	.	.	.
	.	.	.	.	.	55	29 Aug.	2	1	1	50	10 Sep.	1	.	1	50	16 Sep.	1	.	1
	.	.	.	.	.	=	2 Nov.	1	1	.	50a	22 Aug.	1	.	1	=	29 =	1	.	1
	61	26 Sep.	1	.	1	.	.	.	.	.	61	27 =	1	.	1	52	22 Aug.	1	.	1
	.	.	.	.	.	.	.	.	.	.	=	1 Sep.	1	.	1	=	28 =	1	.	1
	.	.	.	.	.	.	.	.	.	.	=	6 =	1	.	1	.	.	.	.	.
	.	.	.	.	.	.	.	.	.	.	=	12 =	1	1	.	.	.	.	.	.
	.	.	.	.	.	.	.	.	.	.	=	14 =	1	1	.	.	.	.	.	.
	.	.	.	.	.	.	.	.	.	.	67	12 =	1	1	.	.	.	.	.	.
	.	.	.	.	.	69	17 Okt.	1	.	1	69	18 =	1	.	1	.	.	.	.	.
	.	.	.	.	.	.	.	.	.	.	70	27 Aug.	1	.	1	70	6 Sep.	1	.	1
	.	.	.	.	.	.	.	.	.	.	=	31 =	2	2	.	.	.	.	.	.
	.	.	.	.	.	.	.	.	.	.	=	7 Sep.	1	.	1	.	.	.	.	.
	.	.	.	.	.	.	.	.	.	.	=	10 =	1	.	1	.	.	.	.	.
	.	.	.	.	.	.	.	.	.	.	=	23 =	1	.	1	.	.	.	.	.
	.	.	.	.	.	.	.	.	.	.	=	24 =	1	.	1	.	.	.	.	.

Benennung der Straßen.	1831. Haus-Nummer.	1831. Tag der Erkrankungen.	1831. Zahl der Kranken.	1831. Genesen.	1831. Gestorben.	1832. Haus-Nummer.	1832. Tag der Erkrankungen.	1832. Zahl der Kranken.	1832. Genesen.	1832. Gestorben.	1837. Haus-Nummer.	1837. Tag der Erkrankungen.	1837. Zahl der Kranken.	1837. Genesen.	1837. Gestorben.	1848. Haus-Nummer	1848. Tag der Erkrankungen.	1848. Zahl der Kranken.	1848. Genesen.	1848. Gestorben.
Augustſtr.	.	.	.	.	.	.	.	.	.	.	73	11 Sep.	2	.	2	.	.	.	.	.
	.	.	.	.	.	.	.	.	.	.	=	19 =	1	1	.	.	.	.	.	.
	.	.	.	.	.	.	.	.	.	.	77	15 =	1	1	.	.	.	.	.	.
	.	.	.	.	.	.	.	.	.	.	=	18 =	1	1	.	.	.	.	.	.
	.	.	.	.	.	.	.	.	.	.	=	19 =	1	.	1	.	.	.	.	.
	.	.	.	.	.	.	.	.	.	.	=	20 =	1	.	1	.	.	.	.	.
	.	.	.	.	.	.	.	.	.	.	78	14 =	1	.	1	.	.	.	.	.
	.	.	.	.	.	.	.	.	.	.	=	15 =	2	2	.	.	.	.	.	.
	.	.	.	.	.	.	.	.	.	.	=	17 =	1	.	1	.	.	.	.	.
	.	.	.	.	.	.	.	.	.	.	=	20 =	2	.	2	.	.	.	.	.
	.	.	.	.	.	.	.	.	.	.	79	22 Aug.	1	.	1	80	4 Sep.	1	.	1
	.	.	.	.	.	.	.	.	.	.	=	12 Sep.	1	.	1	=	7 =	1	1	.
	81	9 Okt.	1	.	1	.	.	.	.	.	81	7 =	1	.	1	.	.	.	.	.
	.	.	.	.	.	.	.	.	.	.	=	18 =	1	.	1	.	.	.	.	.
	.	.	.	.	.	82	31 Okt.	1	.	1	82	28 Aug.	1	.	1	.	.	.	.	.
	.	.	.	.	.	=	11 Nov.	1	.	1	83	18 =	1	.	1	.	.	.	.	.
	.	.	.	.	.	=	25 =	1	.	1	=	31 =	2	1	1	.	.	.	.	.
	.	.	.	.	.	.	.	.	.	.	84	7 Sep.	1	.	1	.	.	.	.	.
	.	.	.	.	.	.	.	.	.	.	85	12 =	1	.	1	85	29 Sep.	1	1	.
	.	.	.	.	.	.	.	.	.	.	93	23 Aug.	1	.	1	86	12 Okt.	1	.	1
Summa	.	.	12	3	9	.	.	13	2	11	.	.	93	24	69	.	.	25	9	16
Badſtraße.	.	.	.	.	.	.	.	.	.	.	65	3 Sep.	1	.	1	64a	28 Aug.	1	.	1
Barnimſtr.	.	.	.	.	.	.	.	.	.	.	.	.	.	.	.	7	8 Nov.	1	.	1
Bauakademie-Platz.	.	.	.	.	.	.	.	.	.	.	2	2 Sep.	1	1	.	.	.	.	.	.
Bauhof.	.	.	.	.	.	.	.	.	.	.	2	3 Sep.	1	1	.	.	.	.	.	.
	.	.	.	.	.	.	.	.	.	.	4	27 =	1	1	.	.	.	.	.	.
Summa	.	.	.	.	.	.	.	.	.	.	.	.	2	2	.	.	.	.	.	.

Benennung der Straßen.	1831.					1832.					1837.					1848.				
	Haus-Nummer.	Tag der Erkrankungen.	Zahl der Kranken.	Genesen.	Gestorben.	Haus-Nummer.	Tag der Erkrankungen.	Zahl der Kranken.	Genesen.	Gestorben.	Haus-Nummer.	Tag der Erkrankungen.	Zahl der Kranken.	Genesen.	Gestorben.	Haus-Nummer.	Tag der Erkrankungen.	Zahl der Kranken.	Genesen.	Gestorben.
Bauhofsgasse.	.	.	.	.	.	.	.	.	.	.	1	19Aug.	2	.	2	6	8Sep.	1	.	1
	.	.	.	.	.	.	.	.	.	.	4	20 =	1	.	1	9	27 =	1	1	.
	.	.	.	.	.	.	.	.	.	.	7	5Sep.	1	.	1	.	.	.	.	.
Summa	.	.	.	.	.	.	.	.	.	.	.	.	4	.	4	.	.	2	1	1
Behrenstr.	11	20Okt.	1	1	.	14	12Okt.	1	1	.	44	17Sep.	1	1	.	13	25Aug.	1	1	.
	24	4Sep.	1	.	1	24	18Nov	1	.	1	54	20Aug.	1	.	1	.	.	.	.	.
	48	15Nov.	1	1	.	.	.	.	.	.	=	26 =	1	.	1	.	.	.	.	.
Summa	.	.	3	2	1	.	.	2	1	1	.	.	3	1	2	.	.	1	1	.
Belleallianceplatz.	.	.	.	.	.	12	19Okt.	1	.	1	18	5Sep.	1	.	1	14	1Sep.	1	.	1
	.	.	.	.	.	=	24 =	1	1	.	20	29Aug.	1	1	.	20	2Okt.	1	.	1
	.	.	.	.	.	.	.	.	.	.	=	6Sep	1	.	1	=	4 =	1	.	1
Summa	.	.	.	.	.	.	.	2	1	1	.	.	3	1	2	.	.	3	.	3
Bellevuestr.	.	.	.	.	.	.	.	.	.	.	16	2Sep.	2	1	1	18	12Aug.	1	.	1
	.	.	.	.	.	.	.	.	.	.	=	3 =	1	.	1	21	12 =	1	1	.
	.	.	.	.	.	.	.	.	.	.	=	7 =	1	.	1	.	.	.	.	.
Summa	.	.	.	.	.	.	.	.	.	.	.	.	4	1	3	.	.	2	1	1
Bergstraße	4	18Sep.	1	1	.	.	.	.	.	.	5	21Sep.	1	.	1	4	20Sep.	1	.	1
	=	7Okt.	1	.	1	.	.	.	.	.	6	25Aug.	1	1	.	5	28 =	1	.	1
	.	.	.	.	.	.	.	.	.	.	7	24Sep.	1	.	1	7	15 =	1	1	.
	.	.	.	.	.	8	8Nov.	2	.	2	=	30 =	2	2	.	.	.	.	.	.
	.	.	.	.	.	.	.	.	.	.	10	15 =	2	2	.	.	.	.	.	.
	.	.	.	.	.	.	.	.	.	.	11	13Aug.	1	.	1	.	.	.	.	.
	.	.	.	.	.	.	.	.	.	.	=	23 =	2	1	1	.	.	.	.	.
	12	14Sep.	1	.	1	.	.	.	.	.	13	21Sep.	1	.	1	13	21Sep.	1	.	1
	13	16 =	1	.	1	13	13Nov.	1	.	1	=	23 =	1	.	1	14	20 =	1	1	.
	.	.	.	.	.	.	.	.	.	.	15	11 =	1	1	.	.	.	.	.	.
	.	.	.	.	.	.	.	.	.	.	=	14 =	2	2	.	.	.	.	.	.
	.	.	.	.	.	.	.	.	.	.	=	21 =	1	1	.	.	.	.	.	.
	.	.	.	.	.	.	.	.	.	.	=	26 =	1	.	1	.	.	.	.	.

Benennung der Straßen.	1831.					1832.					1837.					1848.				
	Haus-Nummer.	Tag der Erkrankungen.	Zahl der Kranken.	Genesen.	Gestorben.	Haus-Nummer.	Tag der Erkrankungen.	Zahl der Kranken.	Genesen.	Gestorben	Haus-Nummer.	Tag der Erkrankungen.	Zahl der Kranken.	Genesen.	Gestorben.	Haus-Nummer.	Tag der Erkrankungen.	Zahl der Kranken.	Genesen.	Gestorben.
Bergstraße.	16	1 Okt.	1	.	1	16	11 Nov.	1	.	1	16	27 Aug.	1	.	1	.	.	.	.	.
	.	.	.	.	.	.	.	.	.	.	=	29 =	1	1	.	.	.	.	.	.
	.	.	.	.	.	.	.	.	.	.	=	30 =	1	1	.	.	.	.	.	.
	.	.	.	.	.	.	.	.	.	.	=	31 =	1	1	.	.	.	.	.	.
	.	.	.	.	.	.	.	.	.	.	=	4 Sep.	2	.	2	.	.	.	.	.
	.	.	.	.	.	.	.	.	.	.	=	13 =	1	.	1	.	.	.	.	.
	.	.	.	.	.	.	.	.	.	.	17	13 =	1	.	1	17	24 Aug.	1	.	1
	.	.	.	.	.	.	.	.	.	.	18	21 =	1	.	1	.	.	.	.	.
	.	.	.	.	.	.	.	.	.	.	=	26 =	1	.	1	.	.	.	.	.
	19	19 Sep.	1	.	1	19	30 Nov.	1	1		19	21 =	1	.	1	.	.	.	.	.
	20	14 =	4	.	4	.	.		.	.	20	17 =	1	1	.	.	.	.	.	.
	=	16 =	2	.	2	22	22 Nov.	1	.	1	21	18 =	1	.	1	.	.	.	.	.
	=	18 Okt	1	.	1	.	.		.	.	24	19 =	1	1	.		.	.	.	.
	=	21 Sep.	3	2	1	.	.	.	.	.	25	2 =	1	.	1		.	.	.	.
	=	2 Okt.	1	.	1	.	.	.	.	.	=	5 =	1	.	1		.	.	.	.
	=	14 =	1	.	1	.	.	.	.	.	=	23 =	2	.	2	.	.	.	.	.
	=	16 =	1	1	.	.	.	.	.	.	26	29 Aug.	1	1	.	.	.	.	.	.
	=	17 =	2	2	.	.	.	.	.	.	27	17 Sep.	1	.	1	27	20 Sep.	1	.	1
	=	18 =	1	1	.	.	.	.	.	.	=	19 =	1	1	.	49	8 =	1	.	1
	=	27 =	1	1	.	.	.	.	.	.	=	3 Okt	1	.	1	=	10 =	1	.	1
	21	28 =	2	1	1	.	.	.	.	.	28	1 =	1	.	1	=	11 =	1	.	1
	=	4 Nov.	2	1	1	.	.	.	.	.	47	11 Sep	1	1	.	50	12 =	1	.	1
	24	2 Okt	1	.	1	.	.	.	.	.	73	5 =	1	.	1	=	13 =	1	.	1
	26	14 =	2	.	2	.	.	.	.	.	83	24 Aug.	1	.	1	=	14 =	1	.	1
	=	17 =	1	1	.	.	.	.	.	.	.	.	.	.	.	=	16 =	1	.	1
	27	18 Sep.	2	.	2	.	.	.	.	.	.	.	.	.	.	.	.	.	.	.
	=	20 =	1	.	1	.	.	.	.	.	.	.	.	.	.	.	.	.	.	.
	=	4 Nov.	1	.	1	.	.	.	.	.	.	.	.	.	.	.	.	.	.	.
	30	19 =	1	.	1	30	29 Okt.	1	1	.	.	.	.	.	.	.	.	.	.	.
	=	20 =	1	1	.	.	.	.	.	.	.	.	.	.	.	.	.	.	.	.
	=	24 =	1		1	.	.	.	.	.	.	.	.	.	.	.	.	.	.	.
	=	27 =	1		1	.	.	.	.	.	.	.	.	.	.	.	.	.	.	.
	=	1 Okt.	2	2		.	.	.	.	.	.	.	.	.	.	.	.	.	.	.
	41	1 =	1	.	1	.	.	.	.	.	.	.	.	.	.	.	.	.	.	.
	42	18 =	1	1	.	.	.	.	.	.	.	.	.	.	.	.	.	.	.	.
	46	17 Nov.	1	1	.	.	.	.	.	.	.	.	.	.	.	.	.	.	.	.
	50	15 =	1	.	1	.	.	.	.	.	.	.	.	.	.	.	.	.	.	.
Summa	.	.	45	16	29	.	.	7	2	5	.	.	43	18	25	.	.	14	2	12

Benennung der Straßen.	1831.					1832.					1837.					1848.				
	Haus-Nummer.	Tag der Erkrankungen.	Zahl der Kranken.	Genesen.	Gestorben.	Haus-Nummer.	Tag der Erkrankungen.	Zahl der Kranken.	Genesen.	Gestorben.	Haus-Nummer.	Tag der Erkrankungen.	Genesen.	Gestorben.	Zahl der Kranken.	Haus-Nummer.	Tag der Erkrankungen.	Zahl der Kranken.	Genesen.	Gestorben.
Neue Bergstr.	44	14 Okt.	1	.	1	.	.	.	.	.	.	.	.	.	.	.	.	.	.	.
	48	18 =	1	.	1	.	.	.	.	.	.	.	.	.	.	.	.	.	.	.
Summa	.	.	2	.	2	.	.	.	.	.	.	.	.	.	.	.	.	.	.	.
Besselstr.	.	.		.	.	.	.	.	.	.	.	.	.	.	.	17	31 Aug.	1	.	1
	.	.	.	.	.	.	.	.	.	.	.	.	.	.	.	=	12 Sep.	1	1	.
Summa	.	.	.	.	.	.	.	.	.	.	.	.	.	.	.	.	.	2	1	1
Bethanien.	.	.	.	.		.	.	.	.	.	.	.	.	.	.	.	11 Sep.	1	1	.
Bischofsstr.	.	.	.	.	.	.	.	.	.	.	3	20 Aug.	1	.	1	.	.	.	.	.
	.	.	.	.	.	.	.	.	.	.	6	22 =	1	.	1	.	.	.	.	.
	.	.	.	.	.	.	.	.	.	.	10	1 Sep.	1	1	.	.	.	.	.	.
	.	.	.	.	.	17	29 Aug.	1	.	1	17	2 =	1	1	.	.	.	.	.	.
	.	.	.	.	.	.	.	.	.	.	=	27 =	1	1	.	.	.	.	.	.
	.	.	.	.	.	.	.	.	.	.	22	18 =	1	1	.	22	26 Sep.	1	.	1
	.	.	.	.	.	.	.	.	.	.	23	29 Okt.	1	.	1	.	.	.	.	.
	.	.	.	.	.	.	.	.	.	.	25	2 Sep.	2	.	2	.	.	.	.	.
	.	.	.	.	.	.	.	.	.	.	=	4 =	1	.	1	.	.	.	.	.
Summa	.	.	.	.	.	.	.	1	.	1	.	.	10	4	6	.	.	1	.	1
Blumenstr.	41	2 Nov.	1	.	1	.	.	.	.	.	4	25 Aug.	1	.	1	4	2 Okt.	1	1	.
	=	3 =	1	.	1	.	.	.	.	.	=	27 =	1	1	.	=	8 =	1	.	1
	43	5 =	1	.	1	.	.	.	.	.	10	2 Okt.	1	.	1	27	7 Aug.	1	.	1
	=	15 Sep.	1	.	1	.	.	.	.	.	29	20 Sep.	1	1	.	30	11 Okt.	2	1	1
	.	.	.	.	.	.	.	.	.	.	72	28 =	1	.	1	37b	18 Aug	1	1	.
	.	.	.	.	.	.	.	.	.	.	=	1 Okt.	1	.	1	=	23 =	1	.	1
	.	.	.	.	.	.	.	.	.	.	73	18 Aug.	1	.	1	=	27 =	1	.	1
	.	.	.	.	.	.	.	.	.	.	81	6 Sep.	1	.	1	=	30 =	1	.	1
	.	.	.	.	.	.	.	.	.	.	=	13 =	1	1	.	=	3 Sep.	1	1	.
	.	.	.	.	.	.	.	.	.	.	=	28 =	1	.	1	=	7 =	2	.	2
	.	.	.	.	.	.	.	.	.	.	.	.	.	.	.	=	11 =	1	.	1
	.	.	.	.	.	.	.	.	.	.	.	.	.	.	.	38	1 Aug.	3	.	3
	.	.	.	.	.	.	.	.	.	.	.	.	.	.	.	=	7 =	1	.	1

Benennung der Straßen.	1831.					1832.					1837.					1848.				
	Haus-Nummer.	Tag der Erkrankungen.	Zahl der Kranken.	Genesen.	Gestorben.	Haus-Nummer.	Tag der Erkrankungen.	Zahl der Kranken.	Genesen.	Gestorben.	Haus-Nummer.	Tag der Erkrankungen	Zahl der Kranken.	Genesen.	Gestorben.	Haus-Nummer.	Tag der Erkrankungen.	Zahl der Kranken.	Genesen.	Gestorben.
Blumenstr.	.	.	.	.	.	.	.	.	.	.	.	.	.	.	.	38	16 Aug.	1	.	1
	.	.	.	.	.	.	.	.	.	.	.	.	.	.	.	"	21 "	1	.	1
	.	.	.	.	.	.	.	.	.	.	.	.	.	.	.	"	23 "	5	1	4
	.	.	.	.	.	.	.	.	.	.	.	.	.	.	.	"	24 "	2	1	1
	.	.	.	.	.	.	.	.	.	.	.	.	.	.	.	"	25 "	2	1	1
	.	.	.	.	.	.	.	.	.	.	.	.	.	.	.	"	30 "	3	2	1
	.	.	.	.	.	.	.	.	.	.	.	.	.	.	.	"	4 Sep.	1	.	1
	.	.	.	.	.	.	.	.	.	.	.	.	.	.	.	72a	16 Okt.	1	.	1
	.	.	.	.	.	.	.	.	.	.	.	.	.	.	.	78	21 Aug.	1	1	.
Summa	.	.	4	.	4	.	.	.	.	.	.	.	10	3	7	.	.	34	10	24
Bollengasse.	.	.	.	.	.	.	.	.	.	.	7	17 Aug.	1	1	.	.	.	.	.	.
Brauhausgasse.	.	.	.	.	.	9	8 Nov.	1	1	.	5	7 Sep.	1	1	.	9	10 Okt.	1	.	1
	.	.	.	.	.	.	.	.	.	.	7	4 "	1	.	1	.	.	.	.	.
	.	.	.	.	.	.	.	.	.	.	"	10 "	1	1	.	.	.	.	.	.
	.	.	.	.	.	.	.	.	.	.	10	23 Aug.	1	.	1	.	.	.	.	.
	.	.	.	.	.	.	.	.	.	.	"	25 "	1	.	1	.	.	.	.	.
Summa	.	.	.	.	.	.	.	1	1	.	.	.	5	2	3	.	.	1	.	1
Breitestr.	3	5 Okt.	1	.	1	2	27 Okt.	1	.	1	8	23 Aug.	1	.	1	11	2 Sep.	1	1	.
	31	6 Sep.	1	.	1	35	21 "	1	.	1	13	3 Sep.	1	.	1	29	22 "	1	.	1
	32	27 "	1	.	1	.	.	.	.	.	17	18 "	1	1	.	"	11 Okt.	1	1	.
	.	.	.	.	.	.	.	.	.	.	30	14 Aug.	1	.	1	32	31 Aug.	1	1	.
	.	.	.	.	.	.	.	.	.	.	"	18 Sep.	1	1	.	.	.	.	.	.
Summa	.	.	3	.	3	.	.	2	.	2	.	.	5	2	3	.	.	4	3	1
Brückenstr.	16	14 Sep.	1	1	.	.	.	.	.	.	2	3 Sep.	1	.	1	2	27 Aug.	1	1	.
	.	.	.	.	.	.	.	.	.	.	.	.	.	.	.	16	28 "	1	.	1
Summa	.	.	1	1	.	.	.	.	.	.	.	.	1	.	1	.	.	2	1	1

Benennung der Straßen.	1831. Haus-Nummer.	1831. Tag der Erkrankungen.	1831. Zahl der Kranken.	1831. Genesen.	1831. Gestorben.	1832. Haus-Nummer.	1832. Tag der Erkrankungen.	1832. Zahl der Kranken.	1832. Genesen.	1832. Gestorben.	1837. Haus-Nummer.	1837. Tag der Erkrankungen.	1837. Zahl der Kranken.	1837. Genesen.	1837. Gestorben.	1848. Haus-Nummer.	1848. Tag der Erkrankungen.	1848. Zahl der Kranken.	1848. Genesen.	1848. Gestorben.
Brüderstr.	1	16 Okt.	1	1	.	5	22 Okt.	1	.	1	2	24 Aug.	1	1	.	13	12 Okt.	1	.	1
	42	3 „	1	.	1	31	3 Dez.	1	.	1	5	17 Sep.	1	1	.	20	3 „	1	.	1
	.	.	.	.	.	.	.	.	.	.	7	17 „	1	.	1	39	26 Aug.	1	1	.
	.	.	.	.	.	.	.	.	.	.	„	18 „	1	.	1	.	.	.	.	.
	.	.	.	.	.	.	.	.	.	.	39	27 Aug.	1	1	.	.	.	.	.	.
	.	.	.	.	.	.	.	.	.	.	42	22 „	1	.	1	.	.	.	.	.
	.	.	.	.	.	.	.	.	.	.	„	14 Sep.	1	.	1	.	.	.	.	.
Summa	.	.	2	1	1	.	.	2	.	2	.		7	3	4	.	.	3	1	2
Brunnenstraße.	.	.	.	.	.	.	.	.	.	.	4	21 Aug.	1	.	1	.	.	.	.	.
	.	.	.	.	.	.	.	.	.	.	6	19 Sep.	1	1	.	.	.	.	.	.
	.	.	.	.	.	.	.	.	.	.	„	26 „	1	1	.	.	.	.	.	.
	8	8 Nov.	1	.	1	.	.	.	.	.	9	17 Aug.	1		1	.	.	.	.	.
	„	17 „	1	1	.	.	.	.	.	.	„	1 Sep.	1	.	1	.	.	.	.	.
	.	.	.	.	.	.	.	.	.	.	10	26 Aug.	1	.	1	.	.	.	.	.
	.	.	.	.	.	.	.	.	.	.	„	28 „	1	.	1	.	.	.	.	.
	.	.	.	.	.	.	.	.	.	.	„	2 Sep.	1	.	1	.	.	.	.	.
	.	.	.	.	.	.	.	.	.	.	„	6 „	1	1	.	.	.	.	.	.
	11	14 Okt.	1	.	1	.	.	.	.	.	11	23 Okt.	1	.	1	.	.	.	.	.
	„	17 „	2	2	.	.	.	.	.	.	„	24 „	1	.	1	.	.	.	.	.
	„	22 „	2	2	.	.	.	.	.	.	„	30 „	1	.	1	.	.	.	.	.
	15	16 „	1	.	1	.	.	.	.	.	„	12 Sep.	1	1	.	.	.	.	.	.
	„	17 „	1	1	.	.	.	.	.	.	12	23 „	2	.	2	.	.	.	.	.
	„	1 Nov.	1	.	1	.	.	.	.	.	16	29 Okt.	1	.	1	15	2 Nov.	1	1	.
	16	20 Okt.	1	.	1	.	.	.	.	.	30	3 Sep.	1	1	.	24	30 Aug.	1	1	.
	41	1 „	1	.	1	.	.	.	.	.	35	27 Aug.	1	.	1	33	11 Sep.	1	.	1
	„	3 „	1	1	.	.	.	.	.	.	„	28 „	1	.	1	„	15 „	1	.	1
	43	4 „	1	1	.	.	.	.	.	.	„	30 „	2	1	1	40	26 „	1	1	.
	„	17 „	1	.	1	.	.	.	.	.	37	18 „	1	.	1	42	24 Okt.	1	.	1
	47	29 „	1	.	1	.	.	.	.	.	41	9 Sep.	1	1	.	49	8 Sep.	1	.	1
	48	7 „	1	.	1	.	.	.	.	.	42	9 „	1	.	1	52	8 Okt.	1	1	.
	„	9 „	1	.	1	.	.	.	.	.	„	14 „	1	.	1	„	15 „	1	.	1
	„	10 „	1	1	.	.	.	.	.	.	.	.	.	.	.	.	.	.	.	.
	52	21 Sep.	1	1	.	.	.	.	.	.	.	.	.	.	.	.	.	.	.	.
Summa	.	.	20	10	10	.	.	.	.	.	.	.	25	7	18	.	.	9	4	5

Benennung der Straßen.	1831.					1832.					1837.					1848.				
	Haus-Nummer.	Tag der Erkrankungen.	Zahl der Kranken.	Genesen.	Gestorben.	Haus-Nummer.	Tag der Erkrankungen.	Zahl der Kranken	Genesen.	Gestorben.	Haus-Nummer.	Tag der Erkrankungen.	Zahl der Kranken.	Genesen.	Gestorben.	Haus-Nummer.	Tag der Erkrankungen.	Zahl der Kranken.	Genesen.	Gestorben.
Büschingsplatz.	.	.	.	.	.	.	.	.	.	.	?	17Aug.	1	1	.	.	.	.	.	.
	.	.	.	.	.	.	.	.	.	.		21 =	2	1	1	.	.	.	.	.
	.	.	.	.	.	.	.	.	.	.		25 =	1	.	1	.	.	.	.	.
	.	.	.	.	.	.	.	.	.	.		26 =	1	.	1	.	.	.	.	.
Summa	.	.	.	.	.	.	.	.	.	.	.	.	5	2	3	.	.	.	.	.
Büschingsstraße.	.	.	.	.	.	.	.	.	.	.	?	2Sep.	3	1	2	.	.	.	.	.
	.	.	.	.	.	.	.	.	.	.		3 =	1	1	.	.	.	.	.	.
	.	.	.	.	.	.	.	.	.	.		7 =	2	.	2	.	.	.	.	.
	.	.	.	.	.	.	.	.	.	.		8 =	1	.	1	.	.	.	.	.
	.	.	.	.	.	.	.	.	.	.		11 =	2	1	1	.	.	.	.	.
	.	.	.	.	.	.	.	.	.	.		12 =	1	.	1	.	.	.	.	.
	.	.	.	.	.	.	.	.	.	.		13 =	3	2	1	.	.	.	.	.
	.	.	.	.	.	.	.	.	.	.		15 =	1	.	1	.	.	.	.	.
	.	.	.	.	.	.	.	.	.	.		19 =	1	1	.	.	.	.	.	.
	.	.	.	.	.	.	.	.	.	.		23 =	1	1	.	.	.	.	.	.
	.	.	.	.	.	.	.	.	.	.		29 =	1	1	.	.	.	.	.	.
	.	.	.	.	.	.	.	.	.	.		30 =	1	.	1	.	.	.	.	.
	.	.	.	.	.	.	.	.	.	.		18Okt.	1	1	.	.	.	.	.	.
	.	.	.	.	.	.	.	.	.	.		8Nov	1	.	1	.	.	.	.	.
Summa	.	.	.	.	.	.	.	.	.	.	.	.	20	9	11	.	.	.	.	.
Bullenwinkel.	3	10Sep.	1	.	1	.	.	.	.	.	1	18Sep.	1	.	1	.	.	.	.	.
Burgstr.	1	5Sep.	1	1	.	19	28Okt.	2	.	2	1	7Sep.	1	.	1	.	.	.	.	.
	=	26 =	1	.	1	=	30 =	1	1	.	11	29Aug.	1	.	1	.	.	.	.	.
	4	28 =	1	.	1	.	.	.	.	.	19	31 =	1	.	1	.	.	.	.	.
	7	23 =	1	.	1	.	.	.	.	.	$\frac{3}{2}\frac{1}{2}$	19 =	1	.	1	22	26Aug.	1	.	1
	=	26 =	1	.	1	.	.	.	.	.	=	23 =	1	1	.	=	1Sep.	1	.	1
	=	1Okt.	1	.	1	.	.	.	.	.	25	13Sep	1	1	.	26	20 =	1	.	1
	8	7Sep.	1	.	1	.	.	.	.	.	.	.	.	.	.	.	.	.	.	.
	17	17Okt.	1	.	1	.	.	.	.	.	.	.	.	.	.	.	.	.	.	.
	24	1 =	1	1	.	.	.	.	.	.	.	.	.	.	.	.	.	.	.	.
Summa	.	.	9	2	7	.	.	3	1	2	.	.	6	2	4	.	.	3	.	3

Benennung der Straßen.	1831. Haus-Nummer.	1831. Tag der Erkrankungen.	1831. Zahl der Kranken.	1831. Genesen.	1831. Gestorben.	1832. Haus-Nummer.	1832. Tag der Erkrankungen.	1832. Zahl der Kranken.	1832. Genesen.	1832. Gestorben.	1837. Haus-Nummer.	1837. Tag der Erkrankungen.	1837. Zahl der Kranken.	1837. Genesen.	1837. Gestorben.	1848. Haus-Nummer.	1848. Tag der Erkrankungen.	1848. Zahl der Kranken.	1848. Genesen.	1848. Gestorben.
Caserne, Uhlanen.	.	12Okt.	1	1	.	.	.	.	.	.	.	24Aug.	1	1	.	.	15Okt.	1	.	1
Casernenstraße im Garnison-Lazareth.	3	13Sep.	1	.	1	.	.	.		.	.	.	.	.	.	.	.	.	.	.
	4	7Okt.	1	.	1	4	9Okt.	2	.	2	.	.	.	.	.	.	.	.	.	.
	=	31 =	1	.	1	.	.	.	.	.	.	.	.	.	.	.	.	.	.	.
	5	7 =	1	1	.	5	17 =	1	.	1	5	6Sep.	1	.	1	.	.	.	.	.
	=	8 =	1	1	.	=	18 =	1	.	1	.	.	.	.	.	.	.	.	.	.
Summa	.	.	5	2	3	.	.	4	.	4	.		1	.	1	.	.	.	.	.
Charité.	.	5Sep.	1	1	.	.	19Okt.	1	.	1	.	23Aug.	6	.	6	.	10Sep.	1	.	1
	.	23 =	2	1	1	.	20 =	2	.	2	.	24 =	3	1	2	.	11 =	1	.	1
	.	26 =	2	1	1	.	23 =	1	.	1	.	25 =	1	.	1	.	25 =	1	.	1
	.	3Okt.	1	1	.	.	24 =	1	.	1	.	26 =	1	1	.	.	13Okt.	1	1	.
	.	4 =	2	1	1	.	25 =	2		2	.	28 =	1	.	1	.	25 =	1	1	.
	.	5 =	1	1	.	.	26 =	2	1	1	.	29 =	1	.	1	.	.	.	.	.
	.	6 =	1	1	.	.	27 =	1	.	1	.	30 =	2	.	2	.	.	.	.	.
	.	8 =	2	2	.	.	29 =	2	1	1	.	31 =	2	2	.	.	.	.	.	.
	.	9 =	1	.	1	.	5Nov.	1	.	1	.	1Sep.	4	.	4	.	.	.	.	.
	.	11 =	1	.	1	.	7 =	1	.	1	.	2 =	2	1	1	.	.	.	.	.
	.	15 =	1	1	.	.	9 =	1	1	.	.	3 =	4	1	3	.	.	.	.	.
	.	17 =	1	.	1	.	10 =	4	2	2	.	4 =	1	1	.	.	.	.	.	.
	.	19 =	2	1	1	.	13 =	1	1	.	.	7 =	1	.	1	.	.	.	.	.
	.	29 =	1	.	1	.	22 =	1	1	.	.	8 =	5	3	2	.	.	.	.	.
	.	31 =	1	.	1	.	27 =	1	.	1	.	9 =	2	2	.	.	.	.	.	.
	.	1Nov.	1	.	1	.	28 =	1	1	.	.	12 =	4	4	.	.	.	.	.	.
	.	4 =	1	1		.	30 =	1	1	.	.	15 =	3	2	1	.	.	.	.	.
	.	5 =	1	1	.	.	8Dez.	1	.	1	.	19 =	2	1	1	.	.	.	.	.
		7 =	1	.	1	.	12 =	2	.	2	.	21 =	1	1	.	.	.	.	.	.
	.	9 =	1	.	1	.	13 =	1	.	1	.	27 =	1	1	.	.	.	.	.	.
	.	11 =	1	.	1	.	20 =	1	.	1	.	17Okt.	1	.	1	.	.	.	.	.
		12 =	1	1	.	.	24 =	1	.	1	.	20 =	1	.	1	.	.	.	.	.
	.	14 =	4	1	3	.	27 =	1	.	1	.	.	.	.	.	.	.	.	.	.
	.	17 =	4	.	4	.	28 =	1	.	1	.	.	.	.	.	.	.	.	.	.
	.	18 =	1	1	.		**1833.**													
	.	21 =	2	.	2	.	1Jan.	2	1	1	.	.	.	.	.	.	.	.	.	.
	.	22 =	1	1	.	.	7 =	1	1	.	.	.	.	.	.	.	.	.	.	.
	.	23 =	1	.	1	.	9 =	1	.	1	.	.	.	.	.	.	.	.	.	.
	.	25 =	2	1	1	.	12 =	2	1	1	.	.	.	.	.	.	.	.	.	.

Benennung der Straßen.	1831. Haus-Nummer.	1831. Tag der Erkrankungen.	1831. Zahl der Kranken.	1831. Genesen.	1831. Gestorben.	1832. Haus-Nummer.	1832. Tag der Erkrankungen	1832. Zahl der Kranken.	1832. Genesen.	1832. Gestorben.	1837. Haus-Nummer.	1837. Tag der Erkrankungen.	1837. Zahl der Kranken.	1837. Genesen.	1837. Gestorben.	1848. Haus-Nummer.	1848. Tag der Erkrankungen.	1848. Zahl der Kranken.	1848. Genesen.	1848. Gestorben.
							1833.													
Charité.	.	26Nov.	1	.	1	.	13Jan.	1	.	1	.	.	.	.	.	.	.	.	.	.
	.	4Dez.	1	1	.	.	14 "	2	1	1	.	.	.	.	.	.	.	.	.	.
	.	6 "	1	1	.	.	15 "	3	2	1	.	.	.	.	.	.	.	.	.	.
	.	13 "	1	.	1	.	18 "	3	.	3	.	.	.	.	.	.	.	.	.	.
	.	15 "	2	1	1	.	19 "	2	2	.	.	.	.	.	.	.	.	.	.	.
	.	16 "	2	.	2	.	20 "	1	.	1	.	.	.	.	.	.	.	.	.	.
	.	22 "	4	1	3	.	21 "	1	1	.	.	.	.	.	.	.	.	.	.	.
	.	23 "	1	1	.	.	14Mrz.	1	1	.	.	.	.	.	.	.	.	.	.	.
	.	26 "	1	.	1	.	.	.	.	.	.	.	.	.	.	.	.	.	.	.
		1832.																		
	.	1Jan.	3	3	.	.	.	.	.	.	.	.	.	.	.	.	.	.	.	.
	.	3 "	1	1	.	.	.	.	.	.	.	.	.	.	.	.	.	.	.	.
	.	14 "	2	1	1	.	.	.	.	.	.	.	.	.	.	.	.	.	.	.
	.	15 "	7	5	2	.	.	.	.	.	.	.	.	.	.	.	.	.	.	.
	.	17 "	2	2	.	.	.	.	.	.	.	.	.	.	.	.	.	.	.	.
	.	18 "	3	2	1	.	.	.	.	.	.	.	.	.	.	.	.	.	.	.
	.	19 "	2	.	2	.	.	.	.	.	.	.	.	.	.	.	.	.	.	.
	.	21 "	1	.	1	.	.	.	.	.	.	.	.	.	.	.	.	.	.	.
Summa	.	.	77	37	40	.	.	52	19	33	.	.	49	21	28	.	.	5	2	3
Charitéstr.	1	1Okt.	1	.	1	.	.	.	.	.	2	27Aug.	1	.	1	2	9Sep.	1	.	1
	.	.	.	.	.	.	.	.	.	.	"	10Sep.	1	.	1	.	.	"	.	.
	.	.	.	.	.	.	.	.	.	.	2a	26Okt.	1	.	1	.	.	.	.	.
	3	17Sep.	1	.	1	.	.	.	.	.	3	24Aug.	1	1	.	.	.	.	.	.
	.	.	.	.	.	.	.	.	.	.	"	16Sep	1	1	.	.	.	.	.	.
	.	.	.	.	.	.	.	.	.	.	"	25 "	1	1	.	.	.	.	.	.
	4	18Okt.	2	.	2	.	.	.	.	.	4	17 "	1	1	.	.	.	.	.	.
	"	26 "	1	1	.	.	.	.	.	.	7	25Aug.	1	.	1	.	.	.	.	.
	6	30Sep.	1	.	1	.	.	.	.	.	9	24 "	1	1	.	9	1Sep	2	.	2
	9	4 "	1	.	1	9	12Nov.	1	.	1	"	7Sep.	1	1	.	.	.	.	.	.
	.	.	.	.	.	"	18 "	1	.	1	"	9 "	1	.	1	.	.	.	.	.
	.	.	.	.	.	.	.	.	.	.	"	18 "	1	1	.	.	.	.	.	.
	.	.	.	.	.	.	.	.	.	.	"	26 "	1	1	.	.	.	.	.	.
	.	.	.	.	.	.	.	.	.	.	"	2Okt.	1	1	.	.	.	.	.	.
	10	16Okt.	2	1	1	.	.	.	.	.	10	24 "	1	.	1	.	.	.	.	.
	"	20 "	1	1	.	.	.	.	.	.	"	29Aug.	1	.	1	.	.	.	.	.
Summa	.	.	10	3	7	.	.	2	.	2	.	.	16	9	7	.	.	3	.	3

Benennung der Straßen.	1831.					1832.					1837.					1848.				
	Haus-Nummer.	Tag der Erkrankungen.	Zahl der Kranken.	Genesen.	Gestorben.	Haus-Nummer.	Tag der Erkrankungen.	Zahl der Kranken.	Genesen.	Gestorben.	Haus-Nummer.	Tag der Erkrankungen.	Zahl der Kranken.	Genesen.	Gestorben.	Haus-Nummer.	Tag der Erkrankungen.	Zahl der Kranken.	Genesen.	Gestorben.
Charlottenstraße.	12	7 Sep.	1	.	1	9	3 Nov.	1	.	1	4	7 Okt.	1	.	1	31	28 Okt.	1	.	1
	„	11 „	1	.	1	23	5 „	1	1	.	7	27 Aug.	1	.	1	96	10 „	1	.	1
	„	17 „	1	.	1	42	7 „	1	1	.	10	24 „	1	.	1	.	.	.	.	.
	17	20 Nov.	1	1	.	54	12 Okt.	1	1	.	„	28 Okt	1	.	1	.	.	.	.	.
	20	29 Okt.	1	1	.	62	20 „	1	.	1	„	30 „	1	.	1	.	.	.	.	.
	26	26 Nov	1	.	1	„	26 „	1	1	.	11	27 Aug.	1	1	.	.	.	.	.	.
	„	3 Dez	1	.	1	.	.	.	.	.	13	24 „	1	.	1	.	.	.	.	.
	31	13 Nov.	1	1	.	.	.	.	.	.	„	1 Sep.	1	.	1	.	.	.	.	.
	.	.	.	.	.	.	.	.	.	.	23	1 „	1	1	.	.	.	.	.	.
	.	.	.	.	.	.	.	.	.	.	38	10 Okt.	1	.	1	.	.	.	.	.
	.	.	.	.	.	.	.	.	.	.	55	18 Sep.	1	1	.	.	.	.	.	.
	.	.	.	.	.	.	.	.	.	.	60	2 „	2	.	2	.	.	.	.	.
	.	.	.	.	.	.	.	.	.	.	61	30 Aug.	2	.	2	.	.	.	.	.
	.	.	.	.	.	.	.	.	.	.	62	16 Sep.	1	1		.	.	.	.	.
Summa	.	.	8	3	5		.	6	4	2	.	.	16	4	12	.	.	2	.	2
Chausseestraße.	35	23 Sep.	1	1	.	27	24 Sep.	1	.	1	3	30 Aug.	1	1	.	4	7 Nov.	1	.	1
	„	30 „	1	1	.	43	5 Okt.	1	1	.	16	6 Sep.	1	1	.	10	28 Aug.	1	.	1
	37	17 „	1	1	.	71	18 „	1	.	1	19	1 „	1	.	1	17	2 Sep.	1	.	1
	38	2 Okt.	1	.	1	.	.	.	.	.	„	7 Okt.	1	1	.	25	28 Aug.	1	1	.
	„	19 „	1	1	.	.	.	.	.	.	28	15 Sep.	1	.	1	70	30 „	1	1	.
	42	1 Nov.	1	.	1	.	.	.	.	.	32	19 „	1	1	.	70a	5 Sep.	1	.	1
	.	.	.	.	.	.	.	.	.	.	71	12 „	2	2	.	142	2 Okt.	1	.	1
	.	.	.	.	.	.	.	.	.	.	72	5 „	1	1	.	.	.	.	.	.
	.	.	.	.	.	.	.	.	.	.	„	16 „	1	1	.	.	.	.	.	.
	.	.	.	.	.	.	.	.	.	.	73	6 „	1	1	.	.	.	.	.	.
	.	.	.	.	.	.	.	.	.	.	73a	22 Aug.	1	.	1	.	.	.	.	.
	.	.	.	.	.	.	.	.	.	.	73b	4 Sep.	1	1	.	.	.	.	.	.
Summa	.	.	6	4	2	.	.	3	1	2	.	.	13	10	3	.	.	7	2	5
Coloniestr.	.	.	.	.	.	.	.	.	.	.	.	.	.	.	.	6	12 Sep.	1	1	.
	.	.	.	.	.	.	.	.	.	.	.	.	.	.	.	54	2 „	1	1	.
Summa	.	.	.	.	.	.	.	.	.	.	.	.	.	.	.	.		2	2	.

Benennung der Straßen.	1831. Haus-Nummer.	1831. Tag der Erkrankungen.	1831. Zahl der Kranken.	1831. Genesen.	1831. Gestorben.	1832. Haus-Nummer.	1832. Tag der Erkrankungen.	1832. Zahl der Kranken.	1832. Genesen.	1832. Gestorben.	1837. Haus-Nummer.	1837. Tag der Erkrankungen.	1837. Zahl der Kranken.	1837. Genesen.	1837. Gestorben.	1848. Haus-Nummer.	1848. Tag der Erkrankungen.	1848. Zahl der Kranken.	1848. Genesen.	1848. Gestorben.
Communikation am Landsbergerthore.	.	10 Okt.	1	.	1		.	.	.	.	.	.	.	.	.	.	.	.	.	.
	.	17 =	1	.	1		.	.	.	.		.	.	.	.	.	.	.	.	.
	.	1 Nov.	1	.	1		.	.	.	.	.	.	.	.	.	.	.	.	.	.
	.	9 =	1	.	1	.	.	.	.	.	.	.	.	.	.	.	.	.	.	.
Summa	.	.	4	.	4	.	.	.	.	.	.	.	.	.	.	.	.	.	.	.
Communik. im Müllerschen Hause.	.	31 Okt.	1	1	.	.	25 Okt.	1	.	1	.	.	.	.	.	.	.	.	.	.
	.	1 Nov.	1	1	.	.	29 =	1	.	1	.	.	.	.	.	.	.	.	.	.
Summa	.	.	2	2	.	.	.	2	.	2	.	.	.	.	.	.	.	.	.	.
Communik. am neuen Thore.	.	.	.	.	.	.	.	.	.	.	.	.	.	.	.	5	30 Sep.	1	.	1
	.	.	.	.	.	.	.	.	.	.	.	.	.	.	.	=	5 Okt.	2	.	2
	.	.	.	.	.	.	.	.	.	.	.	.	.	.	.	6	7 =	1	.	1
	.	.	.	.	.	.	.	.	.	.	.	.	.	.	.	=	11 =	1	1	.
	.	.	.	.	.	.	.	.	.	.	.	.	.	.	.	7	22 Aug.	1	.	1
	.	.	.	.	.	.	.	.	.	.	.	.	.	.	.	=	7 Okt.	1	.	1
Summa	.	.	.	.	.	.	.	.	.	.	.	.	.	.	.	.	.	7	1	6
Dessauerstraße.	.	.	.	.	.	.	.	.	.	.	.	.	.	.	.	36	22 Sep.	1	.	1
Dom, hinter dem.	.	18 Sep.	1	.	1	.	.	.	.	.	.	8 Sep.	2	.	2	.	.	.	.	.
Dorotheenstraße.	6	7 Okt.	1	.	1	.	.	.	.	.	6	17 Aug.	1	.	1	9	10 Sep.	1	.	1
	=	8 =	1	1	.	.	.	.	.	.	=	29 =	1	.	1	=	12 =	1	.	1
	8	6 =	1	1	.	.	.	.	.	.	=	5 Sep.	1	1	.	11	10 Okt.	1	1	.
	22	5 =	1	1	.	19	8 Okt.	1	.	1	19	4 =	1	1	.	=	14 =	1	.	1
	.	.	.	.	.	=	11 =	2	2	.	=	15 =	2	1	1	=	18 =	1	.	1
	.	.	.	.	.	=	29 =	1	.	1	=	16 =	1	1	.	12	12 Sep.	1	.	1
	.	.	.	.	.	20	14 =	1	.	1	=	19 =	1	.	1	44	20 =	1	.	1
	.	.	.	.	.	.	.	.	.	.	23	13 =	1	.	1	.	.	.	.	.
	.	.	.	.	.		.	.	.	.	26	13 Aug.	1	.	1	.	.	.	.	.
	.		.	.	.	.	.	.	.	.	=	22 =	2	1	1	.	.	.	.	.
	.		.		.	.	.	.	.	.	=	16 Sep.	1	.	1	.	.	.	.	.

Benennung der Straßen.	1831.					1832.					1837.					1848.				
	Haus-Nummer.	Tag der Erkrankungen.	Zahl der Kranken.	Genesen.	Gestorben.	Haus-Nummer.	Tag der Erkrankungen.	Zahl der Kranken.	Genesen.	Gestorben.	Haus-Nummer.	Tag der Erkrankungen.	Zahl der Kranken.	Genesen.	Gestorben.	Haus-Nummer.	Tag der Erkrankungen.	Zahl der Kranken.	Genesen.	Gestorben.
Dorotheenstraße.	.	.	.	.	.	.	.	.	.	.	28	26 Aug.	1	.	1	.	.	.	.	.
	29	27 Okt.	1	.	1	.	.	.	.	.	29	16 =	1	1	.	.	.	.	.	.
	=	31 =	1	.	1	31	13 Okt	1	.		31	18 =	1	.	1	.	.	.	.	.
	62	4 =	1	.	1	=	16 =	1	.	1	=	19 =	1	.	1	.	.	.	.	.
	=	13 =	1	1	.	=	17 =	2	.	2	31g	1 Okt.	1	1	.	.	.	.	.	.
	65	17 =	1	.	1	=	19 =	1	.	1	38	18 Aug.	1	1	.	62	15 Sep.	1	.	1
	.	.	.	.	.	34	10 =	1	.	1	48	30 =	1	1	.	=	17 Okt.	1	.	1
	.	.	.	.	.	49	28 =	1	.	1	=	19 Sep.	1	1	.	72	6 Sep.	1	1	.
	.	.	.	.	.	73	10 =	1	.	1	61	20 =	1	1	.	77	6 =	1	.	1
	.	.	.	.	.	.	.	.	.	.	=	21 =	1	.	1	=	14 =	1	.	1
Summa	.	.	9	4	5	.	.	13	2	11	.	.	23	11	12	.	.	12	2	10
Dragonerstraße.	2	12 Sep.	1	1	.	.	.	.	.	.	6	30 Aug.	1	1	.	6	10 Sep.	1	.	1
	.	.	.	.	.	.	.	.	.	.	=	4 Sep.	1	.	1	.	.	.	.	.
	.	.	.	.	.	.	.	.	.	.	=	7 =	1	.	1	.	.	.	.	.
	.	.	.	.	.	.	.	.	.	.	7	25 Aug.	2		2	9	30 Aug.	1	.	1
	11	14 Sep.	1	.	1	.	.	.	.	.	10	30 =	1	.	1	=	31 =	2	1	1
	=	15 =	1	.	1	.	.	.	.	.	10a	27 =	1	.	1	10a	27 =	1	.	1
	=	15 Okt.	1	.	1	.	.	.	.	.	=	15 Sep.	1	.	1	12	15 Okt.	2	1	1
	13	28 Sep.	2	.	2	.	.	.	.	.	14	27 Aug.	1	.	1	15	11 =	1	1	.
	=	1 Okt.	1	.	1	.	.	.	.	.	=	30 =	1	.	1	17	4 Sep.	1	.	1
	.	.	.	.	.	.	.	.	.	.	=	2 Sep.	1	.	1	=	6 =	1	.	1
	.	.	.	.	.	.	.	.	.	.	15	11 =	1	.	1	.	.	.	.	.
	.	.	.	.	.	.	.	.	.	.	16	27 =	1	.	1	.	.	.	.	.
	.	.	.	.	.	.	.	.	.	.	19	10 =	1	.	1	19	13 Okt.	1	.	1
	22	10 Nov.	1	.	1	.	.	.	.	.	22	16 =	1	.	1	25	6 Sep	1	.	1
	.	.	.	.	.	.	.	.	.	.	=	17 =	2	.	2	26	13 =	1	.	1
	24	25 Sep.	2	.	2	.	.	.	.	.	24	30 Aug.	1	.	1	31	29 =	1	.	1
	=	9 Okt.	1	.	1	.	.	.	.	.	=	5 Sep.	1	.	1	32	6 Okt.	1	.	1
	25	11 =	1	.	1	.	.	.	.	.	27	22 Aug.	1	.	1	=	9 =	2	.	2
	27	14 =	1	.	1	.	.	.	.	.	=	26 =	1	.	1	38	13 Sep.	1	1	.
	35	1 =	1	.	1	.	.	.	.	.	32	30 =	1	.	1	.	.	.	.	.
	=	16 =	1	.	1	.	.	.	.	.	=	1 Sep.	1	1	.	.	.	.	.	.
	38	12 Sep.	1	.	1	.	.	.	.	.	38	12 =	1	.	1	.	.	.	.	.
	40	20 Okt.	1	.	1	.	.	.	.	.	40	16 =	1	.	1	.	.	.	.	.
	.	.	.	.	.	.	.	.	.	.	=	17 =	1	1	.	.	.	.	.	.
	.	.	.	.	.	.	.	.	.	.	=	18 =	1	.	1	.	.	.	.	.
	.	.	.	.	.	.	.	.	.	.	=	19 =	1	.	1	.	.	.	.	.

Benennung der Straßen.	1831. Haus-Nummer.	Tag der Erkrankungen.	Zahl der Kranken.	Genesen.	Gestorben.	1832. Haus-Nummer.	Tag der Erkrankungen.	Zahl der Kranken.	Genesen.	Gestorben.	1837. Haus-Nummer.	Tag der Erkrankungen.	Zahl der Kranken.	Genesen.	Gestorben.	1848. Haus-Nummer.	Tag der Erkrankungen.	Zahl der Kranken.	Genesen.	Gestorben.
Dragonerstraße.	41	4 Okt.	1	1	.	.	.	.	.	.	41	22 Aug.	1	.	1	.	.	.	.	.
	42	1 =	1	1	.	.	.	.	.	.	42	25 =	1	.	1	.	.	.	.	.
	.	.	.	.	.	.	.	.	.	.	=	26 =	1	.	1	.	.	.	.	.
	.	.	.	.	.	.	.	.	.	.	=	30 =	1	.	1	.	.	.	.	.
	.	.	.	.	.	.	.	.	.	.	=	31 =	1	1	.	.	.	.	.	.
	.	.	.	.	.	.	.	.	.	.	=	5 Sep.	1	1	.	.	.	.	.	.
	.	.	.	.	.	.	.	.	.	.	=	8 =	1	1	.	.	.	.	.	.
	43	17 Sep.	1	.	1	.	.	.	.	.	43	2 =	1	.	1	.	.	.	.	.
	47	4 =	1	.	1	.	.	.	.	.	47	19 =	1	.	1	.	.	.	.	.
	=	5 =	1	.	1	.	.	.	.	.	49	23 Okt.	1	1	.	.	.	.	.	.
	.	.	.	.	.	.	.	.	.	.	50	11 Sep.	1	.	1	.	.	.	.	.
Summa	.	.	22	3	19	.	.	.	.	.	.	.	39	7	32		.	18	4	14
Dresdenerstraße.	11	16 Okt.	1	.	1	.	.	.	.	.	14/15	28 Aug.	1	1	.	5	10 Sep.	1	.	1
	13	21 =	1	1	.	.	.	.	.	.	=	1 Sep.	2	1	1	=	11 =	1	.	1
	14/15	6 =	1	.	1	.	.	.	.	.	17	25 Aug.	1	1	.	8	13 Okt.	1	.	1
	=	11 =	2	.	2	.	.	.	.	.	=	6 =	1	.	1	8c	18 Sep.	1	.	1
	=	13 =	2	.	2	.	.	.	.	.	=	29 =	1	.	1	13	9 =	1	.	1
	=	17 =	1	.	1	20	5 Nov.	1	1	.	22	15 Sep.	1	.	1	14/15	23 Aug.	1	.	1
	=	20 =	1	.	1	.	.	.	.	.	27	8 Okt.	1	1	.	=	9 Sep.	1	1	.
	21	18 =	1	1	.	.	.	.	.	.	28	31 Aug.	1	.	1	35	2 =	1	.	1
	30	3 =	1	1	.	.	.	.	.	.	33	20 Okt.	1	.	1	=	10 =	1	1	.
	.	.	.	.	.	.	.	.	.	.	=	28 =	1	.	1	39	29 =	1	.	1
	36	23 Sep.	1	1	.	.	.	.	.	.	36	18 Aug.	2	.	2	41	11 =	1	.	1
	=	3 Okt.	1	.	1	.	.	.	.	.	=	23 =	1	1	.	52	12 =	1	.	1
	=	15 =	1	1	.	.	.	.	.	.	=	24 =	2	1	1	53	29 =	1	.	1
	=	27 =	1	1	.	.	.	.	.	.	=	30 =	2	1	1	=	12 Okt.	1	1	.
	.	.	.	.	.	.	.	.	.	.	=	4 Sep.	1	1	.	54	13 =	1	1	.
	38	22 Okt.	1	.	1	.	.	.	.	.	39	18 Aug.	1	.	1	55	7 =	1	1	.
	41	26 =	1	.	1	.	.	.	.	.	41	22 =	1	.	1	57	30 Aug.	1	.	1
	.	.	.	.	.	.	.	.	.	.	=	24 =	1	1	.	=	14 Sep.	1	1	.
	44	18 Okt.	1	.	1	.	.	.	.	.	44	22 Sep.	1	.	1	58	30 =	1	.	1
	.	.	.	.	.	.	.	.	.	.	48	13 =	1	.	1	59	22 Aug	1	.	1
	52	6 Okt.	1	1	.	.	.	.	.	.	52	10 =	1	.	1	=	29 =	1	1	.
	53	20 =	1	.	1	.	.	.	.	.	=	12 =	1	.	1	61	26 =	1	.	1
	=	21 =	1	.	1	.	.	.	.	.	=	17 =	1	.	1	=	28 =	2	2	.
	58	17 Sep.	1	.	1	.	.	.	.	.	55	28 Aug.	1	.	1	=	30 =	1	.	1
	=	1 Nov.	1	.	1	.	.	.	.	.	58	25 =	1	.	1	=	31 =	2	.	2
	.	.	.	.	.	.	.	.	.	.	=	1 Sep.	1	.	1	=	1 Sep.	1	.	1

Benennung der Straßen.	1831.					1832.					1837.					1848.				
	Haus-Nummer.	Tag der Erkrankungen.	Zahl der Kranken.	Genesen.	Gestorben.	Haus-Nummer.	Tag der Erkrankungen.	Zahl der Kranken.	Genesen.	Gestorben.	Haus-Nummer.	Tag der Erkrankungen.	Zahl der Kranken.	Genesen.	Gestorben.	Haus-Nummer.	Tag der Erkrankungen.	Zahl der Kranken.	Genesen.	Gestorben.
Dresdener-straße.	66	22 Sep.	2	1	1	.	.	.	.	.	60	3 Okt.	1	.	1	61	12 Sep.	1	.	1
	70	12 =	1	.	1	65	14 Okt.	2	.	2	66	18 Aug.	1	.	1	=	13 =	2	1	1
	=	25 =	1	.	1	73	5 Nov.	1	1	.	=	21 Sep.	1	.	1	=	14 =	1	1	.
	=	15 Okt.	1	1	.	75	30 Okt.	1	.	1	79/80	23 Aug.	1	.	1	73	9 =	1	.	1
	=	16 =	1	1	.	79/80	2 Dez.	1	1	.	=	26 =	1	.	1	=	21 =	1	.	1
	71	1 =	1	.	1	.	.	.	.	.	=	28 =	1	.	1	=	28 =	1	1	.
	=	2 =	1	.	1	.	.	.	.	.	=	30 =	2	.	2	78	10 Okt.	2	.	2
	84	17 =	1	.	1	.	.	.	.	.	=	31 =	1	1	.	79/80	13 Sep.	1	1	.
	=	18 =	1	1	.	.	.	.	.	.	84a	14 =	1	.	1	.	.	.	.	.
	87	17 =	1	.	1	.	.	.	.	.	=	16 =	1	.	1	.	.	.	.	.
	=	23 =	1	1	.	.	.	.	.	.	101	30 =	2	2	.	101	21 Sep.	1	.	1
Summa	.	.	35	12	23	.	.	6	3	3	.	.	43	12	31	.	.	39	13	26
Eiergasse.	.	.	.	.	.	.	.	.	.	.	3	29 Aug.	1	.	1	3	7 Aug.	1	.	1
	.	.	.	.	.	.	.	.	.	.	.	1 Sep.	1	1	.	=	12 Sep.	3	3	.
	.	.	.	.	.	.	.	.	.	.	.	3 =	1	.	1	.	.	.	.	.
	.	.	.	.	.	.	.	.	.	.	.	11 =	1	1	.	.	.	.	.	.
	.	.	.	.	.	.	.	.	.	.	.	13 =	1	.	1	.	.	.	.	.
Summa	.	.	.	.	.	.	.	.	.	.	.	.	5	2	3	.	.	4	3	1
Elisabeth-straße.	1	12 Okt.	1	.	1	1	9 Nov.	1	.	1	2	29 Sep.	2	.	2	2	2 Okt.	1	.	1
	2	27 Sep.	1	.	1	=	11 =	1	.	1	=	2 Okt.	1	.	1	=	3 =	1	1	.
	=	4 Okt.	3	3	.	.	.	.	.	.	=	29 =	1	1	.	=	6 =	1	1	.
	=	10 =	1	1	.	.	.	.	.	.	3	26 Aug.	1	.	1	3a	18 Sep.	1	.	1
	=	12 =	1	.	1	.	.	.	.	.	=	19 Sep.	1	.	1	.	.	.	.	.
	3	7 =	1	.	1	.	.	.	.	.	=	21 =	1	.	1	.	.	.	.	.
	=	20 Nov.	2	2	.	.	.	.	.	.	=	25 =	1	.	1	.	.	.	.	.
	6	11 Okt.	1	.	1	6	10 Okt.	1	.	1	=	26 =	1	.	1	.	.	.	.	.
	=	15 =	2	2	.	.	.	.	.	.	=	28 =	2	1	1	.	.	.	.	.
	=	18 =	4	2	2	.	.	.	.	.	7	22 Aug.	1	.	1	7	17 Okt.	1	.	1
	7	4 =	1	.	1	.	.	.	.	.	=	23 =	1	.	1	=	23 =	2	.	2
	=	6 =	1	1	.	.	.	.	.	.	9	21 =	1	.	1	9	17 Sep.	1	1	.
	10	19 =	1	1	.	.	.	.	.	.	11	28 Sep.	1	1	.	24	23 =	1	1	.
	53	11 Sep.	1	1	.	.	.	.	.	.	=	29 =	1	1	.	29	6 =	1	1	.
	55	11 =	2	.	2	.	.	.	.	.	12	6 Okt.	1	.	1	31	20 =	1	.	1
	58	31 Okt.	1	1	.	.	.	.	.	.	=	10 =	1	.	1	32	7 =	1	.	1
	59	17 Sep.	1	.	1	.	.	.	.	.	25	15 Aug.	1	.	1	42	20 =	1	.	1

Benennung der Straßen.	1831. Haus-Nummer.	1831. Tag der Erkrankungen.	1831. Zahl der Kranken.	1831. Genesen.	1831. Gestorben.	1832. Haus-Nummer.	1832. Tag der Erkrankungen.	1832. Zahl der Kranken.	1832. Genesen.	1832. Gestorben.	1837. Haus-Nummer.	1837. Tag der Erkrankungen.	1837. Zahl der Kranken.	1837. Genesen.	1837. Gestorben.	1848. Haus-Nummer.	1848. Tag der Erkrankungen.	1848. Zahl der Kranken.	1848. Genesen.	1848. Gestorben.
Elisabethstraße.	59	18 Sep.	2	.	2	.	.	.	.	.	25	22 Aug.	2	2	.	42	10 Okt.	1	.	1
	=	23 =	1	.	1	.	.	.	.	.	=	6 Sep.	1	1	.	44	27 Sep.	1	.	1
	=	28 =	1	.	1	.	.	.	.	.	26	24 Aug.	1	1	.	45	9 =	1	.	1
	=	1 Okt.	1	1	.	.	.	.	.	.	29	21 =	1	.	1	47	29 Aug.	1	1	.
	=	7 =	1	.	1	.	.	.	.	.	=	23 =	3	.	3	=	1 Sep.	1	1	.
	=	11 =	1	1	.	.	.	.	.	.	39	26 =	1	.	1	=	29 Aug.	1	1	.
	=	12 =	1	1	.	.	.	.	.	.	=	29 =	2	.	2	=	8 Sep.	2	.	2
	=	25 =	1	1	.	.	.	.	.	.	=	31 =	1	.	1	=	12 =	1	.	1
	.	.	.	.	.	.	.	.	.	.	=	14 Okt.	1	.	1	=	16 =	1	.	1
	.	.	.	.	.	.	.	.	.	.	41	11 Sep.	1	1	.	=	17 =	1	.	1
	.	.	.	.	.	.	.	.	.	.	=	8 Okt.	1	.	1	=	19 =	1	.	1
	.	.	.	.	.	.	.	.	.	.	44	30 Aug.	1	1	.	=	20 =	1	.	1
	.	.	.	.	.	46	19 Okt.	1	.	1	46	22 =	1	.	1	=	30 =	1	.	1
	.	.	.	.	.	.	.	.	.	.	55	20 Okt.	1	.	1	.	.	.	.	.
	.	.	.	.	.	63	27 Okt.	1	.	1	58	15 Sep.	1	1	.	.	.	.	.	.
	.	.	.	.	.	=	1 Nov.	1	.	1	63	7 =	1	.	1	.	.	.	.	.
Summa	.	.	34	18	16	.	.	6	.	6	.	.	39	11	28	.	.	27	8	19
Falkoniergasse.	5	16 Sep.	1	.	1	.	.	.	.	.	.	.	.	.	.	5	12 Okt.	1	.	1
	=	20 =	1	.	1	.	.	.	.	.	.	.	.	.	.	7	19 Sep.	1	.	1
	.	.	.	.	.	.	.	.	.	.	.	.	.	.	.	=	14 Okt.	1	.	1
	.	.	.	.	.	.	.	.	.	.	.	.	.	.	.	=	19 =	1	.	1
Summa	.	.	2	.	2	.	.	.	.	.	.	.	.	.	.	.	.	4	.	4
Feldstraße.	3	24 Okt.	1	1	.	3	22 Okt.	1	1	.	30	22 Aug.	1	1	.	.	.	.	.	.
	4	7 =	2	1	1	.	.	.	.	.	33	17 Sep.	1	.	1	.	.	.	.	.
	=	8 =	1	.	1	.	.	.	.	.	39	6 =	1	1	.	.	.	.	.	.
	=	11 =	1	1	.	.	.	.	.	.	.	.	.	.	.	.	.	.	.	.
	=	18 =	2	2	.	.	.	.	.	.	.	.	.	.	.	.	.	.	.	.
	=	25 =	1	.	1	.	.	.	.	.	.	.	.	.	.	.	.	.	.	.
	=	26 =	1	.	1	.	.	.	.	.	.	.	.	.	.	.	.	.	.	.
	=	27 =	1	1	.	.	.	.	.	.	.	.	.	.	.	.	.	.	.	.
	=	28 =	1	.	1	.	.	.	.	.	.	.	.	.	.	.	.	.	.	.
	=	4 Nov.	1	.	1	.	.	.	.	.	.	.	.	.	.	.	.	.	.	.
	=	6 =	1	1	.	.	.	.	.	.	.	.	.	.	.	.	.	.	.	.
Summa	.	.	13	7	6	.	.	1	1	.	.	.	3	2	1	.	.	.	.	.

Benennung der Straßen.	1831.					1832.					1837.					1848.				
	Haus-Nummer.	Tag der Erkrankungen.	Zahl der Kranken.	Genesen.	Gestorben.	Haus-Nummer.	Tag der Erkrankungen.	Zahl der Kranken.	Genesen.	Gestorben.	Haus-Nummer.	Tag der Erkrankungen.	Zahl der Kranken.	Genesen.	Gestorben.	Haus-Nummer.	Tag der Erkrankungen.	Zahl der Kranken.	Genesen.	Gestorben.
Fischerbrücke.	4	12 Sep.	1	1	.	.	.	.	.	.	4	18 Sep.	1	.	1	.	.	.	.	.
	5	7 =	1	.	1	.	.	.	.	.	.	.	.	.	.	.	.	.	.	.
	7	22 =	1	1	.	.	.	.	.	.	7	28 Aug.	1	1	.	7	7 Sep.	1	1	.
	=	26 =	1	.	1	.	.	.	.	.	=	3 Sep.	1	1	.	=	9 =	1	.	1
	=	23 Okt.	1	1	.	.	.	.	.	.	.	.	.	.	.	=	12 =	1	1	.
	9	5 =	1	.	1	9	2 Okt.	1	.	1	9	12 Sep.	1	1	.	14	8 Okt.	1	.	1
	16	23 Sep.	1	1	.	.	.	.	.	.	16	8 =	1	.	1	.	.	.	.	.
	17	30 =	1	1	.	.	.	.	.	.	=	11 =	1	.	1	.	.	.	.	.
	=	2 Okt.	1	1	.	.	.	.	.	.	19	19 =	1	.	1	.	.	.	.	.
	18	18 Sep.	1	1	.	18	14 Okt.	1	1	.	20	24 Aug.	1	1	.	.	.	.	.	.
	21	16 =	4	3	1	.	.	.	.	.	21	30 =	1	1	.	21	3 Sep.	1	.	1
	=	26 =	1	1	.	.	.	.	.	.	=	4 Sep.	1	.	1	.	.	.	.	.
	22	12 =	1	.	1	.	.	.	.	.	23	11 Aug.	1	.	1	.	.	.	.	.
	=	14 =	1	.	1	23	22 Okt.	1	1	.	.	.	.	.	.	.	.	.	.	.
	24	1 =	1	.	1	24	6 =	1	.	1	24	11 Sep.	1	.	1	.	.	.	.	.
	25	7 =	1	.	1	=	22 =	1	.	1	=	13 =	1	1	.	.	.	.	.	.
	=	18 =	1	.	1	.	.	.	.	.	.	.	.	.	.	.	.	.	.	.
	28	17 =	1	.	1	.	.	.	.	.	.	.	.	.	.	.	.	.	.	.
	=	25 =	1	1	.	.	.	.	.	.	.	.	.	.	.	.	.	.	.	.
	=	5 Okt.	2	2	.	.	.	.	.	.	.	.	.	.	.	.	.	.	.	.
Summa	.	.	24	14	10	.	.	5	2	3	.	.	13	6	7	.	.	5	2	3
Fischerstr.	2	3 Okt.	2	2	.	.	.	.	.	.	7	7 Sep.	1	.	1	3	3 Sep.	1	1	.
	=	4 =	1	.	1	.	.	.	.	.	10	13 =	1	.	1	=	8 =	1	.	1
	4	5 =	1	.	1	.	.	.	.	.	11	23 Aug.	1	1	.	7	6 Okt.	1	.	1
	9	20 =	1	.	1	.	.	.	.	.	13	11 Sep.	1	.	1	9	1 Sep.	1	.	1
	14	29 Sep.	1	.	1	.	.		.	.	14	20 Aug.	1	1	.	13	13 =	1	1	.
	15	3 Okt.	1	1	.	.	.	.	.	.	=	21 =	1	.	1	14	1 Okt.	2	1	1
	=	20 =	1	1	.	.	.	.	.	.	=	23 =	1	.	1	15	3 =	1	1	.
	17	10 =	1	.	1	.	.	.	.	.	15	27 Okt.	1	.	1	19	22 Sep.	1	.	1
	=	28 =	1	1	.	.	.	.	.	.	17	24 =	1	.	1	20	23 =	1	.	1
	=	2 Nov.	1	.	1	.	.	.	.	.	18	30 Aug.	1	.	1	23	2 Okt.	1	1	.
	=	6 =	1	1	.	.	.	.	.	.	19	16 =	1	.	1	24	5 Sep.	2	.	2
	=	17 =	1	1	.	.	.	.	.	.	=	18 =	1	.	1	=	12 =	2	2	.
	18	15 Sep.	1	.	1	18	15 Okt.	1	1	.	=	23 =	1	1	.	=	21 =	2	.	2
	20	6 =	2	1	1	20	8 =	1	.	1	20	23 =	1	.	1	=	18 Okt.	1	.	1
	=	14 =	1	.	1	.	.	.	.	.	=	24 =	1	1	.	25	24 Sep.	2	.	2
	21	14 =	1	1		21	17 Okt.	2	1	1	=	26 =	2	2	.	27	14 Okt.	1	.	1
	=	16 =	1	.	1	22	27 Sep.	1	.	1	21	23 =	1	1	.	=	18 =	1	.	1

Benennung der Straßen.	1831. Haus-Nummer.	Tag der Erkrankungen.	Zahl der Kranken.	Genesen.	Gestorben.	1832. Haus-Nummer.	Tag der Erkrankungen.	Zahl der Kranken.	Genesen.	Gestorben.	1837. Haus-Nummer.	Tag der Erkrankungen.	Zahl der Kranken.	Genesen.	Gestorben.	1848. Haus-Nummer	Tag der Erkrankungen.	Zahl der Kranken	Genesen.	Gestorben.
Fischerstr.	22	16 Sep.	1	.	1	22	25 Okt	1	1		22	26 Aug.	1	.	1	28	17 Nov.	1	1	.
	23	14 =	2	.	2	23	22 =	1	.	1	23	22 =	1	.	1	31	11 Sep.	1	.	1
	24	14 Okt.	1	1	.	.	.	.	.	.	24	10 Sep.	1	.	1	37	3 =	1	.	1
	=	17 =	1	1	.	.	.	.	.	.	27	23 Aug.	2	1	1	38	4 =	1	1	.
	30	24 Sep.	2	.	2	.	.	.	.	.	29	20 =	1	.	1	=	11 Okt.	1	.	1
	=	14 Okt.	1	1	.	.	.	.	.	.	=	23 =	1	.	1	=	31 =	1	.	1
	32	6 Sep.	1	1	.	.	.	.	.	.	=	24 =	1	1	.	=	1 Nov.	2	1	1
	=	12 =	1	1	.	.	.	.	.	.	32	18 =	1	.	1	39	16 Sep.	1	1	.
	=	25 =	1	.	1	34	15 Okt.	1	.	1	33	24 =	1	.	1	=	20 =	1	.	1
	36	20 =	1	1	.	=	25 =	1	.	1	34	18 =	1	.	1	40	3 =	1		1
	=	18 =	1	.	1	=	27 =	1	1	.	=	5 Sep.	1	1	.	41	21 Aug.	1	1	.
	=	22 =	2	1	1	=	12 Nov	1	.	1	=	17 =	1	1	.	=	10 Sep.	1	1	.
	=	9 Nov.	1	1	.	=	17 =	2	1	1	35	17 Aug.	1	.	1	42	30 Aug.	1	.	1
	37	1 Okt.	1	.	1	.	.	.	.	.	36	3 Sep.	1	.	1	=	18 Sep	1	1	.
	38	8 Sep.	1	.	1	.	.	.	.	.	=	15 =	2	2	.	.	.	.	.	.
	=	10 =	1	1	.	.	.	.	.	.	37	12 Aug.	1	.	1	.	.	.	.	.
	=	14 =	3	.	3	.	.	.	.	.	=	17 =	1	.	1	.	.	.	.	.
	=	6 Okt.	1	.	1	.	.	.	.	.	38	16 =	1	1	.	.	.	.	.	.
	41	16 Sep.	1	.	1	.	.	.	.	.	=	3 Sep.	1	.	1	.	.	.	.	.
	.	.	.	.	.	.	.	.	.	.	=	6 =	1	1	.	.	.	.	.	.
	.	.	.	.	.	.	.	.	.	.	39	25 Aug.	1	1	.	.	.	.	.	.
	.	.	.	.	.	.	.	.	.	.	40	17 Sep.	1	1	.	.	.	.	.	.
	.	.	.	.	.	.	.	.	.	.	=	24 =	1	.	1	.	.	.	.	.
	.	.	.	.	.	.	.	.	.	.	42	14 Aug.	1	.	1	.	.	.	.	.
Summa	.	.	43	18	25	.	.	13	5	8	.	.	44	17	27	.	.	37	14	23
Fliederstr.	.	.	.	.	.	.	.	.	.	.	.	.	.	.	.	8	19 Sep.	1	.	1
	.	.	.	.	.	.	.	.	.	.	.	.	.	.	.	=	20 =	1	.	1
	.	.	.	.	.	.	.	.	.	.	.	.	.	.	.	9	13 =	1	1	.
	.	.	.	.	.	.	.	.	.	.	.	.	.	.	.	12	7 Okt.	1	1	.
	.	.	.	.	.	.	.	.	.	.	.	.	.	.	.	=	18 =	1	1	.
	.	.	.	.	.	.	.	.	.	.	.	.	.	.	.	13	6 Aug.	1	1	.
	.	.	.	.	.	.	.	.	.	.	.	.	.	.	.	=	27 Sep.	1	.	1
	.	.	.	.	.	.	.	.	.	.	.	.	.	.	.	14	10 =	1	.	1
	.	.	.	.	.	.	.	.	.	.	.	.	.	.	.	=	20 Okt.	1	.	1
Summa	.		.	.	.	.	.	.	.	.	.	.	.	.	.	.	.	9	4	5

Benennung der Straßen.	1831.					1832.					1837.					1848.				
	Haus-Nummer.	Tag der Erkrankungen.	Zahl der Kranken.	Genesen.	Gestorben.	Haus-Nummer.	Tag der Erkrankungen.	Zahl der Kranken.	Genesen.	Gestorben.	Haus-Nummer.	Tag der Erkrankungen.	Zahl der Kranken.	Genesen.	Gestorben.	Haus-Nummer.	Tag der Erkrankungen.	Zahl der Kranken.	Genesen.	Gestorben.
Frankfurterstraße, große.	6	15 Sep	2	1	1	.	.	.	.	.	10	17 Aug.	1	.	1	13	4 Okt.	1	.	1
	25	25 =	1	.	1		.	.	.	.	24	27 =	2	.	2	24	22 Aug.	1	.	1
	27	3 Dez.	1	1	.	.	.	.	.	.	35	24 =	1	.	1	26	10 Sep.	1	.	1
	=	9 =	1	.	1	.	.	.	.	.	36	28 =	1	.	1	34	6 Nov.	1	.	1
	36	13 Okt.	1	.	1	.	.	.	.	.	=	29 =	1	.	1	.	.	.	.	.
	=	24 =	1	.	1	.	.	.	.	.	=	2 Sep.	1	1	.	.	.	.	.	.
	40	17 Nov	1	.	1	.	.	.	.	.	38	10 Okt.	1	1	.	.	.	.	.	.
	47	13 Okt.	1	.	1	.	.	.	.	.	39	19 Aug.	1	1	.	.	.	.	.	.
	.	.	.	.	.	.	.	.	.	.	42	22 =	1	.	1	.	.	.	.	.
	.	.	.	.	.	.	.	.	.	.	44	6 Sep.	1	.	1	.	.	.	.	.
	.	.	.	.	.	.	.	.	.	.	45	2 =	1	.	1	.	.	.	.	.
	.	.	.	.	.	.	.	.	.	.	53	2 Okt.	1	.	1	.	.	.	.	.
	.	.	.	.	.	.	.	.	.	.	55	1 Sep.	1	.	1	.	.	.	.	.
	56	10 Okt	1	1	.	.	.	.	.	.	56	19 Aug.	1	.	1	.	.	.	.	.
	=	11 =	1	.	1	.	.	.	.	.	=	26 =	1	1	.	.	.	.	.	.
	58	4 =	1	.	1	.	.	.	.	.	=	28 =	1	.	1	.	.	.	.	.
	61	4 Sep.	1		1	.	.	.	.	.	59	13 Sep	1	.	1	61	29 Aug.	1	1	.
	122	11 =	1	.	1	.	.	.	.	.	71	19 Aug	2	1	1	71	9 Sep.	1	.	1
	?	22 Nov.	1	1	.	.	.	.	.	.	74	15 =	1	.	1	=	11 =	1	.	1
	?	17 Okt.	1	1	.	.	.	.	.	.	=	16 =	1	.	1	72	4 =	1	1	.
	.	.	.	.	.	.	.	.	.	.	=	20 =	1	.	1	.	.	.	.	.
	.	.	.	.	.	.	.	.	.	.	=	21 =	2	.	2	.	.	.	.	.
	.	.	.	.	.	.	.	.	.	.	=	24 =	1	.	1	.	.	.	.	.
	.	.	.	.	.	.	.	.	.	.	=	29 =	1	.	1	.	.	.	.	.
	.	.	.	.	.	.	.	.	.	.	75	23 =	1	.	1	.	.	.	.	.
	.	.	.	.	.	.	.	.	.	.	=	25 =	1	.	1	.	.	.	.	.
	.	.	.	.	.	.	.	.	.	.	80	23 =	1	.	1	80	3 Nov.	1	.	1
	.	.	.	.	.	.	.	.	.	.	=	31 =	1	.	1	97	18 Okt.	1	1	.
	.	.	.	.	.	.	.	.	.	.	81	27 =	1	.	1	100	16 Sep.	1	.	1
	.	.	.	.	.	.	.	.	.	.	88	19 =	1	.	1	104	16 Okt.	1	.	1
	.	.	.	.	.	.	.	.	.	.	=	20 =	1	.	1	115	22 Aug.	2	.	2
	.	.	.	.	.	.	.	.	.	.	=	21 =	3	.	3	118	8 Sep	1	.	1
	.	.	.	.	.	.	.	.	.	.	100	18 Sep.	1	1	.	?	12 Okt.	1	.	1
	.	.	.	.	.	.	.	.	.	.	105	25 Aug.	1	.	1	.	.	.	.	.
	.	.	.	.	.	.	.	.	.	.	=	29 =	1	1	.	.	.	.	.	.
	.	.	.	.	.	.	.	.	.	.	119	12 Sep.	1	.	1	.	.	.	.	.
	.	.	.	.	.	.	.	.	.	.	120	29 Aug.	1	.	1	.	.	.	.	.
	.	.	.	.	.	.	.	.	.	.	=	31 =	1	.	1	.	.	.	.	.
	.	.	.	.	.	.	.	.	.	.	=	2 Sep.	2	1	1	.	.	.	.	.
	.	.	.	.	.	.	.	.	.	.	124	17 =	1	.	1	.	.	.	.	.
	.	.	.	.	.	.	.	.	.	.	=	22 =	1	.	1	.	.	.	.	.
Summa	.		16	5	11	.		.	.	.	.		47	8	39	.	.	16	3	13

Benennung der Straßen.	1831.					1832.					1837.					1848.				
	Haus-Nummer.	Tag der Erkrankungen.	Zahl der Kranken.	Genesen.	Gestorben.	Haus-Nummer.	Tag der Erkrankungen.	Zahl der Kranken.	Genesen.	Gestorben.	Haus-Nummer.	Tag der Erkrankungen.	Zahl der Kranken.	Genesen.	Gestorben.	Haus-Nummer.	Tag der Erkrankungen.	Zahl der Kranken.	Genesen.	Gestorben.
Frankfurterstraße, kleine.	4	11 Okt.	1	1	.	.	.	.	.	.	3	29 Sep.	1	.	1	1a	27 Sep.	1	.	1
	„	22 Nov.	1	.	1	.	.	.	.	.	7	24 Aug.	1	.	1	10	11 Okt.	1	1	.
	17	23 Okt.	1	.	1	.	.	.	.	.	„	13 Sep.	1	.	1	17	5 „	1	1	.
	.	.	.	.	.	.	.	.	.	.	„	2 Nov.	1	.	1	.	.	.	.	.
	.	.	.	.	.	.	.	.	.	.	8	17 Sep.	1	1	.	.	.	.	.	.
Summa	.	.	3	1	2	.	.	.	.	.	.	.	5	1	4	.	.	3	2	1
Frankfurterthor, vor dem.	.	.	.	.	.	.	.	.	.	.	.	.	.	.	.	.	30 Aug.	1	.	1
Französischestraße.	.	.	.	.	.	65	15 Nov.	1	1	.	8	29 Sep	1	1	.	.	.	.	.	.
	.	.	.	.	.	„	20 „	1	1	.	13	26 Aug.	1	.	1	.	.	.	.	.
	.	.	.	.	.	.	.	.	.	.	16	17 „	1	.	1	.	.	.	.	.
	.	.	.	.	.	.	.	.	.	.	30	20 „	1	1	.	.	.	.	.	.
	.	.	.	.	.	.	.	.	.	.	59	30 „	1	1	.	.	.	.	.	.
	.	.	.	.	.	.	.	.	.	.	66	28 „	1	.	1	.	.	.	.	.
	.	.	.	.	.	.	.	.	.	.	67	5 Sep.	1	.	1	.	.	.	.	.
Summa	.	.	.	.	.	.	.	2	2	.	.	.	7	3	4	.	.	.	.	.
Friedrichsberg.	.	.	.	.	.	.	.	.	.	.	.	.	.	.	.	6	14 Sep.	1	.	1
	.	.	.	.	.	.	.	.	.	.	.	.	.	.	.	„	20 „	1	1	.
	.	.	.	.	.	.	.	.	.	.	.	.	.	.	.	„	23 „	1	1	.
Summa	.	.	.	.	.	.	.	.	.	.	.	.	.	.	.	.	.	3	2	1
Friedrichsgracht.	.	.	.	.	.	.	.	.	.	.	3	16 Aug.	1	.	1	2	6 Aug.	1	.	1
	.	.	.	.	.	.	.	.	.	.	„	23 „	1	1	.	5	1 Sep.	1	.	1
	4	14 Sep.	1	.	1	.	.	.	.	.	4	26 „	1	.	1	12	11 Aug.	1	1	.
	.	.	.	.	.	.	.	.	.	.	5	20 „	1	1	.	„	14 Sep.	1	1	.
	8	16 Sep.	2	2	.	.	.	.	.	.	8	10 „	1	.	1	14	2 „	1	1	.
	„	20 „	1	1	.	9	22 Okt.	1	1	.	12	13 „	1	.	1	15	10 Okt.	1	.	1
	.	.	.	.	.	14	17 „	1	1	.	13	17 „	1	.	1	16	13 Sep.	1	1	.
	.	.	.	.	.	.	.	.	.	.	„	26 „	1	.	1	„	18 „	1	.	1
	15	18 Sep.	1	.	1	.	.	.	.	.	15	18 „	1	.	1	20	4 „	1	1	.
	.	.	.	.	.	.	.	.	.	.	„	21 „	1	.	1	„	9 „	1	.	1
	.	.	.	.	.	.	.	.	.	.	16	23 „	1	.	1	„	24 „	1	.	1

Benennung der Straßen.	1831.					1832.					1837.					1848.				
	Haus-Nummer.	Tag der Erkrankungen.	Zahl der Kranken.	Genesen.	Gestorben.	Haus-Nummer.	Tag der Erkrankungen.	Zahl der Kranken.	Genesen.	Gestorben.	Haus-Nummer.	Tag der Erkrankungen.	Zahl der Kranken.	Genesen.	Gestorben.	Haus-Nummer.	Tag der Erkrankungen.	Zahl der Kranken.	Genesen.	Gestorben.
Friedrichsgracht.	.	.	.	.	.	.	.	.	.	.	16	24 Aug.	2	2	.	26	16 Sep.	1	.	1
	.	.	.	.	.	.	.	.	.	.	"	8 "	1	1	.	"	31 Okt.	1	.	1
	.	.	.	.	.	.	.	.	.	.	19	17 "	1	.	1	30	4 Sep.	1	.	1
	.	.	.	.	.	.	.	.	.	.	20	15 "	1	.	1	"	13 "	1	1	.
	.	.	.	.	.	.	.	.	.	.	"	20 "	1	1	.	31	30 Aug.	2	1	1
	.	.	.	.	.	.	.	.	.	.	"	22 "	1	.	1	"	1 Sep.	1	.	1
	.	.	.	.	.	.	.	.	.	.	"	1 Sep.	1	.	1	"	2 "	1	.	1
	24	15 Sep.	1	1	.	.	.	.	.	.	24	14 Aug.	1	.	1	"	6 "	1	1	.
	26	7 "	1	.	1	.	.	.	.	.	"	22 "	1	.	1	"	8 Okt.	1	.	1
	"	5 Nov.	2	2	.	.	.	.	.	.	25	17 "	1	1	.	"	18 "	1	1	.
	27	27 Sep.	1	.	1	.	.	.	.	.	27	16 "	1	.	1	.	.	.	.	.
	30	14 "	2	.	2	31	11 Okt.	1	1	.	35	15 Sep.	1	.	1	35	22 Aug.	1	.	1
	34	13 "	1	.	1	"	25 "	1	1	.	36	13 Aug.	1	.	1	36	9 Sep.	1	.	1
	"	21 Okt.	1	1	.	"	11 Nov.	1	1	.	37	23 "	1	.	1	37	2 Okt.	1	1	.
	35	17 "	1	1	.	"	23 "	1	1	.	"	25 "	1	.	1	"	11 "	1	1	.
	36	20 Sep.	1	.	1	34	3 "	1	.	1	"	8 Sep.	1	1	.	39	27 Aug.	1	1	.
	37	14 "	1	.	1	.	.	.	.	.	"	17 "	1	.	1	"	1 Sep.	1	.	1
	"	15 "	1	1	.	.	.	.	.	.	"	13 "	1	1	.	.	.	.	.	.
	.	.	.	.	.	.	.	.	.	.	"	4 Okt.	1	1	.	.	.	.	.	.
	40	17 Sep.	1	.	1	.	.	.	.	.	40	21 Aug.	1	.	1	40	11 Sep.	1	.	1
	42	14 "	1	1	.	.	.	.	.	.	"	26 Sep.	1	1	.	.	.	.	.	.
	43	2 Okt.	1	.	1	43	3 Nov.	1	1	.	43	16 Aug.	3	1	2	43	9 Sep.	1	.	1
	52	22 "	1	.	1	.	.	.	.	.	45	20 "	2	1	1	"	29 "	1	.	1
	54	28 Sep.	1	.	1	.	.	.	.	.	"	24 "	2	.	2	45	3 "	2	2	.
	.	.	.	.	.	.	.	.	.	.	53	7 Sep.	1	1	.	.	.	.	.	.
	.	.	.	.	.	.	.	.	.	.	"	18 "	1	1	.	.	.	.	.	.
	.	.	.	.	.	.	.	.	.	.	56	25 Aug.	1	1	.	60	10 Aug.	2	.	2
	.	.	.	.	.	61	6 Okt.	1	.	1	61	21 "	1	.	1	61	8 Okt	1	.	1
	.	.	.	.	.	"	17 "	1	1	.	"	26 "	1	.	1	"	4 Sep.	1	.	1
	.	.	.	.	.	.	.	.	.	.	"	11 Sep.	1	.	1	"	13 Okt.	1	1	.
	.	.	.	.	.	.	.	.	.	.	?	23 Aug.	3	2	1	.	.	.	.	.
Summa	.	.	23	10	13	.	.	10	8	2	.	.	49	18	31	.	.	38	15	23
Friedrichsstraße.	3	14 Sep.	1	.	1	.	.	.	.	.	5	18 Sep	1	.	1	.	.	.	.	.
	.	.	.	.	.	.	.	.	.	.	8	1 "	1	1	.	13	4 Okt.	1	.	1
	.	.	.	.	.	33	26 Okt.	1	1	.	25	14 "	1	.	1	.	.	.	.	.
	.	.	.	.	.	34	11 "	1	1	.	44	24 Aug.	1	.	1	.	.	.	.	.
	.	.	.	.	.	.	.	.	.	.	"	2 Sep.	1	.	1	.	.	.	.	.
	.	.	.	.	.	.	.	.	.	.	58	14 "	1	.	1	.	.	.	.	.

Benennung der Straßen.	1831.					1832.					1837.					1848.				
	Haus-Nummer.	Tag der Erkrankungen.	Zahl der Kranken.	Genesen.	Gestorben.	Haus-Nummer.	Tag der Erkrankungen.	Zahl der Kranken.	Genesen.	Gestorben.	Haus-Nummer.	Tag der Erkrankungen.	Zahl der Kranken.	Genesen.	Gestorben.	Haus-Nummer.	Tag der Erkrankungen.	Zahl der Kranken.	Genesen.	Gestorben.
Friedrichsstraße.	.	.	.	.	.	81	18 Okt.	2	.	2	61	18 Sep.	1	.	1	.	.	.	.	.
	.	.	.	.	.	95	6 =	1	.	1	62	20 Aug.	1	.	1	.	.	.	.	.
	.	.	.	.	.	.	.	.	.	.	103	21 =	1	.	1	74	26 Aug.	1	.	1
	.	.	.	.	.	.	.	.	.	.	=	26 =	1	.	1	106	26 =	1	1	.
	.	.	.	.	.	.	.	.	.	.	105	21 =	2	.	2	=	29 =	1	.	1
K. Garde-Reg. Caserne das.	107	12 Okt.	1	1	.	107	16 Okt.	1	.	1	107	27 =	3	2	1	107	20 =	1	1	.
	=	15 =	1	1	.	.	.	.	.	.	=	2 Sep.	2	.	2	.	.	.	.	.
	=	17 =	1	1	.	.	.	.	.	.	=	5 =	2	2	.	.	.	.	.	.
	.	.	.	.	.	.	.	.	.	.	=	6 =	1	.	1	.	.	.	.	.
	.	.	.	.	.	.	.	.	.	.	=	11 =	1	.	1	.	.	.	.	.
	.	.	.	.	.	.	.	.	.	.	109	25 Aug.	1	1	.	.	.	.	.	.
	116	18 Sep.	1	1	.	.	.	.	.	.	114	21 =	1	.	1	.	.	.	.	.
	=	30 Okt.	1	.	1	117	18 Okt.	1	.	1	116	30 =	1	.	1	.	.	.	.	.
	123	5 =	1	.	1	.	.	.	.	.	120	30 =	1	.	1	127	1 Okt.	1	.	1
	=	10 =	1	.	1	.	.	.	.	.	121	26 Sep	1	.	1	=	5 =	1	.	1
Französisch Waisenhaus das.	.	.		.	.	.	.	.	.	.	129	7 =	1	.	1	129	3 Sep.	1	1	.
	.	.	.	.	.	.	.	.	.	.	=	20 =	1	.	1	=	4 =	3	2	1
	.	.	.	.	.	.	.	.	.	.	=	23 =	1	.	1	=	5 =	1	1	.
	.	.	.	.	.	.	.	.	.	.	=	29 =	1	.	1	=	6 =	3	3	.
	.	.	.	.	.	.	.	.	.	.	=	21 Okt.	1	1	.	=	7 =	18	18	
	.	.	.	.	.	.	.	.	.	.	.	.	.	.	.	=	8 =	5	5	.
	.	.	.	.	.	.	.	.	.	.	.	.	.	.	.	=	9 =	9	9	.
	.	.	.	.	.	.	.	.	.	.	.	.	.	.	.	=	10 =	5	5	.
	.	.	.	.	.	.	.	.	.	.	.	.	.	.	.	=	11 =	6	6	.
	.	.	.	.	.	.	.	.	.	.	.	.	.	.	.	=	12 =	2	1	1
	.	.	.	.	.	.	.	.	.	.	.	.	.	.	.	=	13 =	2	2	.
	.	.	.	.	.	.	.	.	.	.	.	.	.	.	.	=	14 =	7	5	2
	.	.	.	.	.	131	1 Okt.	1	.	1	.	.	.	.	.	133	31 Aug.	1	.	1
Friedrich-Wilhelms-Instit. das.	.	.	.	.	.	.	.	.	.	.	140/141	8 Sep.	1	1	.	.	.	.	.	.
	.	.	.	.	.	.	.	.	.	.	=	21 =	1	.	1	.	.	.	.	.
	.	.	.	.	.	150	5 Nov.	1	.	1	152	15 =	1	.	1	.	.	.	.	.
	.	.	.	.	.	163	3 =	1	1	.	=	18 =	1	.	1	.	.	.	.	.
	.	.	.	.	.	.	.	.	.	.	154	24 Aug.	1	1	.	.	.	.	.	.
	.	.	.	.	.	.	.	.	.	.	178	14 Sep.	1	.	1	.	.	.	.	.
	.	.	.	.	.	.	.	.	.	.	179	17 =	1	.	1	179	5 Sep.	1	.	1
	.	.	.	.	.	.	.	.	.	.	=	20 =	1	1	.	=	6 =	1	1	.
	.	.	.	.	.	.	.	.	.	.	=	24 =	1	.	1	.	.	.	.	.
	184	20 Sep.	1	1	.	186	9 Nov.	1	.	1	190	19 Aug.	1	.	1	.	.	.	.	.
	.	.	.	.	.	.	.	.	.	.	201	22 =	1	.	1	.	.	.	.	.
	222	13 Sep.	1	.	1	.	.		.	.	222	14 Sep.	1	1	.	.	.	.	.	.
	.	.	.	.	.	.	.	.	.	.	224	24 =	1	.	1	.	.	.	.	.

Benennung der Straßen.	1831.					1832.					1837.					1848.				
	Haus-Nummer.	Tag der Erkrankungen.	Zahl der Kranken	Genesen.	Gestorben.	Haus-Nummer.	Tag der Erkrankungen.	Zahl der Kranken	Genesen.	Gestorben.	Haus-Nummer.	Tag der Erkrankungen.	Zahl der Kranken.	Genesen.	Gestorben.	Haus-Nummer.	Tag der Erkrankungen.	Zahl der Kranken.	Genesen.	Gestorben.
Friedrichs-straße.	234	25 Sep.	1	.	1	.	.	.	.	.	231	19 Sep.	1	.	1	.	.	.	.	.
	.	.	.	.	.	.	.	.	.	.	238	16 =	1	.	1	.	.	.	.	.
	.	.	.	.	.	.	.	.	.	.	=	20 =	3	1	2	.	.	.	.	.
	.	.	.	.	.	.	.	.	.	.	246	24 =	1	.	1	.	.	.	.	.
	.	.	.	.	.	.	.	.	.	.	250	21 =	1	1	.	250	14 Sep.	1	.	1
	.	.	.	.	.	.	.	.	.	.	=	27 =	2	.	2	.	.	.	.	.
	.	.	.	.	.	.	.	.	.	.	=	1 Okt.	1	.	1	.	.	.	.	.
Summa	.	.	11	5	6		.	11	3	8	.	.	54	13	41	.	.	73	61	12
Friedrichs-straße, neue.	.	.	.	.	.	.	.	.	.	.	3	14 Sep.	1	.	1	.	.	.	.	.
	.	.	.	.	.	.	.	.	.	.	=	15 =	1	.	1	.	.	.	.	.
	.	.	.	.	.	.	.	.	.	.	11	24 Aug.	1	1	.	.	.	.	.	.
daselbst Cadetten-haus.	13	13 Sep.	1	.	1	.	.	.	.	.	13	20 =	2	.	2	13	24 Aug.	1	.	1
	=	14 =	2	.	2	.	.	.	.	.	=	2 Sep.	1	.	1	=	14 Okt.	1	.	1
	=	15 =	2	.	2	.	.	.	.	.	=	27 =	1	1	.	.	.	.	.	.
	=	17 =	1	.	1	.	.	.	.	.	=	5 Okt.	1	.	1	.	.	.	.	.
	=	18 =	1	1	.	.	.	.	.	.	=	18 =	1	.	1	.	.	.	.	.
	18	5 =	1	.	1	18	1 Okt.	1	.	1	18	10 Nov.	1	.	1	14	17 Sep.	1	1	.
	20	31 Aug.	1	.	1	.	.	.	.	.	23	22 Aug.	1	.	1	21	17 =	1	1	.
	22	3 Sep.	1	.	1	.	.	.	.	.	=	2 Sep.	1	1	.	23	31 Aug.	1	1	.
	23	19 Nov.	1	1	.	.	.	.	.	.	=	3 =	1	.	1	=	17 Sep	1	.	1
	.	.	.	.	.	.	.	.	.	.	=	16 =	1	1	.	=	6 Okt.	1		1
	24	9 Sep.	1	.	1	24	31 Okt.	1	.	1	24	18 Aug.	1	.	1	.	.	.	.	.
	.	.	.	.	.	.	.	.	.	.	=	20 =	1	.	1	.	.	.	.	.
	.	.	.	.	.	.	.	.	.	.	=	21 =	1	.	1	.	.		.	.
	.	.	.	.	.	.	.	.	.	.	=	25 =	1	.	1	.	.		.	.
	.	.	.	.	.	.	.	.	.	.	=	13 Sep.	1	.	1	.	.	.	.	.
	.	.	.	.	.	29	21 Okt.	1	.	1	29	20 Aug.	1	.	1	.	.	.	.	.
	.	.	.	.	.	30	20 =	1	1	.	30	17 =	1	.	1	30	28 Aug.	1	.	1
	.	.	.	.	.	.	.	.	.		=	20 =	1	.	1	=	29 =	1	1	.
	.	.	.	.	.	.	.	.	.	.	=	24 =	1	.	1	=	9 Sep.	1	1	.
	.	.	.	.	.	.	.	.	.	.	=	27 Okt.	2	.	2	=	12 =	1	1	.
	.	.	.	.	.	.	.	.	.	.	=	28 =	1	1	.	.	.		.	.
	.	.	.	.	.	.	.	.	.	.	31	28 Aug.	1	.	1	.	.	.	.	.
	32	10 Sep.	1	1	.	.	.	.	.	.	32	13 =	2	1	1	32	16 Aug.	1	.	1
	.	.	.		.	.	.	.	.	.	=	17 =	1	.	1	=	21 =	3	.	3
	.	.	.		.	.	.	.	.	.	=	22 =	2	1	1	=	23 =	1	.	1
	.	.	.	.	.	.	.	.	.	.	=	31 Aug.	2	1	1	=	11 Sep.	1	.	1
	.	.	.	.	.	.	.	.	.	.	=	4 Okt.	1	1	.	.	.	.	.	.

Benennung der Straßen.	1831.					1832.					1837.					1848.				
	Haus-Nummer.	Tag der Erkrankungen.	Zahl der Kranken.	Genesen.	Gestorben.	Haus-Nummer.	Tag der Erkrankungen.	Zahl der Kranken.	Genesen.	Gestorben.	Haus-Nummer.	Tag der Erkrankungen	Zahl der Kranken.	Genesen.	Gestorben.	Haus-Nummer.	Tag der Erkrankungen.	Zahl der Kranken.	Genesen.	Gestorben.
Friedrichsstraße, neue.	35	28Aug.	1	1	.	.	.	.	.	.	33	14Aug.	1	1	.	33	11Sep.	3	.	3
	=	7Nov.	1	.	1	.	.	.	.	.	=	21 =	1	.	1	=	19Okt.	1	.	1
	=	19 =	1	.	1	.	.	.	.	.	=	22 =	1	.	1	34	8Sep.	1	.	1
	=	20 =	1	.	1	.	.	.	.	.	=	23 =	1	.	1	.	.	.	.	.
	=	26 =	1	1	.	.	.	.	.	.	=	24 =	2	2	.	.	.	.	.	.
	.	.	.	.	.	.	.	.	.	.	36	30 =	1	.	1	.	.	.	.	.
	.	.	.	.	.	.	.	.	.	.	=	28Okt.	1	.	1	.	.	.	.	.
	37	23Sep	1	.	1	.	.	.	.	.	37	5Sep.	1	1	.	.	.	.	.	.
	38	21Okt.	1	.	1	.	.	.	.	.	39	29Aug.	2	.	2	.	.	.	.	.
	.	.	.	.	.	.	.	.	.	.	=	1Sep.	1	.	1	.	.	.	.	.
	.	.	.	.	.	.	.	.	.	.	=	6Okt.	1	.	1	.	.	.	.	.
	.	.	.	.	.	.	.	.	.	.	40	27Aug.	1	.	1	40	1Sep.	1	.	1
	.	.	.	.	.	.	.	.	.	.	54	30Sep.	1	.	1	=	17Okt.	1	.	1
	.	.	.	.	.	.	.	.	.	.	59	24Aug.	1	1	.	43	15 =	1	1	.
	64	21Okt.	1	.	1	60	16Okt.	1		1	61	24 =	2	1	1	54	9Sep.	1	.	1
	.	.		.	.	.	.	.	.	.	=	13Sep.	1	1	.	=	19 =	1	.	1
	.	.	.	.	.	.	.	.	.	.	=	27 =	1	1	.	78	18 =	1	.	1
	71	14Sep.	1		1	.	.	.	.	.	71	10Sep.	1	.	1	79	15 =	1	.	1
	.	.	.	.	.	.	.	.	.	.	=	11 =	1	.	1	79a	22Aug.	1	.	1
	76	19Sep.	1		1	77	14Dez.	1	.	1	75	25Aug.	1	.	1	=	14Sep.	1	.	1
	.	.	.	.	.	.	.	.	.	.	=	27 =	1	.	1	81b	28 =	1	.	1
	.	.	.	.	.	.	.	.	.	.	79	27 =	1	.	1	=	4Okt.	2	.	2
	81	19Sep	1	1	.	.	.	.	.	.	80	15Sep.	1	.	1	98	15 =	1	.	1
	88	2Okt.	1	.	1	.	.	.	.	.	92	30Aug.	1	1	.	.	.	.	.	.
	99	6Sep.	1	1	.	.	.	.	.	.	95	22 =	2	2	.	.	.	.	.	.
Summa	.	.	26	7	19	.	.	6	1	5	.	.	64	20	44	.	.	35	7	28
Garnisonkirche, hinter der.	.	.	.	.	.	.	.	.	.	.	2	19Sep.	1	.	1	.	.	.	.	.
Gartenstr.	10	14Sep.	1	.	1	.	.	.	.	.	1	9Sep.	3	2	1	1	3Sep	1	.	1
	=	9Okt.	1	.	1	.	.		.	.	=	10 =	1	1	.	.	.	.	.	.
	=	11 =	1	.	1	.	.	.	.	.	=	21 =	1	1	.	.	.	.	.	.
	=	12 =	1	.	1	.	.	.	.	.	2	13 =	1	.	1	.	.	.	.	.
	=	13 =	1	1	.	10	16Sep.	1	.	1	10	1 =	1	1	.	10	11Sep	1	.	1
	=	19 =	1	1	.	=	26 =	1	1	.	=	4 =	1	.	1	=	26 =	1	1	.
	=	20 =	1	.	1	=	16Nov.	1	1	.	=	8 =	1	.	1	11	7 =	2	2	.
	=	27 =	1	.	1	.	.	.	.	.	=	23 =	1	1	.	=	8 =	2	.	2
	.	.	.	.	.	.	.	.	.	.	12	12 =	1	1	.	=	11 =	1	.	1

Benennung der Straßen.	1831.					1832.					1837.					1848.				
	Haus-Nummer.	Tag der Erkrankungen.	Zahl der Kranken.	Genesen.	Gestorben.	Haus-Nummer.	Tag der Erkrankungen.	Zahl der Kranken.	Genesen.	Gestorben.	Haus-Nummer.	Tag der Erkrankungen.	Zahl der Kranken.	Genesen.	Gestorben.	Haus-Nummer.	Tag der Erkrankungen.	Zahl der Kranken.	Genesen.	Gestorben.
Gartenstr.	18	14 Nov.	1	.	1	18	3 Okt.	1	.	1	18	24 Aug.	1	.	1	11	12 Sep.	1	.	1
	„	19 „	1	1	.	.	.	.	.	.	„	27 „	2	1	1	„	17 „	2	.	2
	35	14 Sep.	1	.	1	.	.	.	.	.	„	7 Sep	1	.	1	„	18 „	2	.	2
	42	8 Okt.	1	.	1	42	10 Nov.	1	.	1	„	27 „	1	.	1	„	21 „	1	.	1
	.	.	.	.	.	„	20 „	1	.	1	„	30 „	1	1	.	13	7 „	1	.	1
	.	.	.	.	.	.	.	.	.	.	28	30 Aug.	1	.	1	18	12 „	1	.	1
	.	.	.	.	.	.	.	.	.	.	„	8 Sep.	1	.	1	25	3 „	1	1	.
	.	.	.	.	.	.	.	.	.	.	34	21 Okt.	1	1	.	„	13 „	1	1	.
	.	.	.	.	.	.	.	.	.	.	46	16 Sep	1	1	.	„	19 „	1	1	.
	49	23 Sep.	1	.	1	.	.	.	.	.	49	30 Aug.	1	1	.	„	26 „	1	1	.
	50	19 „	1	.	1	.	.	.	.	.	50	5 Sep.	1	.	1	40	14 „	1	.	1
	„	22 „	2	.	2	.	.	.	.	.	„	8 „	2	.	2	42	26 Aug.	1	.	1
	„	23 „	1	.	1	.	.	.	.	.	„	10 „	2	2	.	„	14 Sep.	1	1	.
	„	28 „	1	.	1	.	.	.	.	.	„	13 „	1	.	1	42b	6 Okt.	1	.	1
	„	1 Okt.	1	1	.	.	.	.	.	.	51	8 „	1	1	.	54	13 „	1	.	1
	„	7 „	1	.	1	76	8 Sep	1	.	1	„	16 „	1	1	.	71	16 „	1	.	1
	„	8 „	1	.	1	82	29 Okt.	1	.	1	82	17 „	1	.	1	73	19 Aug.	1	1	.
	„	9 „	1	.	1	.	.	.	.	.	„	21 „	2	1	1	75	10 Okt.	1	.	1
	51	1 „	1	1	.	.	.	.	.	.	„	22 „	1	.	1	.	.	.	.	.
	63	25 Sep.	1	1	.	.	.	.	.	.	„	24 „	2	2	.	.	.	.	.	.
Wülknitzsche Familienhäuser daselbst.	91	25 Okt	1	1	.	91	16 Okt.	1	.	1	91	19 Aug.	1	1	.	.	.	.	.	.
	„	27 „	2	1	1	92	25 Aug.	1	.	1	92	16 „	2	.	2	92	27 Aug.	1	.	1
	„	28 „	1	.	1	„	31 „	3	1	2	„	17 „	2	1	1	„	29 „	1	1	.
	„	7 Nov	1	.	1	„	8 Sep.	1	.	1	„	18 „	2	2	.	„	1 Sep.	1	.	1
	92	23 Sep.	2	.	2	„	9 „	1	1	.	„	19 „	3	.	3	„	2 „	3	2	1
	„	25 „	3		3	„	2 Okt.	1	.	1	„	20 „	2	.	2	„	5 „	2	.	2
	„	27 „	2	.	2	„	8 „	1	.	1	„	21 „	1	.	1	„	11 „	1	.	1
	„	30 „	3	1	2	„	11 „	1	1	.	„	22 „	2	1	1	„	13 „	3	.	3
	„	1 Okt.	5	1	4	„	14 „	1	.	1	„	23 „	2	1	1	„	14 „	1	.	1
	„	2 „	4	2	2	„	15 „	2	1	1	„	24 „	2	1	1	.	.	.	.	.
	„	4 „	4	2	2	„	26 „	1	.	1	„	26 „	2	1	1	.	.	.	.	.
	„	5 „	2	.	2	„	13 Jan.	1	1	.	„	27 „	2	1	1	.	.	.	.	.
	„	6 „	1	1	.	.	.	.	.	.	„	28 „	2	1	1	.	.	.	.	.
	„	8 „	2	1	1	.	.	.	.	.	„	30 „	1	1	.	.	.	.	.	.
	„	9 „	1	.	1	.	.	.	.	.	„	31 „	2	.	2	.	.	.	.	.
	„	10 „	1	.	1	.	.	.	.	.	„	2 Sep.	2	1	1	.	.	.	.	.
	„	11 „	2	1	1	.	.	.	.	.	„	3 „	2	.	2	.	.	.	.	.
	„	12 „	1	.	1	.	.	.	.	.	„	5 „	3	3	.	.	.	.	.	.
	„	13 „	3	.	3	.	.	.	.	.	„	6 „	1	1	.	.	.	.	.	.
	„	14 „	2	2	.	.	.	.	.	.	„	7 „	1	1	.	.	.	.	.	.
	„	15 „	3	1	2	.	.	.	.	.	„	8 „	1	1	.	.	.	.	.	.

Benennung der Straßen.	1831. Haus-Nummer.	1831. Tag der Erkrankungen.	1831. Zahl der Kranken.	1831. Genesen.	1831. Gestorben.	1832. Haus-Nummer.	1832. Tag der Erkrankungen	1832. Zahl der Kranken.	1832. Genesen.	1832. Gestorben	1837. Haus-Nummer.	1837. Tag der Erkrankungen.	1837. Zahl der Kranken.	1837. Genesen.	1837. Gestorben.	1848. Haus-Nummer.	1848. Tag der Erkrankungen.	1848. Zahl der Kranken.	1848. Genesen.	1848. Gestorben.
Gartenstr.	92	16 Okt.	8	3	5	.	.	.	.	.	92	9 Sep.	1	1	.	.	.	.	.	.
	„	17 „	7	3	4	.	.	.	.	.	„	16 „	1	.	1	.	.	.	.	.
	„	18 „	7	3	4	.	.	.	.	.	„	19 „	2	1	1	.	.	.	.	.
	„	19 „	1	.	1	.	.	.	.	.	„	22 „	1	1	.	.	.	.	.	.
	„	20 „	1	.	1	.	.	.	.	.	„	23 „	1	.	1	.	.	.	.	.
	„	21 „	1	.	1	.	.	.	.	.	„	27 „	1	1	.	.	.	.	.	.
	„	22 „	2	2	.	.	.	.	.	.	„	2 Okt	1	.	1	.	.	.	.	.
	„	23 „	6	4	2	.	.	.	.	.	„	4 „	1	.	1	.	.	.	.	.
	„	24 „	1	1	.	.	.	.	.	.	„	12 „	2	2	.	.	.	.	.	.
	„	25 „	5	3	2	.	.	.	.	.	„	14 „	1	.	1	.	.	.	.	.
	„	26 „	4	4	.	92a	11 Sep	1	.	1	92a	20 Aug.	1	1	.	92a	13 Sep.	1	.	1
	„	28 „	2	1	1	„	12 „	1	.	1	„	22 „	4	4	.	.	.	.	.	.
	„	30 „	1	1	.	„	16 Okt.	1	.	1	„	24 „	1	.	1	.	.	.	.	.
	„	31 „	1	.	1	.	.	.	.	.	„	28 „	1	.	1	.	.	.	.	.
	„	2 Nov.	3	1	2	.	.	.	.	.	„	31 „	1	.	1	.	.	.	.	.
	„	3 „	1	.	1	.	.	.	.	.	„	2 Sep.	1	1	.	.	.	.	.	.
	„	7 „	2	.	2	.	.	.	.	.	„	6 „	1	.	1	.	.	.	.	.
	„	9 „	1	1	.	.	.	.	.	.	„	7 „	2	1	1	.	.	.	.	.
	„	11 „	1	1	.	.	.	.	.	.	„	11 „	2	2	.	.	.	.	.	.
	„	12 „	3	1	2	.	.	.	.	.	„	12 „	1	1	.	.	.	.	.	.
	„	15 „	1	1	.	.	.	.	.	.	„	20 „	2	2	.	.	.	.	.	.
	„	19 „	1	.	1	.	.	.	.	.	„	21 „	1	1	.	.	.	.	.	.
	„	29 „	1	1	.	.	.	.	.	.	„	27 „	2	1	1	.	.	.	.	.
	.	.	.	.	.	.	.	.	.	.	„	2 Okt.	1	1	.	.	.	.	.	.
	.	.	.	.	.	.	.	.	.	.	92b	28 Aug.	1	1	.	.	.	.	.	.
	.	.	.	.	.	.	.	.	.	.	„	29 „	2	.	2	.	.	.	.	.
	.	.	.	.	.	.	.	.	.	.	„	30 „	3	.	3	.	.	.	.	.
	.	.	.	.	.	.	.	.	.	.	„	16 Sep.	1	.	1	.	.	.	.	.
	.	.	.	.	.	.	.	.	.	.	„	20 „	1	1	.	.	.	.	.	.
	.	.	.	.	.	.	.	.	.	.	„	23 „	1	.	1	.	.	.	.	.
	.	.	.	.	.	.	.	.	.	.	„	26 „	2	1	1	.	.	.	.	.
	.	.	.	.	.	.	.	.	.	.	„	4 Okt.	1	1	.	.	.	.	.	.
	.	.	.	.	.	.	.	.	.	.	„	6 „	2	2	.	.	.	.	.	.
	.	.	.	.	.	.	.	.	.	.	„	19 „	1	.	1	.	.	.	.	.
	.	.	.	.	.	.	.	.	.	.	93	24 Aug.	2	.	2	.	.	.	.	.
	.	.	.	.	.	.	.	.	.	.	93a	19 „	1	.	1	.	.	.	.	.
	.	.	.	.	.	.	.	.	.	.	„	8 Sep.	2	1	1	.	.	.	.	.
	.	.	.	.	.	.	.	.	.	.	„	10 „	2	1	1	.	.	.	.	.
	.	.	.	.	.	.	.	.	.	.	„	12 „	1	1	.	.	.	.	.	.
	94	23 Sep.	4	1	3	94	5 Sep.	1	1	.	94	14 Aug.	1	.	1	.	.	.	.	.
	„	4 Okt.	1	.	1	„	8 „	1	.	1	„	18 „	1	.	1	.	.	.	.	.

Benennung der Straßen.	1831.					1832.					1837.					1848.				
	Haus-Nummer.	Tag der Erkrankungen.	Zahl der Kranken.	Genesen.	Gestorben.	Haus-Nummer.	Tag der Erkrankungen.	Zahl der Kranken.	Genesen.	Gestorben.	Haus-Nummer.	Tag der Erkrankungen.	Zahl der Kranken.	Genesen.	Gestorben.	Haus-Nummer.	Tag der Erkrankungen.	Zahl der Kranken.	Genesen.	Gestorben.
Gartenstr.	94	15 Okt.	1	.	1	94	11 Sep	1	.	1	94	24 Aug	2	2	.	.	.	.	.	.
	"	23 "	1	.	1	"	13 "	3	2	1	"	27 "	1	.	1	.	.	.	.	.
	"	27 "	1	1	.	"	14 "	1	1	.	"	28 "	1	1	.	.	.	.	.	.
	"	15 Nov.	2	2	.	"	24 "	1	.	1	"	5 Sep.	1	1	.	.	.	.	.	.
	96	16 Okt.	1	.	1	"	7 Okt.	1	1	.	"	9 "	1	1	.	.	.	.	.	.
	.	.	.	.	.	"	11 "	1	1	.	"	11 "	1	.	1	.	.	.	.	.
	.	.	.	.	.	"	15 "	1	.	1	"	18 "	1	.	1	.	.	.	.	.
	.	.	.	.	.	.	.	.	.	.	"	20 "	1	.	1	.	.	.	.	.
Summa	.	.	142	55	87	.	.	37	13	24	.	.	141	72	69	.	.	42	12	30
Georgenkirchgasse, große.	3	21 Okt.	1	1	.	.	.	.	.	.	14	20 Sep.	1	.	1	2	22 Okt.	1	.	1
	10	16 Sep.	1	1	.	.	.	.	.	.	35	3 "	1	.	1	"	24 "	1	.	1
	11	4 Okt.	1	.	1	.	.	.	.	.	39	9 Okt.	1	.	1	"	25 "	1	.	1
	"	6 "	2	1	1	.	.	.	.	.	42	11 Sep	1	.	1	"	27 "	1	.	1
	"	11 "	1	.	1	.	.	.	.	.	"	22 "	1	.	1	"	28 "	2	.	2
	"	14 "	1	.	1	.	.	.	.	.	47	29 Aug.	1	.	1	6	9 Sep.	1	.	1
	27	31 "	2	1	1	.	.	.	.	.	.	.	.	.		8	17 Aug.	1	.	1
Summa	.	.	9	4	5	.	.	.	.	.	.	.	6	.	6	.	.	8	.	8
Georgenkirchgasse, kleine.	.	.	.	.	.	.	.	.	.	.	2	24 Aug.	1	.	1	.	.	.	.	.
	.	.	.	.	.	.	.	.	.	.	4	15 "	1	1	.	.	.	.	.	.
Summa	.	.	.	.	.	.	.	.	.	.	.		2	1	1	.	.	.	.	.
Georgenkirchhof.	18	14 Sep	1	.	1	.	.	.	.	.	18	13 Sep.	1	.	1	2	27 Aug.	1	.	1
	28	19 "	1	.	1	.	.	.	.	.	.	.	.	.	.	"	4 Sep.	2	1	1
	"	26 "	1	1	.	.	.	.	.	.	.	.	.	.	.	"	6 "	1	.	1
	.	.	.	.	.	.	.	.	.	.	.	.	.	.	.	"	18 "	1	.	1
Summa	.	.	3	1	2	.	.	.	.	.	.	.	1	.	1	.	.	5	1	4
Georgenstraße.	39	13 Okt.	1	.	1	.	.	.	.	.	13	31 Aug.	1	1	.	12	2 Okt.	1	.	1
	.	.	.	.	.	.	.	.	.	.	.	.	.	.	.	39	29 Sep.	1	.	1
	.	.	.	.	.	.	.	.	.	.	.	.	.	.	.	"	9 Okt.	1	.	1
	.	.	.	.	.	.	.	.	.	.	.	.	.	.	.	43	13 "	1	.	1
	.	.	.	.	.	.	.	.	.	.	.	.	.	.	.	"	16 "	1	.	1
Summa	.	.	1	.	1	.	.	.	.	.	.	.	1	1	.	.	.	5	.	5

Benennung der Straßen.	1831. Haus-Nummer.	1831. Tag der Erkrankungen.	1831. Zahl der Kranken.	1831. Genesen.	1831. Gestorben.	1832. Haus-Nummer.	1832. Tag der Erkrankungen.	1832. Zahl der Kranken.	1832. Genesen.	1832. Gestorben.	1837. Haus-Nummer.	1837. Tag der Erkrankungen	1837. Zahl der Kranken.	1837. Genesen.	1837. Gestorben.	1848. Haus-Nummer.	1848. Tag der Erkrankungen.	1848. Zahl der Kranken.	1848. Genesen.	1848. Gestorben.
Gertraudtenstraße	.	.	.	.	.	.	.	.	.		14	26 Aug	1	1		.	.	.	.	.
	15	18 Okt.	1	1	.	.	.	.	.		15	31 =	1	.	1	.	.	.	.	.
	.	.	.	.	.	.	.	.	.	.	20	19 Sep.	1	.	1	.	.	.	.	.
	.	.	.	.	.	.	.	.	.	.	22	22 =	2	2	.	.	.	.	.	.
	.	.	.	.	.	.	.	.	.	.	=	26 =	2	2	.	.	.	.	.	.
	23	18 Aug.	1		1	23	7 Okt.	1	.	1	23	16 Aug.	1	.	1	.	.	.	.	.
	=	21 =	1		1	=	8 =	1	.	1	=	16 Sep.	1	1		.	.	.	.	.
	.	.	.	.	.	.	.	.	.	.	25	2 =	1	.	1	.	.	.	.	.
	.	.	.	.	.	.	.	.	.	.	26	18 =	1	1	.	.	.	.	.	.
	.	.	.	.	.	.	.	.	.	.	=	20 =	1	1	.	.	.	.	.	.
	.	.	.	.	.	.	.	.	.	.	=	23 =	1	1	.	.	.	.	.	.
	.	.	.	.	.	.	.	.	.	.	=	29 =	1		1	.	.	.	.	.
	.	.	.	.	.	.	.	.	.	.	27	28 =	1	.	1	.	.	.	.	.
	.	.	.	.	.	.	.	.	.	.	38	21 =	1	1	.	.	.	.	.	.
Summa	.	.	3	1	2	.	.	2	.	2	.	.	16	10	6	.	.	.	.	.
Gipsstr.	6	12 Sep.	1	.	1	.	.	.	.	.	6	16 Sep	1	.	1	.	.	.	.	.
	=	14 =	1	.	1	.	.	.	.	.	=	18 =	1	.	1	.	.	.	.	.
	=	16 =	1	.	1	.	.	.	.	.	8	21 =	1	.	1	.	.	.	.	.
	=	20 =	1	.	1	.	.	.	.	.	14	23 Aug.	1	.	1	.	.	.	.	.
	11	16 =	1	.	1	.	.	.	.	.	=	27 =	1	1		.	.	.	.	.
	14	24 =	1	.	1	.	.	.	.	.	19	20 Okt.	1	1	.	.	.	.	.	.
	15	1 Okt.	1	1	.	.	.	.	.	.	21	20 Aug.	1	.	1	20	10 Okt.	1	.	1
	19	19 =	1	.	1	.	.	.	.	.	22	7 Sep.	1	1	.	.	.	.	.	.
	20	9 =	1	1	.	.	.	.	.	.	=	10 =	1	.	1	.	.	.	.	.
	22	16 =	1	1	.	.	.	.	.	.	=	15 =	1	1	.	.	.	.	.	.
	.	.	.	.	.	.	.	.	.	.	=	16 =	1	1	.	.	.	.	.	.
	.	.	.	.	.	.	.	.	.	.	30	3 =	1	.	1	.	.	.	.	.
	.	.	.	.	.	31	27 Okt.	1		1	31	3 =	2	.	2	31	31 Aug.	1	.	1
Summa	.	.	10	3	7	.	.	1	.	1	.	.	14	5	9	.	.	2	.	2
Gollnowsstraße, (früher Gasse).	2	27 Okt.	1	.	1	.	.	.	.	.	3	4 Sep.	1	.	1	12	22 Sep	1	.	1
	.	.		.	.	.	.	.	.	.	4	12 =	1	.	1	.	.	.	.	.
	.	.	.	.	.	.	.	.	.	.	15	27 Aug.	1	.	1	.	.	.	.	.
	.	.	.	.	.	.	.	.	.	.	=	30 =	2	2	.	.	.	.	.	.
	.	.	.	.		.	.	.	.	.	24	11 Sep.	1		1	24	25 Sep.	1	.	1
	27	26 Sep.	2	2	.	.	.	.	.	.	27	18 =	1	.	1	=	4 Okt.	1	.	1
	=	19 Okt.	1	1		.	.	.	.	.	=	22 =	2	1	1	=	16 =	1	1	.
	.	.	.	.	.	.	.	.	.	.	=	30 =	2	.	2	25	8 =	1	.	1

Benennung der Straßen.	1831.					1832.					1837.					1848.				
	Haus-Nummer.	Tag der Erkrankungen.	Zahl der Kranken.	Genesen.	Gestorben.	Haus-Nummer.	Tag der Erkrankungen.	Zahl der Kranken.	Genesen.	Gestorben.	Haus-Nummer.	Tag der Erkrankungen.	Zahl der Kranken.	Genesen.	Gestorben.	Haus-Nummer.	Tag der Erkrankungen.	Zahl der Kranken.	Genesen.	Gestorben.
Gollnowsstraße.	.	.	.	.	.	.	.	.	.	.	27	2 Okt.	1	1	.	.	.	.	.	.
	.	.	.	.	.	.	.	.	.	.	29	23 Sep.	1	.	1	29	23 Sep.	1	.	1
	.	.	.	.	.	.	.	.	.	.	31	11 =	1	.	1	=	25 =	1	.	1
	.	.	.	.	.	.	.	.	.	.	=	16 =	1	.	1	32	31 Aug.	1	.	1
	32	2 Okt.	1	.	1	.	.	.	.	.	32	1 Okt.	1	.	1	=	4 Sep.	1	1	.
	=	17 =	1	.	1	.	.	.	.	.	32a	17 Sep	2	.	2	=	8 =	1	.	1
	=	26 =	1	1	.	.	.	.	.	.	32b	31 Aug.	1	1	.	32a	8 =	1	.	1
	.	.	.	.	.	33	2 Nov.	1	.	1	36	14 Sep.	1	1	.	=	2 Okt.	1	1	.
	38	3 Nov.	1	1	.	38	23 Okt.	2	.	2	39	1 =	1	1	.	33	10 Sep.	1	.	1
	40	22 Sep.	1	.	1	=	26 =	1	.	1	40	1 =	1	.	1	38	4 Okt.	1	.	1
	=	5 Okt.	1	.	1	.	.	.	.	.	=	3 =	1	1	.	=	9 =	1	1	.
	.	.	.	.	.	.	.	.	.	.	=	5 =	1	1	.	40	20 Aug.	1	.	1
	.	.	.	.	.	.	.	.	.	.	=	6 =	2	2	.	=	30 Okt.	1	1	.
	.	.	.	.	.	.	.	.	.	.	=	24 =	2	.	2	.	.	.	.	.
	.	.	.	.	.	.	.	.	.	.	41	21 Aug.	1	.	1	.	.	.	.	.
Summa	.	.	10	5	5	.	.	4	.	4	.	.	29	11	18	.	.	17	5	12
Grenadierstraße.	6	9 Nov.	1	.	1	.	.	.	.	.	2	15 Sep.	1	.	1	7	7 Okt.	1	1	.
	.	.	.	.	.	.	.	.	.	.	5	24 Aug.	1	.	1	.	.	.	.	.
	.	.	.	.	.	.	.	.	.	.	=	30 =	1	.	1	.	.	.	.	.
	.	.	.	.	.	.	.	.	.	.	=	7 Sep.	1	.	1	.	.	.	.	.
	.	.	.	.	.	.	.	.	.	.	=	8 =	1	1	.	.	.	.	.	.
	9	1 Okt.	1	.	1	.	.	.	.	.	8	5 =	1	.	1	8	10 Okt.	1	.	1
	11	5 =	1	.	1	.	.	.	.	.	10	30 Aug.	1	.	1	.	.	.	.	.
	=	6 =	1	.	1	.	.	.	.	.	=	15 Sep.	2	1	1	.	.	.	.	.
	=	10 =	2	1	1	.	.	.	.	.	=	17 =	1	1	.	.	.	.	.	.
	=	18 =	1	1	.	.	.	.	.	.	11	11 =	1	.	1	.	.	.	.	.
	=	19 =	1	.	1	.	.	.	.	.	=	5 Okt.	1	.	1	.	.	.	.	.
	=	20 =	1	.	1	.	.	.	.	.	13	14 Sep	1	1	.	.	.	.	.	.
	15	12 Sep.	2	1	1	.	.	.	.	.	15	28 Aug.	2	1	1	14	5 Sep.	1	1	.
	=	13 =	1	.	1	.	.	.	.	.	16	5 Sep	1	1	.	.	.	.	.	.
	=	3 Okt.	2	1	1	.	.	.	.	.	17	2 =	1	.	1	.	.	.	.	.
	16	27 Sep.	1	.	1	.	.	.	.	.	19	13 =	1	.	1	.	.	.	.	.
	21	6 =	1	1	.	.	.	.	.	.	20	28 Aug.	1	.	1	.	.	.	.	.
	.	.	.	.	.	.	.	.	.	.	22	30 =	1	.	1	.	.	.	.	.
	28	17 Okt.	1	1	.	.	.	.	.	.	28	30 =	1	.	1	.	.	.	.	.
	44	31 =	1	.	1	.	.	.	.	.	31	21 =	1	.	1	.	.	.	.	.
	.	.	.	.	.	.	.	.	.	.	32	3 Sep.	1	1	.	.	.	.	.	.
	.	.	.	.	.	.	.	.	.	.	33	15 =	1	1	.	.	.	.	.	.
	.	.	.	.	.	.	.	.	.	.	35	30 Aug.	1	.	1	35	29 Sep.	1	.	1

Benennung der Straßen.	1831.					1832.					1837.					1848.				
	Haus-Nummer.	Tag der Erkrankungen.	Zahl der Kranken.	Genesen.	Gestorben.	Haus-Nummer.	Tag der Erkrankungen.	Zahl der Kranken.	Genesen.	Gestorben.	Haus-Nummer.	Tag der Erkrankungen.	Zahl der Kranken.	Genesen.	Gestorben.	Haus-Nummer.	Tag der Erkrankungen.	Zahl der Kranken.	Genesen.	Gestorben.
Grenadierstraße.	.	.	.	.	.	.	.	.	.	.	35	14Sep.	1	.	1	35a	16Sep.	1	.	1
	.	.	.	.	.	.	.	.	.	.	38	4 „	1	.	1	.	.	.	.	.
	.	.	.	.	.	.	.	.	.	.	39	27Aug.	1	.	1	39	15Okt	2	1	1
	.	.	.	.	.	.	.	.	.	.	„	15Sep	1	.	1	„	2Nov.	1	.	1
	.	.	.	.	.	.	.	.	.	.	„	22 „	1	.	1	40	2 „	1	1	.
	.	.	.	.	.	.	.	.	.	.	42	31Aug.	1	.	1	„	4 „	1	.	1
Summa	.	.	18	6	12	.	.	.	.	.	.	.	31	8	23	.	.	10	4	6
Grüner Weg.	.	.		.	.	.	.	.	.	.	.	.	.	.	.	11	4Okt.	1	.	1
	.	.	.	.	.	.	.	.	.	.	.	.	.	.	.	„	10 „	1	.	1
	.	.	.	.	.	.	.	.	.	.	.	.	.	.	.	„	11 „	1	1	.
	.	.	.	.	.	.	.	.	.	.	.	.	.	.	.	„	13 „	1	1	.
Summa	.	.	.	.	.	.	.	.	.	.	.	.	.	.	.	.	.	4	2	2
Grünstr., alte.	4	27Okt.	1	.	1	.	.	.	.	.	.	.	.	.	.	5-6	14Sep	1	.	1
	.	.	.	.	.	.	.	.	.	.	.	.	.	.	.	„	15 „	1		1
	.	.	.	.	.	.	.	.	.	.	.	.	.	.	.	„	18 „	1	.	1
	.	.	.	.	.	.	.	.	.	.	.	.	.	.	.	„	21 „	1	1	.
	.	.	.	.	.	7	17Okt.	1	.	1	8	20Aug.	1	1	.	9	20Aug.	1	.	1
	.	.	.	.	.	.	.	.	.	.	10/11	7Sep.	1	.	1	10/11	28 „	1	1	.
	.	.	.	.	.	.	.	.	.	.	.	.	.	.	.	„	22 „	1	1	.
	13	10Okt	1	1	.	18	6Okt.	1	.	1	14	23Aug.	1	1	.	20	25 „	1	.	1
	„	13 „	1	1	.	.	.	.	.	.	„	26 „	1	.	1	„	28 „	1	1	.
	.	.	.	.	.	.	.	.	.	.	„	29 „	2	.	2	„	3Okt.	1	.	1
	26	6Sep.	1	1	.	.	.	.	.	.	„	13Sep.	1	.	1	26	15Aug.	1	.	1
	.	.	.	.	.	.	.	.	.	.	24	14 „	2	2	.	.	.	.	.	.
Summa	.	.	4	3	1	.	.	2	.	2	.	.	9	4	5	.	.	11	4	7
Grünstr., neue.	.	.	.	.	.	.	.	.	.	.	1	26Aug.	1	1	.	.	.	.	.	.
	9	19Okt.	1	1	.	.	.	.	.	.	9	23 „	1	.	1	15	19Aug.	1	1	.
	15	3 „	1	1	.	.	.	.	.	.	„	5Sep.	2	1	1	16	26Sep.	1	.	1
	„	25 „	1	.	1	11	15Okt.	1	.	1	15a	16Aug.	2	.	2	19	14 „	1	.	1
	„	16Nov.	1	1	.	„	17 „	1	.	1	25	17Okt.	1	.	1	19b	31Aug.	1	.	1
	18	22Sep.	1	.	1	24	9 „	1	.	1	27	17Sep.	1	.	1	„	3Sep.	1	.	1
	24	12Okt.	1	.	1	.	.	.	.	.	28	28Aug.	1	1	.	23	16Aug.	1	.	1
	33	9Sep.	1	1	.	.	.	.	.	.	29	9 „	1	.	1	„	14Sep.	1	.	1
	34	12 „	1	.	1	.	.	.	.	.	30	20 „	1	.	1	24	20Okt.	1	1	.
	„	5Nov.	1	1	.	.	.	.	.	.	„	21 „	1	.	1	25	3 „	1	1	.

Benennung der Straßen.	1831.					1832.					1837.					1848.				
	Haus-Nummer.	Tag der Erkrankungen.	Zahl der Kranken.	Genesen.	Gestorben.	Haus-Nummer.	Tag der Erkrankungen.	Zahl der Kranken.	Genesen.	Gestorben.	Haus-Nummer.	Tag der Erkrankungen.	Zahl der Kranken.	Genesen.	Gestorben.	Haus-Nummer.	Tag der Erkrankungen.	Zahl der Kranken.	Genesen.	Gestorben.
Grünstr., neue.	34	17 Nov	1	1	.	32	14 Okt.	1	.	1	31	11 Sep.	1	1	.	26	23 Okt.	1	1	.
	„	18 „	2	1	1	„	19 „	1	.	1	34	20 Aug.	1	1	.	34	25 Sep.	1	.	1
	„	20 „	1	1	.	„	21 „	1	1	.	„	23 „	1	.	1	„	4 Nov	1	1	.
	37	30 Sep	1	.	1	„	25 „	1	1	.	„	25 „	2	1	1	38	1 Sep	1	.	1
Summa	.	.	14	8	6	.	.	7	2	5	.	.	17	6	11	.	.	13	5	8
Haakscher Markt. NB, von 1-3 heißt jetzt Spandauerbrücke von 3-5.	1-3	4 Sep.	1	.	1	1-3	27 Okt.	2	2	.	1-3	12 Aug.	1	.	1	.	.	.	.	.
	„	9 „	1	1	.	„	28 Sep.	1	.	1	„	21 „	1	1	.	.	.	.	.	.
	„	11 „	2	.	2	„	30 „	1	.	1	„	22 „	2	.	2	.	.	.	.	.
	„	12 „	1	.	1	„	7 Okt.	1	.	1	„	23 „	4	.	4	.	.	.	.	.
	„	14 „	1	.	1	„	26 „	1	1	.	„	24 „	3	.	3	.	.	.	.	.
	„	17 „	3	2	1	„	30 Nov.	1	.	1	„	26 „	1	.	1	.	.	.	.	.
	„	14 Okt.	1	.	1	.	.	.	.	.	„	29 „	2	.	2	.	.	.	.	.
	.	.	.	.	.	.	.	.	.	.	„	31 „	1	.	1	.	.	.	.	.
	.	.	.	.	.	.	.	.	.	.	„	1 Sep.	1	.	1	.	.	.	.	.
	.	.	.	.	.	.	.	.	.	.	„	2 „	1	.	1	.	.	.	.	.
	.	.	.	.	.	.	.	.	.	.	„	3 „	2	.	2	.	.	.	.	.
	.	.	.	.	.	.	.	.	.	.	„	4 „	2	.	2	.	.	.	.	.
	.	.	.	.	.	.	.	.	.	.	„	5 „	1	1	.	.	.	.	.	.
	.	.	.	.	.	.	.	.	.	.	„	15 „	1	1	.	.	.	.	.	.
	.	.	.	.	.	.	.	.	.	.	„	23 „	1	.	1	.	.	.	.	.
	4	17 Sep.	2	.	2	.	.	.	.	.	5	15 Aug.	1	.	1	2	1 Sep.	1	.	1
	.	.	.	.	.	.	.	.	.	.	„	24 „	1	.	1	„	2 „	1	.	1
	8	19 Okt.	1	1	.	.	.	.	.	.	7	13 Okt.	1	.	1	.	.	.	.	.
	.	.	.	.	.	13	15 Nov	1	.	1	9	8 Sep.	1	.	1	.	.	.	.	.
Summa	.		13	4	9	.	.	8	3	5	.	.	28	3	25	.	.	2	.	2
Hallisches Thor (vor dem)	.	.	.	.	.	.	24 Okt.	1	.	1	1	24 Aug.	1	.	1	.	.	.	.	.
	.	.	.	.	.	.	27 „	1	.	1	„	7 Sep.	1	.	1	.	.	.	.	.
	.	.	.	.	.	.	.	.	.	.	5	25 Aug.	4	.	4	.	.	.	.	.
	.	.	.	.	.	.	.	.	.	.	„	10 Okt.	1	1	.	.	.	.	.	.
	.	.	.	.	.	.	.	.	.	.	.	27 Sep.	2	1	1	.	.	.	.	.
Summa	.	.	.	.	.	.	.	2	.	2	.	.	9	2	7	.	.	.	.	.
Hamburgerstraße, große.	.	.	.	.	.	4	5 Nov.	1	.	1	4	24 Aug.	1	.	1	.	.	.	.	.
	.	.	.	.	.	„	7 „	1	.	1	„	23 „	1	1	.	.	.	.	.	.
	5	23 Sep.	2	.	2	.	.	.	.	.	5	2 Sep.	1	1	.	.	.	.	.	.
	„	26 „	1	1	.	.	.	.	.	.	„	4 „	1	1	.	.	.	.	.	.

Benennung der Straßen.	1831.					1832.					1837.					1848.				
	Haus-Nummer.	Tag der Erkrankungen.	Zahl der Kranken.	Genesen.	Gestorben.	Haus-Nummer.	Tag der Erkrankungen.	Zahl der Kranken.	Genesen.	Gestorben.	Haus-Nummer.	Tag der Erkrankungen.	Zahl der Kranken.	Genesen.	Gestorben.	Haus-Nummer.	Tag der Erkrankungen.	Zahl der Kranken	Genesen	Gestorben.
Hamburgerstraße, große.	„	4Okt.	1	.	1	.	.	.	.	.	„	6Sep.	1	1	.	.	.	.	.	.
	.	.	.	.	.	.	.	.	.	.	„	12 „	1	.	1	11	3Okt.	1	.	1
	10	16Okt.	1	.	1	11	20Nov.	2	1	1	10	14 „	1	1	.	18	18Sep.	1	1	.
	„	31 „	1	.	1	.	.	.	.	.	„	15 „	1	1	.	20	28 „	1	1	.
	16	23Sep.	1	.	1	.	.	.	.	.	15	7 „	1	1	.	„	30 „	1	.	1
	.	.	.	.	.	.	.	.	.	.	21	2 „	1	.	1	21	19Aug.	1	.	1
	.	.	.	.	.	.	.	.	.	.	„	6 „	1	.	1	29	31 „	1	.	1
	24	16Sep.	1	.	1	.	.			.	24	23Aug.	1	1	.	„	13Sep.	1	1	.
	25	12 „	1	.	1	.	.		.	.	„	24 „	1	1	.	„	17 „	1	.	1
	.	.	.	.	.	.	.	.	.	.	„	29 „	1	1	.	„	19 „	2	.	2
	.	.	.	.	.	.	.	.	.	.	„	1Sep.	1	.	1	30	4 „	1	1	.
	.	.	.	.	.	.	.	.	.	.	„	2 „	2	.	2	„	6 „	1	1	.
	.	.	.	.	.	.	.	.	.	.	28	17 „	1	.	1	„	9 „	1	.	1
	.	.	.	.	.	.	.		.	.	29	27Aug.	2	1	1	„	12 „	1	1	.
	.	.	.	.	.	.	.	.	.	.	30	17 „	1	1	.	30a	9 „	1	1	.
	.	.	.	.	.	.	.	.	.	.	„	12Sep.	1	1	.	„	10 „	2	1	1
	.	.	.	.	.	.	.	.	.	.	30a	8 „	2	.	2	„	12 „	2	.	2
	.	.	.	.	.	.	.	.	.	.	„	12 „	1	1	.	„	13 „	1	1	.
	.	.	.	.	.	.	.	.	.	.	33	10 „	1	.	1	„	15 „	1	.	1
	.	.	.	.	.	.	.	.	.	.	34	17 „	1	.	1	30a	17Sep	1	.	1
	.	.	.	.	.	.	.	.	.	.	38	26Aug.	1	.	1	„	20 „	1	1	.
	.	.	.	.	.	.	.	.	.	.	„	27 „	1	.	1	.	15Okt.	1	.	1
	.	.	.	.	.	.	.	.	.	.	„	28 „	1	.	1	55	30Sep.	1	.	1
Summa	.	.	9	1	8	.	.	4	1	3	.	.	30	14	16	.	.	25	10	15
Hamburgerstraße, kleine.	6	5Nov.	1	1	.	.	.	.	.	.	7	17Sep.	1	.	1	.	.	.	.	.
	.	.	.	.	.	.	.	.	.	.	8	3 „	1	.	1	.	.	.	.	.
	.	.	.	.	.	.	.	.	.	.	„	18 „	1	.	1	.	.	.	.	.
	.	.	.	.	.	.	.	.	.		„	20 „	1	.	1	.	.	.	.	.
	.	.	.	.	.	.	.	.	.	.	„	21 „	1	1	.	.	.	.	.	.
	.		.	.	.	.	.	.	.	.	12	28Aug.	1	1	.	.	.	.	.	.
	.	.	.	.	.	.	.	.	.	.	16	16Sep.	1	1	.	.	.	.	.	.
	17	14Okt.	1	.	1	.	.	.	.	.	17	27 „	1	.	1	.	.	.	.	.
	.		.	.	.	.	.	.	.	.	„	29 „	1	1	.	.	.	.	.	.
	.	.	.	.	.	.	.	.	.	.	19	22 „	1	1	.	.	.	.	.	.
	.	.	.	.	.	.	.	.	.	.	„	28 „	2	2	.	.	.	.	.	.
	22	25Sep.	1	.	1	.	.	.	.	.	23	4 „	1	1	.	.	.	.	.	.
	.	.	.	.	.	.	.	.	.	.	24	14 „	1	1	.	.	.	.	.	.
	.	.	.	.	.	.	.	.	.	.	„	15 „	2	2	.	21	31Aug.	1	.	1
	.	.	.	.	.	.	.	.	.	.	„	25 „	1	.	1	„	6Sep.	1	.	1

Benennung der Straßen.	1831. Haus-Nummer.	1831. Tag der Erkrankungen.	1831. Zahl der Kranken.	1831. Genesen.	1831. Gestorben.	1832. Haus-Nummer.	1832. Tag der Erkrankungen.	1832. Zahl der Kranken.	1832. Genesen.	1832. Gestorben.	1837. Haus-Nummer.	1837. Tag der Erkrankungen.	1837. Zahl der Kranken.	1837. Genesen.	1837. Gestorben.	1848. Haus-Nummer.	1848. Tag der Erkrankungen.	1848. Zahl der Kranken.	1848. Genesen.	1848. Gestorben.
Hamburgerstraße, kleine.	.	.	.	.	.	.	.	.	.	.	24	28Sep.	1	.	1	21	9Sep.	2	1	1
	.	.	.	.	.	.	.	.	.	.	25	18 =	1	.	1	26	14 =	1	1	.
Summa	.	.	3	1	2	.		.	.	.	.		19	11	8	.	.	5	2	3
Hamburgerthor, vor dem.	.	13Okt	1	.	1	.			.	.	.	.		.	.	.	.	.	.	.
Hasenhegergasse, jetzt Feilnerstraße.	.	.	.	.	.	.	.	.	.	.	14	26Aug.	2	1	1	5	8Okt.	2	.	2
	.	.	.	.	.	.	.	.	.	.	=	28 =	1	1	.	9	16Sep.	1	1	.
	.	.	.	.	.	.	.	.	.	.	15	3Sep.	1	.	1	15	25Aug.	1	.	1
	.	.	.	.	.	.	.	.	.	.	=	4 =	1	.	1	.	.	.	.	.
Summa	.	.	.	.	.	.	.	.	.	.	.		5	2	3	.	.	4	1	3
Hausvoigtei-Platz.	4	1Okt.	1	.	1	.	.	.	.	.	.	.	.	.	.	.	.	.	.	.
	=	18 =	1	1	.	.	.	.	.	.	.	.	.	.	.	.	.	.	.	.
	6	10Nov.	1	.	1	.	.	.	.	.	.	.	.	.	.	7	9Okt.	1	1	.
	11	26Sep	1	1	.	11	26Okt.	1	.	1	.	.	.	.	.	11a	2Sep.	1	.	1
Summa	.	.	4	2	2	.	.	1	.	1	.	.	.	.	.	.	.	2	1	1
Heidestr.	.	16Sep	1	1	.	.		.	.	.	.	12Sep.	1	.	1	.	.	.	.	.
	.	16Okt.	1	1	.	.		.	.	.	.	.	.	.	.	.	.	.	.	.
	.	4Nov	1	1	.	.		.	.	.	.	.	.	.	.	.	.	.	.	.
Summa	.	.	3	3	.	.	.	.	.	.	.		1	.	1	.	.	.	.	.
Heidereutergasse.	1	8Sep.	1	1	.	.	.	.	.	.	6	29Sep.	1	1	.	3	11Sep.	1	.	1
	7	11Okt.	1	1	.	.	.	.	.	.	8	26 =	1	.	1	=	17 =	1	.	1
	=	16 =	1	.	1	.	.	.	.	.	19	28 =	1	.	1	8	28Aug.	1	.	1
	.	.	.	.	.	.	.	.	.	.	12	17 =	1	1	.	=	5Nov.	1	.	1
	.	.	.	.	.	.	.	.	.	.	.	.	.	.	.	12	8Okt.	1	.	1
Summa	.	.	3	2	1	.	.	.	.	.	.		4	2	2	.	.	5	.	5
Heilanstalten.	.	17Sep.	2	1	1	.	5Aug.	1	.	1	.	26Aug.	2	.	2	.	5Sep.	1	1	.
	.	18 =	3	3	.	.	.	.	.	.	.	27 =	2	1	1	.	6 =	1	1	.
	.	19 =	2	1	1	.	.	.	.	.	.	.	.	.	.	.	15 =	1	1	.
	.	20 =	1	.	1	.	.	.	.	.	.	.	.	.	.	.	.	.	.	.
	.	23 =	1	1	.	.	.	.	.	.	.	.	.	.	.	.	.	.	.	.
	.	26 =	1	.	1	.	.	.	.	.	.	.	.	.	.	.	.	.	.	.

Benennung der Straßen.	1831.					1832.					1837.					1848.				
	Haus-Nummer.	Tag der Erkrankungen.	Zahl der Kranken.	Genesen.	Gestorben.	Haus-Nummer.	Tag der Erkrankungen.	Zahl der Kranken.	Genesen.	Gestorben.	Haus-Nummer.	Tag der Erkrankungen.	Zahl der Kranken.	Genesen.	Gestorben.	Haus-Nummer.	Tag der Erkrankungen.	Zahl der Kranken.	Genesen.	Gestorben.
Heilanstalten.	.	27 Sep.	2	2	.	.	.	.	.	.	.	.	.	.	.	.	.	.	.	.
	.	1 Okt.	3	2	1	.	.	.	.	.	.	.	.	.	.	.	.	.	.	.
	.	4 „	1	1	.	.	.	.	.	.	.	.	.	.	.	.	.	.	.	.
	.	5 „	1	1	.	.	.	.	.	.	.	.	.	.	.	.	.	.	.	.
	.	8 „	1	1	.	.	.	.	.	.	.	.	.	.	.	.	.	.	.	.
	.	9 „	1	1	.	.	.	.	.	.	.	.	.	.	.	.	.	.	.	.
	.	13 „	1	1	.	.	.	.	.	.	.	.	.	.	.	.	.	.	.	.
	.	16 „	1	1	.	.	.	.	.	.	.	.	.	.	.	.	.	.	.	.
	.	19 „	1	.	1	.	.	.	.	.	.	.	.	.	.	.	.	.	.	.
	.	21 „	2	1	1	.	.	.	.	.	.	.	.	.	.	.	.	.	.	.
	.	22 „	1	1	.	.	.	.	.	.	.	.	.	.	.	.	.	.	.	.
	.	23 „	1	1	.	.	.	.	.	.	.	.	.	.	.	.	.	.	.	.
	.	24 „	1	.	1	.	.	.	.	.	.	.	.	.	.	.	.	.	.	.
	.	17 Nov.	1	1	.	.	.	.	.	.	.	.	.	.	.	.	.	.	.	.
	.	21 „	1	1	.	.	.	.	.	.	.	.	.	.	.	.	.	.	.	.
Summa	.	.	29	21	8	.	.	1	.	1	.	.	4	1	3	.	.	3	3	.
Heilige Geistgasse, früher berliner Wursthof.	.	.	.	.	.	3	22 Sep.	1	.	1	1	15 Aug.	1	.	1	.	.	.	.	.
	.	.	.	.	.	.	.	.	.	.	7	26 Sep	1	1	.	.	.	.	.	.
Summa	.	.	.	.	.	.	.	1	.	1	.	.	2	1	1	.	.	.	.	.
Heilige Geiststr.	6	2 Okt.	2	.	2	.	.	.	.	.	1	28 Okt.	1	1	.	5	18 Sep.	1	.	1
	„	3 „	2	.	2	.	.	.	.	.	8	5 Sep.	1	1		8	10 Okt.	1	.	1
	9	4 „	1	.	1	.	.	.	.	.	9	22 „	1	.	1	9	3 Sep	1	.	1
	„	5 „	1	.	1	.	.	.	.	.	11	18 „	1	.	1	11	28 „	2	.	2
	„	7 „	1	1	.	.	.	.	.	.	16	5 „	1	.	1	14	6 „	1	.	1
	„	10 „	1	1	.	.	.	.	.	.	32	29 Aug.	1	.	1	„	7 „	1	1	.
	„	13 „	1	.	1	.	.	.	.	.	35	24 „	1	1	.	23	13 „	1	1	.
	„	17 „	1	.	1	.	.	.	.	.	40	23 „	1	.	1	„	14 „	1	.	1
	„	20 „	1	1	.	.	.	.	.	.	„	16 Sep.	1	1	.	40	25 Aug	1	1	.
	14	10 „	1	.	1	14	15 Okt.	1	1	.	41	16 „	1	.	1	„	7 Okt.	1	.	1
	30	18 „	1	.	1	.	.	.	.	.	42	24 „	1	.	1	48	12 Sep	1	.	1
	53	14 „	1	.	1	.	.	.	.	.	45	26 Aug.	1	.	1	.	.	.	.	.
	„	16 „	1	1	.	.	.	.	.	.	49	21 Okt.	1	.	1	49	2 Sep.	1	.	1
	.	.	.	.	.	50	28 Okt.	1	.	1	50	3 Sep.	1	.	1	.	.	.	.	.
	.	.	.	.	.	54	5 Dez.	1	1	.	„	5 „	1	1	.	.	.	.	.	.
Summa	.	.	15	4	11	.	.	3	2	1	.	.	15	5	10	.	.	13	3	10

Benennung der Straßen.	1831. Haus-Nummer.	1831. Tag der Erkrankungen.	1831. Zahl der Kranken.	1831. Genesen.	1831. Gestorben.	1832. Haus-Nummer.	1832. Tag der Erkrankungen.	1832. Zahl der Kranken.	1832. Genesen.	1832. Gestorben.	1837. Haus-Nummer.	1837. Tag der Erkrankungen.	1837. Zahl der Kranken.	1837. Genesen.	1837. Gestorben.	1848. Haus-Nummer.	1848. Tag der Erkrankungen.	1848. Zahl der Kranken.	1848. Genesen.	1848. Gestorben.
Hirschelstr.	.	.	.	.	.	.	.	.	.	.	.	.	.	.	.	6	2Sep.	1	.	1
	.	.	.	.	.	.	.	.	.	.	.	.	.	.	.	14	1 =	1	.	1
	.	.	.	.	.	.	.	.	.	.	.	.	.	.	.	22	14 =	1	.	1
	.	.	.	.	.	.	.	.	.	.	.	.	.	.	.	27	15 =	1	.	1
Summa	.	.	.	.	.	.	.	.	.	.	.	.	.	.	.	.	.	4	.	4
Hirtengasse.	.	.	.	.	.	.	.	.	.	.	3	20Aug.	1	.	1	.	.	.	.	.
	.	.	.	.	.	.	.	.	.	.	=	23 =	1	.	1	.	.	.	.	.
	.	.	.	.	.	.	.	.	.	.	6	23 =	1	1	.	6	25Aug.	1	.	1
	.	.	.	.	.	.	.	.	.	.	=	25 =	2	.	2	=	7Sep.	1	.	1
	.	.	.	.	.	.	.	.	.	.	=	26 =	3	.	3	=	8 =	1	.	1
	.	.	.	.	.	.	.	.	.	.	=	2Sep.	1	.	1	=	10 =	1	1	.
	.	.	.	.	.	.	.	.	.	.	=	6 =	1	.	1	8	21Aug.	1	1	.
	.	.	.	.	.	.	.	.	.	.	=	10 =	1	1	.	12	3Sep.	1	.	1
	.	.	.	.	.	.	.	.	.	.	=	16 =	1	.	1	=	9 =	1	.	1
	.	.	.	.	.	.	.	.	.	.	8	2 =	1	.	1	.	.	.	.	.
	.	.	.	.	.	.	.	.	.	.	=	5Okt.	1	.	1	.	.	.	.	.
	.	.	.	.	.	.	.	.	.	.	=	7 =	1	.	1	.	.	.	.	.
	.	.	.	.	.	.	.	.	.	.	9	28Aug.	1	1	.	.	.	.	.	.
	.	.	.	.	.	.	.	.	.	.	=	15Sep.	1	1	.	.	.	.	.	.
	.	.	.	.	.	.	.	.	.	.	=	27 =	1	1	.	.	.	.	.	.
	.	.	.	.	.	.	.	.	.	.	12	2 =	1	.	1	.	.	.	.	.
Summa	.	.	.	.	.	.	.	.	.	.	.	.	19	5	14	.	.	7	2	5
Hochstraße.	.	.	.	.	.	.	.	.	.	.	35	10Sep.	1	.	1	.	.	.	.	.
Hoher Steinweg.	6-7	5Nov.	1	.	1	.	.	.	.	.	6-7	31Aug.	1	.	1	11	27Aug.	1	.	1
	=	18 =	1	1	.	.	.	.	.	.	=	2Sep.	1	.	1	.	.	.	.	.
Summa	.	.	2	1	1	.	.	.	.	.	.	.	2	.	2	.	.	1	.	1
Holzgartenstraße.	4	5Nov.	1	1	.	.	.	.	.	.	2	31Aug.	1	.	1	3	9Nov.	1	.	1
	.	.	.	.	.	.	.	.	.	.	6	20 =	1	.	1	6	15Sep.	1	1	.
	.	.	.	.	.	.	.	.	.	.	=	22 =	1	.	1	8	14Okt.	1	.	1
	10	8Sep.	1	.	1	.	.	.	.	.	=	24 =	1	.	1	10	22Aug.	1	.	1
	.	.	.	.	.	.	.	.	.	.	=	28 =	1	.	1	=	4Sep.	1	1	.
	.	.	.	.	.	.	.	.	.	.	8	14 =	1	.	1	=	20 =	1	1	.
Summa	.	.	2	1	1	.	.	.	.	.	.	.	6	.	6	.	.	6	3	3

Benennung der Straßen.	1831. Haus-Nummer.	1831. Tag der Erkrankungen.	1831. Zahl der Kranken.	1831. Genesen.	1831. Gestorben.	1832. Haus-Nummer.	1832. Tag der Erkrankungen.	1832. Zahl der Kranken.	1832. Genesen.	1832. Gestorben.	1837. Haus-Nummer.	1837. Tag der Erkrankungen.	1837. Zahl der Kranken.	1837. Genesen.	1837. Gestorben.	1848. Haus-Nummer.	1848. Tag der Erkrankungen.	1848. Zahl der Kranken.	1848. Genesen.	1848. Gestorben.
Holzmarktgasse.	.	.	.	.	.	.	.	.	.	.	.	.		.	.	1	6 Okt.	1	.	1
Holzmarktplatz.	9	14 Sep.	2	.	2	.	.	.	.	.	.	.	.	.	.	.	.	.	.	.
	10	18 „	1	.	1	.	.	.	.	.	.	.	.	.	.	.	.	.	.	.
	„	20 „	2	1	1	.	.	.	.	.	.	.	.	.	.	.	.	.	.	.
	„	23 „	6	2	4	.	.	.	.	.	.	.	.	.	.	.	.	.	.	.
	„	25 „	1	.	1	.	.	.	.	.	.	.	.	.	.	.	.	.	.	.
	„	27 „	4	2	2	.	.	.	.	.	.	.	.	.	.	.	.	.	.	.
Summa	.	.	16	5	11	.	.	.	.	.	.	.	.	.	.	.	.	.	.	.
Holzmarktstraße.	7	28 Sep.	1	.	1	.	.	.	.	.	8	4 Nov.	1	1	.	.	.	.	.	.
	10	10 „	1	.	1	20/21	3 Dez.	1	.	1	20/21	25 Aug.	1	.	1	20/21	16 Sep	1	1	.
	„	18 „	1	.	1	.	.	.	.	.	37	11 Sep.	1	.	1	.	.	.	.	.
	28	17 „	1	1	.	.	.	.	.	.	„	14 „	1	1	.	.	.	.	.	.
	.	.	.	.	.	.	.	.	.	.	„	17 „	1	1	.	.	.	.	.	.
	.	.	.	.	.	.	.	.	.	.	„	24 „	1	.	1	.	.	.	.	.
	.	.	.	.	.	.	.	.	.	.	„	26 „	1	.	1	.	.	.	.	.
	.	.	.	.	.	.	.	.	.	.	38	10 „	1	.	1	.	.	.	.	.
	.	.	.	.	.	.	.	.	.	.	41	25 Aug.	1	.	1	.	.	.	.	.
	.	.	.	.	.	.	.	.	.	.	56	24 Sep.	1	.	1	52	17 Sep.	1	.	1
	.	.	.	.	.	.	.	.	.	.	58	19 „	1	.	1	.	.	.	.	.
	.	.	.	.	.	.	.	.	.	.	61	31 Aug.	1	1	.	.	.	.	.	.
	.	.	.	.	.	.	.	.	.	.	„	26 Sep.	1	.	1	.	.	.	.	.
	.	.	.	.	.	.	.	.	.	.	63	18 „	1	1	.	.	.	.	.	.
	.	.	.	.	.	.	.	.	.	.	68	8 „	1	.	1	.	.	.	.	.
Summa	.	.	4	1	3	.	.	1	.	1	.	.	15	5	10	.	.	2	1	1
Holzstraße.	3	18 Okt.	1	1	.	5	6 Dez.	1	.	1	.	.	.	.	.	.	.	.	.	.
	6	2 „	1	.	1	.	.	.	.	.	.	.	.	.	.	.	.	.	.	.
	„	7 „	1	.	1	.	.	.	.	.	.	.	.	.	.	.	.	.	.	.
	„	26 Jan.	1	.	1	.	.	.	.	.	.	.	.	.	.	.	.	.	.	.
Summa	.	.	4	1	3	.	.	1	.	1	.	.	.	.	.	.	.	.	.	.
Husarenstr.	1	2 Dez.	3	3	.	.	.	.	.	.	2	14 Sep.	1	.	1	.	.	.	.	.
	.	.	.	.	.	.	.	.	.	.	„	19 „	1	1	.	.	.	.	.	.
	.	.	.	.	.	.	.	.	.	.	„	1 Okt.	1	1	.	.	.	.	.	.
	.	.	.	.	.	.	.	.	.	.	.	31 Aug.	1	.	1	.	.	.	.	.
Summa	.	.	3	3	.	.	.	.	.	.	.	.	4	2	2	.	.	.	.	.

Benennung der Straßen.	1831. Haus-Nummer.	1831. Tag der Erkrankungen.	1831. Zahl der Kranken.	1831. Genesen.	1831. Gestorben.	1832. Haus-Nummer.	1832. Tag der Erkrankungen.	1832. Zahl der Kranken.	1832. Genesen.	1832. Gestorben.	1837. Haus-Nummer.	1837. Tag der Erkrankungen.	1837. Zahl der Kranken.	1837. Genesen.	1837. Gestorben.	1848. Haus-Nummer.	1848. Tag der Erkrankungen.	1848. Zahl der Kranken.	1848. Genesen	1848. Gestorben.
Jägerstr.	.	.	.	.	.	.	.	.	.	.	4	22Aug.	1	1	.	4	7Okt.	1	1	.
	.	.	.	.	.	9	17Okt.	1	.	1	9	24 =	1	1	.	8	30Aug.	1	1	.
	16	13Sep.	1	.	1	17	17 =	1	.	1	.	.	.	.	.	.	.	.	.	.
	=	14 =	1	.	1	.	.	.	.	.	.	.	.	.	.	.	.	.	.	.
	44	17 =	1	.	1	.	.	.	.	.	.	.	.	.	.	.	.	.	.	.
	59	4Nov.	1	.	1	.	.	.	.	.	59	29Aug.	2	2	.	.	.	.	.	.
	72	17 =	1	1	.	.	.	.	.	.	72	13Sep.	1	.	1	.	.	.	.	.
Summa	.	.	5	1	4	.	.	2	.	2	.	.	5	4	1	.	.	2	2	.
Jägerstr., kleine.	.	.	.	.	.	.	.	.	.	.	4	9Okt.	1	.	1	8	13Sep.	1	1	.
	.	.	.	.	.	.	.	.	.	.	.	.	.	.	.	=	25 =	1	.	1
	.	.	.	.	.	.	.	.	.	.	.	.	.	.	.	9	25Aug.	1	1	.
Summa	.	.	.	.	.	.	.	.	.	.	.	.	1	.	1	.	.	3	2	1
Jakobsstr., jetzt kleine Alexanderstraße.	.	.	.	.	.	.	.	.	.	.	2a	23Sep.	1	.	1	1a	24Sep.	1	1	.
	.	.	.	.	.	.	.	.	.	.	3	14 =	1	.	1	.	.	.	.	.
	.	.	.	.	.	.	.	.	.	.	=	7Okt.	1	.	1	3	2Sep.	1	.	1
	.	.	.	.	.	.	.	.	.	.	4	30Aug.	1	1	.	4	7Okt.	1	1	.
	.	.	.	.	.	.	.	.	.	.	5	2Sep.	1	.	1	.	.	.	.	.
	.	.	.	.	.	.	.	.	.	.	8	12 =	1	.	1	.	.	.	.	.
	.	.	.	.	.	.	.	.	.	.	=	29 =	1	.	1	.	.	.	.	.
	.	.	.	.	.	.	.	.	.	.	16	23Aug.	1	.	1	.	.	.	.	.
	.	.	.	.	.	.	.	.	.	.	=	29 =	1	.	1	.	.	.	.	.
	.	.	.	.	.	.	.	.	.	.	=	3Sep.	1	.	1	.	.	.	.	.
	.	.	.	.	.	.	.	.	.	.	=	6 =	1	.	1	.	.	.	.	.
	.	.	.	.	.	.	.	.	.	.	=	14 =	1	.	1	.	.	.	.	.
	.	.	.	.	.	.	.	.	.	.	=	4Okt.	1	.	1	.	.	.	.	.
	.	.	.	.	.	.	.	.	.	.	=	7 =	1	.	1	.	.	.	.	.
	.	.	.	.	.	.	.	.	.	.	=	10 =	1	1	.	27a	28Aug.	1	.	1
	.	.	.	.	.	.	.	.	.	.	25	30 =	1	1	.	28	31 =	1	.	1
Summa	.	.	.	.	.	.	.	.	.	.	.	.	16	3	13	.	.	5	2	3
Jakobsstr., alte.	5	16Nov.	1	.	1	11	17Nov.	1	.	1	7	18Aug.	1	.	1	7	10Sep.	1	.	1
	=	17 =	1	1	.	=	21 =	1	.	1	13	13Sep.	1	1	.	=	13 =	2	.	2
	14	21Sep.	1	.	1	=	25 =	1	.	1	18	19Okt.	1	.	1	9	6 =	1	.	1
	17	13 =	2	.	2	13	15 =	1	.	1	=	29 =	1	1	.	12	17 =	1	.	1
	28	8Nov.	1	.	1	.	.	.	.	.	29	12Sep.	1	.	1	26	18Aug.	2	.	2
	.	.	.	.	.	.	.	.	.	.	31	10 =	2	1	1	32	24Sep.	1	.	1

Benennung der Straßen.	1831.					1832.					1837.					1848.				
	Haus-Nummer.	Tag der Erkrankungen.	Zahl der Kranken.	Genesen.	Gestorben.	Haus-Nummer.	Tag der Erkrankungen.	Zahl der Kranken.	Genesen.	Gestorben.	Haus-Nummer.	Tag der Erkrankungen.	Zahl der Kranken.	Genesen.	Gestorben.	Haus-Nummer.	Tag der Erkrankungen.	Zahl der Kranken.	Genesen.	Gestorben.
Jakobsstr., alte	.	.	.	.	.	.	.	.	.	.	32	27Aug.	1	1	.	35	6Okt.	2	.	2
	.	.	.	.	.	.	.	.	.	.	=	28 =	1	.	1	=	12 =	1	.	1
	.	.	.	.	.	.	.	.	.	.	34	29 =	1	.	1	43	9Sep.	1	1	.
	.	.	.	.	.	.	.	.	.	.	=	1Sep.	1	.	1	48	2 =	1		1
	.	.	.	.	.	.	.	.	.	.	36	20Aug.	1	.	1	51	12 =	1	.	1
	.	.	.	.	.	37	11Okt.	1	1	.	37	31 =	1	.	1	=	9Okt.	1	.	1
	.	.	.	.	.	.	.	.	.	.	38	28 =	1	.	1	53	30Aug.	1	.	1
	.	.	.		.	.	.	.	.	.	=	24Sep.	2	.	2	58	3Nov.	1	1	.
	.	.	.	.	.	.	.	.	.	.	39	11 =	1	.	1	=	11 =	1	.	1
	40	12Nov.	1	.	1	.	.	.	.	.	41	5 =	1	.	1	59	25Aug.	1	.	1
	45	16Okt.	1	1	.	43	19Okt.	1	1	.	45	1 =	1	.	1	61	25 =	1	.	1
	46	31 =	2	1	1	.	.	.	.	.	45a	9 =	1	.	1	62	23 =	1	.	1
	50	26 =	1	.	1	48	14Okt.	1	.	1	48	29Aug.	1	.	1	67	24 =	1	.	1
	52	15Sep.	1	1	.	.	.	.	.	.	=	8Sep.	1	.	1	71	9Sep.	1	1	.
	=	30 =	1	.	1	.	.	.	.	.	.	.	.	.	.	=	12 =	1	.	1
	.	.	.	.	.	.	.	.	.	.	52	24Aug.	1	.	1	80	14 =	1	.	1
	56	10Okt.	1	1	.	.	.	.	.	.	53	24 =	1	.	1	81	17Okt.	1	.	1
	59	19Sep.	2	1	1	.	.	.	.	.	54	24 =	1	.	1	82	23Aug.	2	.	2
	61	14 =	1	.	1	.	.	.	.	.	=	28Sep.	1	1	.	=	28 =	3	3	.
	=	31Okt.	1	1	.	.	.	.	.	.	56	9 =	1	1	.	85	9Okt.	1	1	.
	62	17 =	1	.	1	.	.	.	.	.	60	21Aug.	1	.	1	86	23Aug.	1	.	1
	63	18 =	1	.	1	61	10Okt.	1	1	.	61	18 =	1	.	1	87	1Sep.	1	1	.
	65	4 =	1	1	.	.	.	.	.	.	=	19 =	1	.	1	=	11 =	1	.	1
	=	30 =	1	.	1	.	.	.	.	.	64	21 =	1		1	88	18 =	1	.	1
	66	7Sep.	1	1	.	.	.	.	.	.	67	2Sep.	1	.	1	91	1 =	3	.	3
	=	12 =	1	.	1	.	.	.	.	.	69	20Aug.	2	1	1	=	3 =	1		1
	=	13 =	1	.	1	.	.	.	.	.	=	23 =	1	.	1	=	16 =	1	1	.
	67	7Nov.	1	.	1	.	.	.	.	.	=	24 =	1	.	1	=	14 =	1	1	.
	76	1Okt	1	1	.	75	13Okt.	1	1	.	=	25 =	1	.	1	92	1 =	1	.	1
	.	.	.	.	.	.	.	.	.	.	72	22 =	3	1	2	=	14 =	1	.	1
	.	.	.	.	.	.	.	.	.	.	=	24 =	1	.	1	93	18 =	1	.	1
	.	.	.	.	.	.	.	.	.	.	=	26 =	1	1	.	94	27Aug.	1	.	1
	.	.	.	.	.	.	.	.	.	.	73	23 =	1	1	.	102	27 =	1	.	1
	.	.	.	.	.	.	.	.	.	.	76	26 =	1	1	.	104	21 =	1	.	1
	.	.	.	.	.	.	.	.	.	.	77	16Sep.	1	.	1	115	15 =	1	.	1
	.	.	.	.	.	79	21Okt.	1	1	.	79	2 =	1	.	1	=	20 =	1	1	.
	.	.	.	.	.	=	29 =	1	1	.	=	8 =	1	.	1	131	22Okt.	1	.	1
	.	.	.	.	.	79a	31 =	1	1	.	=	17 =	1	.	1	=	23 =	1	1	.
	.	.	.	.	.	=	2Nov.	1	1	.	80	25Aug.	1	.	1	=	26 =	1	.	1
	.	.	.	.	.	.	.	.	.	.	=	5Sep.	1	.	1	136	25Sep.	1	.	1
	.	.	.	.	.	.	.	.	.	.	=	18 =	1	.	1	.	.	.	.	.

Benennung der Straßen.	1831.					1832.					1837.					1848.				
	Haus-Nummer.	Tag der Erkrankungen.	Zahl der Kranken.	Genesen.	Gestorben.	Haus-Nummer.	Tag der Erkrankungen.	Zahl der Kranken.	Genesen.	Gestorben.	Haus-Nummer.	Tag der Erkrankungen.	Zahl der Kranken.	Genesen.	Gestorben.	Haus-Nummer.	Tag der Erkrankungen.	Zahl der Kranken.	Genesen.	Gestorben.
Jakobsstr. alte.	86	7 Nov.	1	.	1	87	2 Nov.	1	.	1	87	4 Sep.	1	.	1	.	.	.	.	.
	.	.	.	.	.	88	12 Okt.	1	.	1	=	6 =	1	.	1	.	.	.	.	.
	.	.	.	.	.	=	17 =	1	.	1	89	27 Aug.	1	1	.	.	.	.	.	.
	.	.	.	.	.	=	24 =	1	1	.	92	7 Sep.	1	.	1	.	.	.	.	.
	.	.	.	.	.	=	28 =	1	.	1	=	23 Okt.	1	.	1	.	.	.	.	.
Summa	.	.	28	10	18	.	.	18	9	9	.	.	56	12	44	.	.	54	12	42
Jakobsstraße, neue.	.	.	.	.	.	.	.	.	.	.	1	5 Sep	1	.	1	.	.	.	.	.
	2	14 Sep.	1	.	1	.	.	.	.	.	2	26 Aug.	1	.	1	.	.	.	.	.
	=	9 Okt.	1	.	1	.	.	.	.	.	=	30 =	1	.	1	.	.	.	.	.
	.	.	.	.	.	.	.	.	.	.	=	14 Okt.	1	.	1	.	.	.	.	.
	3	12 Sep.	1	.	1	.	.	.	.	.	3	27 Sep.	2	1	1	3	28 Sep.	1	.	1
	=	14 Okt.	1	.	1	.	.	.	.	.	=	29 =	1	.	1	=	4 Okt.	1	.	1
	.	.	.	.	.	.	.	.	.	.	4	27 Aug.	1	1	.	.	.	.	.	.
	.	.	.	.	.	.	.	.	.	.	6	11 Sep.	1	.	1	.	.	.	.	.
	.	.	.	.	.	.	.	.	.	.	7	15 Okt.	1	.	1	7	12 Sep.	1	1	.
	9	16 Sep.	2	2	.	.	.	.	.	.	9	27 =	1	.	1	.	.	.	.	.
	.	.	.	.	.	.	.	.	.	.	12	27 Aug.	2	1	1	.	.	.	.	.
	.	.	.	.	.	.	.	.	.	.	13	14 Sep.	1	1	.	.	.	.	.	.
	.	.	.	.	.	.	.	.	.	.	16	11 Okt.	1	1	.	.	.	.	.	.
	17	7 Nov.	1	1	.	.	.	.	.	.	17	18 Sep	.	.	.	17	11 Sep.	1	.	1
	=	17 =	1	1	.	.	.	.	.	.	19	15 Aug.	.	.	.	19	26 Aug.	1	.	1
	.	.	.	.	.	.	.	.	.	.	=	16 =	.	.	.	20	10 Sep.	1	.	1
	.	.	.	.	.	.	.	.	.	.	=	28 =	.	.	.	.	.	.	.	.
	.	.	.	.	.	.	.	.	.	.	=	1 Okt.	.	.	.	.	.	.	.	.
	.	.	.	.	.	.	.	.	.	.	24	2 =	2	2	.	.	.	.	.	.
	.	.	.	.	.	.	.	.	.	.	25	20 Sep	1	.	1	.	.	.	.	.
	28	5 Nov.	1	1	.	.	.	.	.	.	27	20 Aug.	1	.	1	.	.	.	.	.
	.	.	.	.	.	.	.	.	.	.	33	16 Sep.	1	1	.	.	.	.	.	.
Summa	.	.	9	5	4	.	.	.	.	.	.	.	25	8	17	.	.	6	1	5
Jerusalemerstraße.	9	14 Okt.	1	.	1	.	.	.	.	.	2	25 Aug.	1	.	1	.	.	.	.	.
	=	18 =	1	1	.	.	.	.	.	.	7	10 Sep.	2	1	1	.	.	.	.	.
	.	.	.	.		.	.	.	.	.	15	29 Aug.	1	1	.	13	9 Sep.	1	.	1
	.	.	.	.	.	.	.	.	.	.	20	21 Sep.	1	.	1	=	1 Okt.	2	2	.
	.	.	.	.	.	.	.	.	.	.	22	20 Aug.	1	1	.	22	9 Sep.	1	.	1
	23	18 Sep.	1	.	1	.	.	.	.	.	=	11 Sep.	2	1	1	23	1 =	1	1	.
	=	21 =	1	.	1	.	.	.	.	.	27	28 Aug.	1	1	.	26	24 Aug.	1	1	.
	.	.	.	.	.	.	.	.	.	.	=	5 Sep.	1	.	1	29	8 Sep.	2	.	2

Benennung der Straßen.	1831.					1832.					1837.					1848.				
	Haus-Nummer.	Tag der Erkrankungen.	Zahl der Kranken.	Genesen.	Gestorben.	Haus-Nummer.	Tag der Erkrankungen.	Zahl der Kranken.	Genesen.	Gestorben.	Haus-Nummer.	Tag der Erkrankungen	Zahl der Kranken	Genesen	Gestorben.	Haus-Nummer.	Tag der Erkrankungen.	Zahl der Kranken.	Genesen.	Gestorben.
	.	.	.	.	.	.	.	.	.	.	43	26 Aug.	1	.	1	30	25 Sep.	1	1	.
	45	24 Okt.	1	1	.	.	.	.	.	.	45	22 =	1	1	.	36	5 Okt.	1	1	.
	64	22 =	1	1	.	.	.	.	.	.	=	25 =	1	1	.	49	12 Sep.	1	.	1
	.	.	.	.	.	.	.	.	.	.	50	6 Sep.	1	.	1	.	.	.	.	.
Summa	.	.	6	3	3	.	.	.	.	.	.	.	14	7	7	.	.	11	6	5
Invalidenstraße.	.	.	.	.	.	.	.	.	.	.	2	30 Aug.	1	1	.	.	.	.	.	.
	19	9 Okt.	1	.	1	.	.	.	.	.	19	15 Sep.	4	2	2	21	15 Sep.	1	.	1
	=	10 =	2	.	2	.	.	.	.	.	=	21 =	1	1	.	23	1 =	1	.	1
	=	14 =	2	1	1	.	.	.	.	.	22	6 Okt.	1	1	.	=	23 Okt.	1	1	.
	22	2 =	1	1	.	.	.	.	.	.	31	3 Sep.	1	1	.	31	14 Sep.	1	1	.
	23	1 =	1	.	1	.	.	.	.	.	32	2 Okt.	1	1	.	32	14 Okt.	1	.	1
	=	15 =	1	.	1	.	.	.	.	.	34	23 Aug.	1	.	1	33	10 Sep.	1	.	1
	=	17 =	1	1	.	.	.	.	.	.	=	24 =	1	.	1	34	15 Nov.	1	.	1
	.	.	.	.	.	.	.	.	.	.	=	6 Sep.	1	.	1	35a	13 Sep	1	.	1
	.	.	.	.	.	.	.	.	.	.	35 c	9 Okt.	2	.	2	35b	31 Aug.	1	.	1
	.	.	.	.	.	.	.	.	.	.	35 c	16 Okt.	3	3	.	.	.	.	.	.
	.	.	.	.	.	.	.	.	.	.	.	.	.	.	.	36	4 Sep.	1	1	.
	.	.	.	.	.	.	.	.	.	.	.	.	.	.	.	.	.	.	.	.
	.	.	.	.	.	.	.	.	.	.	.	.	.	.	.	.	.	.	.	.
Invalidenhaus (Cantonnements-Lazareth)	.	.	.	.	.	39/42	17 Sep.	1	.	1	39/42	3 Sep	3	.	3	.	.	.	.	.
	.	.	.	.	.	.	20 =	1	.	1	=	11 =	1	.	1	.	.	.	.	.
	.	.	.	.	.	.	8 Okt.	1	.	1	=	12 =	3	2	1	.	.	.	.	.
	.	.	.	.	.	.	9 =	3	2	1	.	.	.	.	.	.	.	.	.	.
	.	.	.	.	.	.	10 =	6	4	2	.	.	.	.	.	.	.	.	.	.
	.	.	.	.	.	.	12 =	7	6	1	.	.	.	.	.	.	.	.	.	.
	.	.	.	.	.	.	13 =	1	.	1	.	.	.	.	.	43	3 Sep.	1	.	1
	.	.	.	.	.	.	14 =	1	1	.	.	.	.	.	.	44	18 =	1	.	1
	.	.	.	.	.	.	.	.	.	.	.	.	.	.	.	45	23 Okt.	1	1	.
	.	.	.	.	.	.	.	.	.	.	.	.	.	.	.	46	18 Sep.	1	.	1
	81	16 Okt.	1	.	1	.	.	.	.	.	85	25 Aug.	1	.	1	=	6 Okt.	1	.	1
	=	17 =	1	1	.	.	.	.	.	.	=	2 Sep.	1	.	1	59	12 Sep.	1	1	.
	=	21 =	1	1	.	.	.	.	.	.	=	3 =	1	.	1	60	2 Nov.	1	.	1
	84	28 Sep.	1	.	1	.	.	.	.	.	=	8 =	1	.	1	62	28 Sep.	1	.	1
	.	.	.	.	.	.	.	.	.	.	=	13 =	1	1		64	7 =	1	.	1
	.	.	.	.	.	.	.	.	.	.	=	15 =	1	.	1	=	10 =	1	.	1
	.	.	.	.	.	.	.	.	.	.	86	15 =	1	1	.	85	13 =	1	.	1
Summa	.	.	13	5	8	.	.	21	13	8	.	.	31	14	17	.	.	21	5	16

Benennung der Straßen.	1831.					1832.					1837.					1848.				
	Haus-Nummer.	Tag der Erkrankungen.	Zahl der Kranken.	Genesen.	Gestorben.	Haus-Nummer.	Tag der Erkrankungen.	Zahl der Kranken.	Genesen.	Gestorben.	Haus-Nummer.	Tag der Erkrankungen.	Zahl der Kranken.	Genesen.	Gestorben.	Haus-Nummer.	Tag der Erkrankungen.	Zahl der Kranken.	Genesen.	Gestorben.
Johannisstraße.	.	.	.	.	.	.	.	.	.	.	2	27 Aug.	1	1	.	.	.	.	.	.
	.	.	.	.	.	.	.	.	.	.	5	19 Sep.	1	1	.	.	.	.	.	.
	.	.	.	.	.	.	.	.	.	.	=	23 =	1	.	1	.	.	.	.	.
	.	.	.	.	.	.	.	.	.	.	6	9 =	1	.	1	.	.	.	.	.
	.	.	.	.	.	.	.	.	.	.	=	12 =	1	.	1	.	.	.	.	.
Summa	.		.	.	.	.	.	.	.	.	.	.	5	2	3	.	.	.	.	.
Jüdenhof, großer.	2	6 Sep.	1	.	1	.	.	.	.	.	1	12 Sep	1	.	1	.	.	.	.	.
	4	15 =	2	.	2	.	.	.	.	.	4	17 =	1	.	1	.	.	.	.	.
	=	14 =	1	1	.		.	.	.	.	=	20 =	1	.	1	.	.	.	.	.
	=	16 =	1	.	1		.	.	.	.	7	9 =	1	1	.	6	16 Sep.	1	.	1
	=	22 =	3	1	2	.	.	.	.	.	8	23 =	1	1	.	10	12 =	1	.	1
	=	23 =	2	.	2	.	.	.	.	.	9	23 Aug.	2	2	.	.	.	.	.	.
	=	25 =	2	2	.	.	.	.	.	.	.	.	.	.	.	.	.	.	.	.
	5	6 =	1	.	1	.	.	.	.	.	.	.	.	.	.	.	.	.	.	.
Summa	.	.	13	4	9	.	.	.	.	.	.	.	7	4	3	.	.	2	.	2
Jüdenhof, kleiner.	.	.	.	.	.	.	.	.	.	.	1	16 Sep.	1	.	1	.	.	.	.	.
	.	.	.	.	.	.	.	.	.	.	3	23 Aug.	1	1	.	4	1 Sep.	2	2	.
	.	.	.	.	.	.	.	.	.	.	=	26 =	1	1	.	.	.	.	.	.
	.	.	.	.	.	.	.	.	.	.	=	27 =	1	.	1	.	.	.	.	.
	.	.	.	.	.	.	.	.	.	.	=	7 Sep.	1	.	1	.	.	.	.	.
	.	.	.	.	.	.	.	.	.	.	=	15 =	1	1	.	.	.	.	.	.
	.	.	.	.	.	.	.	.	.	.	=	30 =	1	.	1	.	.	.	.	.
	.	.	.	.	.	.	.	.	.	.	5	2 =	1	.	1	.	.	.	.	.
	.	.	.	.	.	.	.	.	.	.	7	26 Aug.	1	1	.	.	.	.	.	.
	.	.	.	.	.	.	.	.	.	.	23	17 Sep.	1	1	.	.	.	.	.	.
	.	.	.	.	.	.	.	.	.	.										
Summa	.	.	.	.	.	.	.	.	.	.	.	.	10	5	5	.	.	2	2	.
Jüdenstr.	12	8 Okt.	1	.	1	.	.	.	.	.	4	23 Aug.	1	.	1	4	5 Okt.	1	1	.
	16	16 =	1	1	.	.	.	.	.	.	.	.	.	.	.	11	21 =	1	1	.
	=	20 =	1	.	1	.	.	.	.	.	.	.	.	.	.	15	28 Aug.	1	.	1
	17	20 =	1	1	.	.	.	.	.	.	.	.	.	.	.	17	12 Sep.	1	.	1
	18	25 =	1	.	1	18	7 Nov.	2	.	2	18	10 Sep.	1	.	1	=	14 =	1	.	1
	=	2 Nov.	1	.	1	=	17 =	1	.	1	.	.	.	.	.	18	13 =	1	1	.
	19	14 Sep.	1	.	1	.	.	.	.	.	.	.	.	.	.	=	15 =	1	1	.
	=	25 =	3	2	1	.	.	.	.	.	.	.	.	.	.	.	.	.	.	.
	22	16 Okt.	1	.	1	.	.	.	.	.	22	26 Sep.	1	.	1	.	.	.	.	.

Benennung der Straßen.	1831. Haus-Nummer.	1831. Tag der Erkrankungen.	1831. Zahl der Kranken.	1831. Genesen.	1831. Gestorben.	1832. Haus-Nummer.	1832. Tag der Erkrankungen.	1832. Zahl der Kranken.	1832. Genesen	1832. Gestorben.	1837. Haus-Nummer.	1837. Tag der Erkrankungen.	1837. Zahl der Kranken.	1837. Genesen.	1837. Gestorben.	1848. Haus-Nummer	1848. Tag der Erkrankungen.	1848. Zahl der Kranken.	1848. Genesen	1848. Gestorben.
Jüdenstr.	22	18Okt.	1	.	1	.	.	.	.	.	24	8Okt.	1	.	1	.	.	.	.	.
	=	25 =	1	1	.	.	.	.	.	.	29	26Aug.	2	.	2	.	.	.	.	.
	23	18 =	1	.	1	.	.	.	.	.	=	30 =	1	1	.	.	.	.	.	.
	26	18Sep.	1	1	.	.	.	.	.	.	.	.	.	.	.	26	27Sep	.	.	1
	33	7Nov.	1	1	.	.	.	.	.	.	33	27Aug.	2	1	1	.	.	.	.	.
	36	3Okt.	1	.	1	.	.	.	.	.	=	28 =	1	1	.	.	.	.	.	.
	=	7 =	1	1	.	.	.	.	.	.	35	22Sep.	2	1	1		.	.	.	.
	39	14Sep.	2	.	2	.	.	.	.	.	.	.	.	.	.	.	.	.	.	.
	=	18 =	2	2	.	.	.	.	.	.	.	.	.	.	.	.	.	.	.	.
	=	1Okt.	1	.	1	.	.	.	.	.	.	.	.	.	.	.	.	.	.	.
	44	25Sep.	1	.	1	.	.	.	.	.	43	7Sep.	1	.	1	40	16Sep.	1	1	.
	45	18Okt.	1	.	1	.	.	.	.	.	.	.	.	.	.	.	.	.	.	.
	49	9Sep.	1	.	1	.	.	.	.	.	.	.	.	.	.	.	.	.	.	.
	=	11 =	1	.	1	.	.	.	.	.	.	.	.	.	.	.	.	.	.	.
	=	23 =	2	.	2	.	.	.	.	.	.	.	.	.	.	50	9 =	2	1	1
	54	10 =	1	.	1	.	.	.	.	.	51	6Sep.	1	.	1	=	10 =	1	1	.
	57	29 =	1	.	1	.	.	.	.	.	57	24Aug.	1	1	.	57	12 =	1	1	.
	=	1Okt.	1	.	1	.	.	.	.	.	.	.	.	.	.	=	17 =	1	.	1
	=	7 =	1	.	1	.	.	.	.	.	.	.	.	.	.	.	.	.	.	.
	=	10 =	1	1	.	.	.	.	.	.	.	.	.	.	.	.	.	.	.	.
	59	10Sep.	1	.	1	.	.	.	.	.	60	6Sep.	1	.	1	.	.	.	.	.
	60	15 =	1	1	.	.	.	.	.	.	=	8 =	1	.	1	.	.	.	.	.
	66	7Nov.	1	.	1	.	.	.	.	.	=	12 =	1	.	1	.	.	.	.	.
Summa	.	.	37	12	25	.	.	3	.	3	.	.	18	5	13	.	.	14	8	6
Junkerstr.	.	.	.	.	.	.	.	.	.	.	1	10Sep.	1	.	1	.	.	.	.	.
	.	.	.	.	.	.	.	.	.	.	2	23Aug.	1	.	1	.			.	.
	.	.	.	.	.	.	.	.	.	.	3	4Sep.	3	.	3	.	.	.	.	.
	.	.	.	.	.	.	.	.	.	.	=	9 =	1	.	1	.	.		.	.
	.	.	.	.	.	.	.	.	.	.	=	13 =	1	.	1	.	.		.	.
	.	.	.	.	.	.	.	.	.	.	=	16 =	1	1	.	.	.		.	.
	.	.	.	.	.	.	.	.	.	.	=	22 =	1	1	.	.	.	.	.	.
	.	.	.	.	.	.	.	.	.	.	4	17 =	1	.	1	4	31Aug.	1	1	.
	.	.	.	.	.	.	.	.	.	.	=	28 =	1	.	1	=	9Sep	1	1	.
	.	.	.	.	.	6	26Okt.	1	.	1	7	28Aug.	1	1	.	5	1 =	1	.	1
	.	.	.	.	.	.	.	.	.	.	11	26Okt.	1	1	.	.	.	.	.	.
	.	.	.	.	.	.	.	.	.	.	12	5Sep.	1	.	1	.	.	.	.	.
	15	21Okt.	1	.	1	.	.	.	.	.	15	22 =	1	1	.	.	.	.	.	.
	=	22 =	1	1	.	.	.	.	.	.	16	14 =	1	.	1	.	.	.	.	.
	.	.	.	.	.	.	.	.	.	.	=	16 =	1	.	1	.	.	.	.	.

Benennung der Straßen.	1831. Haus-Nummer.	1831. Tag der Erkrankungen.	1831. Zahl der Kranken.	1831. Genesen.	1831. Gestorben.	1832. Haus-Nummer.	1832. Tag der Erkrankungen.	1832. Zahl der Kranken.	1832. Genesen.	1832. Gestorben.	1837. Haus-Nummer.	1837. Tag der Erkrankungen.	1837. Zahl der Kranken.	1837. Genesen.	1837. Gestorben.	1848. Haus-Nummer.	1848. Tag der Erkrankungen.	1848. Zahl der Kranken.	1848. Genesen.	1848. Gestorben.
Junkerstr.	.	.	.	.	.	18	30 Okt	1	.	1	18	15 Sep	1	.	1	.	.	.	.	.
	.	.	.	.	.	=	31 =	1	1	.	19	13 =	1	.	1	.	.	.	.	.
Summa	.	.	2	1	1	.	.	3	1	2	.	.	19	5	14	.	.	3	2	1
Kaiserstr.	8	3 Sep.	1		1	1	20 Okt.	1	.	1	1	12 Aug.	1	.	1	1	24 Okt.	1	.	1
	9	1 Okt.	1	.	1	.	.	.	.	.	=	7 Sep.	1	.	1	.	.	.	.	.
	13	16 Sep.	1	1	.	.	.	.	.	.	=	19 Okt.	1	.	1	.	.	.	.	.
	15	4 =	1	.	1	.	.	.	.	.	5	23 Sep.	1	.	1	.	.	.	.	.
	=	8 =	1	.	1	.	.	.	.	.	=	8 Nov.	1	1	.	.	.	.	.	.
	27	30 =	1	.	1	.	.	.	.	.	=	9 =	1	.	1	16	29 Sep.	1	.	1
	30	10 Okt.	1	.	1	.	.	.	.	.	14	23 Sep.	1	.	1	26	12 Okt.	1	.	1
	32	21 Sep.	1	.	1	32	29 Okt.	1	.	1	22	14 =	1	.	1	27	20 =	1	.	1
	=	22 =	1	1	.	.	.	.	.	.	24	24 Aug.	1	.	1	30	12 Sep.	1	1	.
	=	6 Okt.	1	1		.	.	.	.	.	36a	4 Sep.	1	.	1	32	8 =	1	.	1
	43	6 =	1	1	.	.	.	.	.	.	38	29 Okt.	1	1	.	=	10 =	1	1	.
	.	3 Nov.	1	.	1	.	.	.	.	.	43	21 Sep.	1	1	.	38	18 =	1	.	1
	=	6 =	2	1	1	.	.	.	.	.	=	30 =	1	1	.	=	16 Okt.	1	.	1
	.	.	.	.	.	.	.	.	.	.	=	23 Okt.	1	1	.	=	22 =	1	1	.
	.	.	.	.	.	.	.	.	.	.	44	13 Sep.	2	1	1	48	8 =	1	.	1
Summa		.	14	5	9	.	.	2	.	2	.	.	16	6	10	.	.	11	3	8
Kalkscheunenstraße.	.	.	.	.	.	.	.		.	.	1	4 Sep.	1	.	1	.	.	.	.	.
	.	.	.	.	.	.	.	.	.	.	3	3 =	1	.	1	3	.	1	1	.
Summa	.	.	.	.	.	.	.	.	.	.	.	.	2	.	2	.	.	1	1	.
Kanonierstraße.	20	5 Nov.	1	.	1	.	.	.	.	.	9	11 Aug.	1	.	1	12	22 Sep.	1	.	1
	23	6 =	1	.	1	.	.	.	.	.	15	23 =	1	1	.	.	.	.	.	.
	31	12 Sep.	1	.	1	.	.	.	.	.	=	24 =	1	1	.	.	.	.	.	.
	32	27 Okt.	1	1	.	.	.	.	.	.	19	11 Sep.	1	.	1	19	25 Aug.	1	1	.
	33	19 Sep.	1	1	.	.	.	.	.	.	22	4 =	1	.	1	22	21 =	1	.	1
	=	28 =	1	1	.	.	.	.	.	.	23	6 =	1	.	1	=	23 =	1	.	1
	=	1 Okt.	1	1	.	.	.	.	.	.	28	24 Aug.	1	.	1	.	.	.	.	.
	=	17 =	1	1	.	.	.	.	.	.	=	17 Sep.	1	.	1	.	.	.	.	.
	=	23 =	1	.	1	.	.	.	.	.	29	14 =	1	.	1	.	.	.	.	.
	35	29 =	1	.	1	.	.	.	.	.	30	7 =	1	.	1	42	28 Sep.	1	.	1
Summa	.	.	10	5	5	.	.	.	.	.	.		10	2	8	.		5	1	4

Benennung der Straßen.	1831.					1832.					1837.					1848.				
	Haus-Nummer.	Tag der Erkrankungen.	Zahl der Kranken.	Genesen.	Gestorben.	Haus-Nummer.	Tag der Erkrankungen.	Zahl der Kranken.	Genesen.	Gestorben.	Haus-Nummer.	Tag der Erkrankungen.	Zahl der Kranken.	Genesen.	Gestorben.	Haus-Nummer.	Tag der Erkrankungen.	Zahl der Kranken.	Genesen.	Gestorben.
Junkerstr.	.	.	.	.	.	18	30 Okt	1	.	1	18	15 Sep	1	.	1	.	.	.	.	.
	.	.	.	.	.	„	31 „	1	1		19	13 „	1	.	1	.	.	.	.	.
Summa	.	.	2	1	1	.	.	3	1	2	.	.	19	5	14	.	.	3	2	1
Kaiserstr.	8	3 Sep	1		1	1	20 Okt.	1	.	1	1	12 Aug.	1	.	1	1	24 Okt.	1	.	1
	9	1 Okt.	1	.	1	.	.	.	.	.	„	7 Sep.	1	.	1	.	.	.	.	.
	13	16 Sep.	1	1	.	.	.	.	.	.	„	19 Okt.	1	.	1	.	.	.	.	.
	15	4 „	1	.	1	.	.	.	.	.	5	23 Sep.	1	.	1	.	.	.	.	.
	„	8 „	1	.	1	.	.	.	.	.	„	8 Nov.	1	1	.	.	.	.	.	.
	27	30 „	1	.	1	.	.	.	.	.	„	9 „	1	.	1	16	29 Sep.	1	.	1
	30	10 Okt.	1	.	1	.	.	.	.	.	14	23 Sep.	1	.	1	26	12 Okt.	1	.	1
	32	21 Sep.	1	.	1	32	29 Okt.	1	.	1	22	14 „	1	.	1	27	20 „	1	.	1
	„	22 „	1	1	.	.	.	.	.	.	24	24 Aug.	1	.	1	30	12 Sep.	1	1	.
	„	6 Okt.	1	1		.	.	.	.	.	36a	4 Sep.	1	.	1	32	8 „	1	.	1
	43	6 „	1	1	.	.	.	.	.	.	38	29 Okt	1	1	.	„	10 „	1	1	.
	.	3 Nov.	1	.	1	.	.	.	.	.	43	21 Sep.	1	1	.	38	18 „	1	.	1
	„	6 „	2	1	1	.	.	.	.	.	„	30 „	1	1	.	„	16 Okt.	1	.	1
	.	.	.	.	.	.	.	.	.	.	„	23 Okt.	1	1	.	„	22 „	1	1	.
	.	.	.	.	.	.	.	.	.	.	44	13 Sep.	2	1	1	48	8 „	1	.	1
Summa		.	14	5	9	.	.	2	.	2	.	.	16	6	10	.	.	11	3	8
Kalkscheunenstraße.	.	.	.	.	.	.	.		.	.	1	4 Sep.	1	.	1	.	.	.	.	.
	.	.	.		.	.	.	.	.	.	3	3 „	1	.	1	3	.	1	1	.
Summa	.	.	.		.	.	.	.	.	.	.	.	2	.	2	.	.	1	1	.
Kanonierstraße.	20	5 Nov.	1	.	1	.	.	.	.	.	9	11 Aug.	1	.	1	12	22 Sep.	1	.	1
	23	6 „	1	.	1	.	.	.	.	.	15	23 „	1	1	.	.	.	.	.	.
	31	12 Sep.	1	.	1	.	.	.	.	.	„	24 „	1	1	.	.	.	.	.	.
	32	27 Okt.	1	1	.	.	.	.	.	.	19	11 Sep.	1	.	1	19	25 Aug.	1	1	.
	33	19 Sep.	1	1	.	.	.	.	.	.	22	4 „	1	.	1	22	21 „	1	.	1
	„	28 „	1	1	.	.	.	.	.	.	23	6 „	1	.	1	„	23 „	1	.	1
	„	1 Okt.	1	1	.	.	.	.	.	.	28	24 Aug.	1	.	1	.	.	.	.	.
	„	17 „	1	1	.	.	.	.	.	.	„	17 Sep.	1	.	1	.	.	.	.	.
	„	23 „	1	.	1	.	.	.	.	.	29	14 „	1	.	1	.	.	.	.	.
	35	29 „	1	.	1	.	.	.	.	.	30	7 „	1	.	1	42	28 Sep.	1	.	1
Summa	.	.	10	5	5	.	.	.	.	.	.	.	10	2	8	.	.	5	1	4

Benennung der Straßen.	1831.					1832.					1837.					1848.				
	Haus-Nummer.	Tag der Erkrankungen.	Zahl der Kranken.	Genesen.	Gestorben.	Haus-Nummer.	Tag der Erkrankungen.	Zahl der Kranken	Genesen	Gestorben.	Haus-Nummer.	Tag der Erkrankungen.	Zahl der Kranken.	Genesen.	Gestorben.	Haus-Nummer	Tag der Erkrankungen.	Zahl der Kranken.	Genesen.	Gestorben.
Karlstraße.	1	9 Sep.	1	.	1	.	.	.	.	.	1	8 Sep.	1	1	.	3	26 Aug.	1	.	1
	4	14 Okt.	2	1	1	.	.	.	.	.	2a	28 "	1	.	1	"	4 Sep	1	.	1
	5	3 Sep.	1	1	.	.	.	.	.	.	11	10 "	1	.	1	13	8 Okt	1	1	.
	.	.	.	.	.	.	.	.	.	.	"	24 Okt.	1		1	19	16 Sep	1	.	1
	.	.	.	.	.	.	.	.	.	.	12	5 Sep.	1	.	1	20	14 "	1	.	1
	.	.	.	.	.	.	.	.	.	.	"	10 "	1	1	.	23b	6 "	1	.	1
	.	.	.	.	.	.	.	.	.	.	19	24 Aug	1	.	1	26	9 Okt.	1	.	1
	.	.	.	.	.	.	.	.	.	.	29	24 "	1	.	1	30	17 Sep.	1	.	1
	.	.	.	.	.	34	5 Nov	1	.	1	34	28 "	1	1	.	34	29 "	1		1
Summa	.	.	4	2	2	.	.	1	.	1	.	.	9	3	6	.	.	9	1	8
Kastanien-Allee.	.	.	.	.	.	.	.	.	.	.	.	.	.	.	.	21	24 Sep.	1	1	.
	.	.	.	.	.	.	.	.	.	.	.	.	.	.	.	"	26 "	1	1	.
Summa	.	.	.	.	.	.	.	.	.	.	.	.	.	.	.	.	.	2	2	.
Katholische Kirche, hinter der.	.	.	.	.	.	.	.	.	.	.	.	.	.	.	.	2	18 Nov.	1	1	.
Kesselstr.	.	.	.	.	.	.	.	.	.	.	.	23 Okt.	1	.	1	.	.	.	.	.
	.	.	.	.	.	.	.	.	.	.	.	25 "	1	.	1	.	.	.	.	.
Summa	.	.	.	.	.	.	.	.	.	.	.	.	2	.	2	.	.	.	.	.
Kirchgasse, kleine.	.	.	.	.	.	.	.	.	.	.	3	19 Aug.	1	.	1	2	30 Aug.	1	.	1
	.	.	.	.	.	.	.	.	.	.	"	21 "	1	.	1	"	4 Sep.	1	.	1
	.	.	.	.	.	.	.	.	.	.	"	26 "	1	1	.	.	.	.	.	.
	.	.	.	.	.	.	.	.	.	.	"	27 "	1	.	1	.	.	.	.	.
	.	.	.	.	.	.	.	.	.	.	"	1 Sep.	1	.	1	.	.	.	.	.
	.	.	.	.	.	.	.	.	.	.	"	16 "	1	.	1	.	.	.	.	.
Summa	.	.	.	.	.	.	.	.	.	.	.	.	6	1	5	.	.	2	.	2
Kirchgasse, neue.	.	.	.	.	.	.	.	.	.	.	2	21 Aug.	1	.	1	3	4 Sep.	1	.	1
	.	.	.	.	.	.	.	.	.	.	"	24 "	1	.	1	.	.	.	.	.
	.	.	.	.	.	.	.	.	.	.	"	26 "	1	.	1	.	.	.	.	.
Summa	.	.	.	.	.	.	.	.	.	.	.	.	3	.	3	.	.	1	.	1

Benennung der Straßen.	1831.					1832.					1837.					1848.				
	Haus-Nummer.	Tag der Erkrankungen.	Zahl der Kranken.	Genesen.	Gestorben.	Haus-Nummer.	Tag der Erkrankungen.	Zahl der Kranken.	Genesen.	Gestorben.	Haus-Nummer.	Tag der Erkrankungen.	Zahl der Kranken.	Genesen.	Gestorben.	Haus-Nummer.	Tag der Erkrankungen.	Zahl der Kranken.	Genesen.	Gestorben.
Klosterstr.	53	5 Okt.	1	.	1	.	.	.	.	.	60	21 Aug.	1	.	1	60	3 Sep.	1	.	1
	„	11 „	1	.	1	.	.	.	.	.	64	30 „	1	.	1	63	15 „	1	.	1
	„	22 „	1	.	1	.	.	.	.	.	„	7 Sep.	1	.	1	64	8 Okt.	1	.	1
	69	14 Sep.	1	1	.	.	.	.	.	.	73	28 Aug.	1	1	.	.	.	.	.	.
	81	12 „	1	1	.	81	23 Nov.	1	.	1	81	3 Sep.	2	1	1	.	.	.	.	.
	„	16 „	1	1	.	.	.	.	.	.	„	7 „	2	1	1	.	.	.	.	.
	„	25 „	1	.	1	86	24 Nov.	1	.	1	86	29 Aug.	1	1	.	85	21 Aug.	1	1	.
	„	12 Okt.	1	.	1	.	.	.	.	.	92	20 „	1	1	.	.	.	.	.	.
	92	14 Sep.	1	.	1	.	.	.	.	.	93	20 Okt.	2	2	.	.	.	.	.	.
	„	10 Okt.	1	1	.	.	.	.	.	.	94	8 Sep	1	1	.	.	.	.	.	.
	„	18 „	1	1	.	.	.	.	.	.	96	19 Aug.	1	.	1	96	3 Sep.	1	1	.
	98	26 Sep.	2	1	1	.	.	.	.	.	„	16 Sep	1	1	.	.	.		.	.
	101	25 Okt.	1	.	1	.	.	.	.		100	30 Aug.	1	.	1	.	.	.	.	.
	105	28 Sep.	1	.	1	.	.	.	.	.	101	28 „	1	.	1	102	16 Sep	1	.	1
	„	30 „	2	.	2	110	1 Dez.	1	.	1	108	2 Sep.	1	.	1	.	.	.	.	.
	112	28 „	1	.	1	.	.	.	.	.	112	23 Aug.	1	.	1	.	.	.	.	.
	„	30 „	1	.	1	.	.	.	.	.	.	.	.	.	.	.	.	.	.	.
Summa	.	.	30	9	21	.	.	4	.	4	.	.	41	18	23	.	.	18	9	9
Kochstraße.	.	.	.	.	.	.	.	.	.	.	1	22 Aug.	1	1	.	8	21 Okt.	1	.	1
	.	.		.	.	.	.	.	.	.	„	3 Sep	1	.	1	„	24 „	2	.	2
	.	.	.	.	.	30	22 Okt.	1	.	1	„	4 „	1	.	1	9	14 Sep.	1	.	1
	.	.	.	.	.	„	25 „	1	.	1	42	23 Aug.	2		2	46	8 „	1	1	.
	.	.	.	.	.	33	23 „	1	.	1	„	24 „	1	1	.	53	20 „	1	.	1
	43	21 Okt.	1	.	1	43	14 „	1	.	1	43	20 Sep.	1	1	.	„	28 „	1	.	1
	68	7 Dez.	1	1	.	.	.	.	.		47	30 Aug.	1	.	1	73	25 Okt.	1	.	1
Summa	.	.	2	1	1	.	.	4	.	4	.	.	8	3	5	.	.	8	1	7
Kölnische Gasse, früher Kölnischer Wursthof.	.	.	.	.	.	1	19 Okt.	1	.	1	1	21 Aug.	1	.	1	.	.	.	.	.
	.	.	.	.	.	2	21 „	1	1	.	2	15 „	3	.	3	.	.	.	.	.
	.	.	.	.	.	.	.	.	.	.	„	16 „	1	.	1	.	.	.	.	.
	.	.	.	.	.	.	.	.	.		3	28 „	1	.	1	.	.	.	.	.
	4	11 Sep.	1	.	1	.	.				4	14 Sep.	1	1	.	.	.	.	.	.
	5	15 „	1	.	1	5	18 Okt.	1	1	.	6	26 Aug.	1	.	1	.	.	.	.	.
	„	27 „	1	.	1	.	.	.	.		„	1 Sep.	1	.	1	.	.	.	.	.
	.	.	.	.	.	.	.	.		.	7	22 Aug.	1	.	1	.	.	.	.	.
	.	.	.	.	.	.	.	.	.	.	„	26 „	1	1	.	.	.	.	.	.
	.	.	.	.	.	.	.	.	.	.	„	27 „	1	.	1	.	.	.	.	.
	.	.	.	.	.	.	.	.	.	.	8	19 „	1	.	1	8	2 Okt.	1	.	1

Benennung der Straßen.	1831.					1832.					1837.					1848.				
	Haus-Nummer.	Tag der Erkrankungen.	Zahl der Kranken.	Genesen.	Gestorben.	Haus-Nummer.	Tag der Erkrankungen.	Zahl der Kranken.	Genesen.	Gestorben.	Haus-Nummer.	Tag der Erkrankungen	Zahl der Kranken.	Genesen.	Gestorben.	Haus-Nummer.	Tag der Erkrankungen.	Zahl der Kranken.	Genesen.	Gestorben.
Kölnische Gasse.	.	.	.	.	.	.	.	.	.	.	8	20Aug.	1	.	1	8	8Okt.	1	.	1
	.	.	.	.	.	.	.	.	.	.	„	25 „	1	1	.	.	.	.	.	.
	13	6Sep.	1	1	.	.	.	.	.	.	13	27 „	1	.	1	.	.	.	.	.
	„	30 „	1	.	1	.	.	.	.	.	14	16 „	1	.	1	.	.	.	.	.
	.	.	.	.	.	.	.	.	.	.	„	26 „	1	.	1	.	.	.		.
Summa	.	.	5	1	4	.	.	3	2	1	.		18	3	15	.	.	2	.	2
Kölnischer Fischmarkt.	4	29Sep	1	.	1	.	.	.	.	.	5	23Sep.	1	.	1	.	.	.	.	.
	5	26 „	1	1	.	.	.	.	.	.	.	.	.	.	.	.	.	.	.	.
	„	14Okt.	1	.	1	.	.	.	.	.	.	.	.	.	.	.	.	.	.	.
Summa	.	.	3	1	2	.		.	.	.	.	.	1	.	1	.	.	.	.	.
Königsgraben.	8	16Sep.	1	1	.	.	.	.	.	.	4	10Sep.	1	1	.	3	26Sep.	1	1	.
	9	12 „	1	.	1	.	.	.	.	.	7	18 „	1	.	1	8	8 „	1	.	1
	10	15Okt.	1	1	.	.	.	.	.	.	8	22Aug.	1	.	1	9	25Aug.	1	.	1
	12	22Nov.	1	1	.	.	.	.	.	.	„	24 „	1	.	1	„	2Sep.	1	1	.
	13	20Okt	1	1	.	.	.	.	.	.	9	28 „	1	.	1	„	10 „	1	.	1
	„	26 „	1		1	.	.	.	.	.	11	24 „	1	.	1	10	22 „	1	.	1
	„	5Nov.	1	1	.	.	.	.	.	.	„	1Sep	1	.	1	„	22Okt.	1	.	1
	14	10Sep.	1	.	1	.	.	.	.	.	13	21Aug.	1	.	1	12	2 „	1	.	1
	„	14 „	1	.	1	.	.	.	.	.	„	28 „	2	.	2	13	29Sep.	1	.	1
	„	30 „	1	.	1	.	.	.	.	.	14	29 „	1	1	.	„	17Okt.	1	.	1
	15	22 „	1	1	.	.	.	.	.	.	„	2Sep.	1	.	1	15	13Sep.	1	.	1
	„	28 „	1	.	1	.	.	.	.	.	15	5 „	1	.	1	„	15 „	1	.	1
	17	14 „	2	1	1	.	.	.	.	.	„	20 „	1	.	1	18	16 „	1	1	.
	„	21Nov.	1	1	.	.	.	.	.	.	19	7 „	1	.	1	19	30 „	1	.	1
Summa	.	.	15	8	7	.	.	.	.	.	.	.	15	2	13	.	.	14	3	11
Königsmauer.	1	18Sep.	1	.	1	.	.	.	.	.	2	16Sep.	1	.	1	6	13Okt.	1	1	.
	„	2Okt.	1	1	.	.	.	.	.	.	3	18 „	1	1	.	9	27Sep.	1	.	1
	14	11Sep.	2	1	1	.	.	.	.	.	„	20Okt.	1	1	.	„	30 „	1	.	1
	„	12 „	1	1	.	.	.	.	.	.	13	19Sep.	1	.	1	„	3Okt.	1	.	1
	„	1Okt.	1	.	1	.	.	.	.	.	14	1 „	1	1	.	.	.		.	.
	15	12 „	1	.	1	.	.	.	.	.	„	9 „	1	.	1	.	.	.	.	.
	16	30Sep	2	1	1	.	.	.	.	.	„	16 „	1	.	1	.	.	.	.	.
	„	5Okt.	1	1	.	.	.	.	.	.	15	16 „	1	1	.	.	.	.	.	.
	18	27Sep.	1	.	1	.	.	.	.	.	21	23Aug.	2	1	1	.	.	.	.	.
	19	28 „	1	1	.	.	.	.	.	.	24	22Sep.	1	1	.	.	.	.	.	.

Benennung der Straßen.	1831. Haus-Nummer.	Tag der Erkrankungen.	Zahl der Kranken.	Genesen.	Gestorben.	1832. Haus-Nummer.	Tag der Erkrankungen.	Zahl der Kranken.	Genesen.	Gestorben.	1837. Haus-Nummer.	Tag der Erkrankungen.	Zahl der Kranken.	Genesen.	Gestorben.	1848. Haus-Nummer.	Tag der Erkrankungen.	Zahl der Kranken.	Genesen.	Gestorben.
Königsmauer.	22	15 Sep.	1	.	1	.	.	.			27	1 Sep.	1	.	1	26	14 Sep.	1	1	.
	26	10 Okt.	1	.	1		.	.	.	.	28	5 =	1	.	1	.	.	.		.
	28	19 Sep.	1	.	1	.	.	.	.	.	=	16 =	2	2	.	.	.	.	.	.
	29	8 =	1	.	1	29	16 Okt.	1	.	1	29	7 =	1	1	.	39	11 Sep.	1	1	.
	43	18 =	1	.	1	.	.	.	.	.	43	3 =	1	1	.	41	3 Aug.	1		1
	44	10 Okt.	1	1	.	.	.	.	.	.	=	11 =	1	.	1	=	4 =	1		1
	47	7 Sep.	1	.	1	.	.	.	.	.	45	20 =	1	1	.	=	5 =	1	.	1
	=	13 =	1	1	.	.	.	.	.	.	=	25 =	1	.	1	.	.	.	.	.
	49	5 =	1	.	1	.	.	.	.		47	16 =	1	.	1	.	.	.	.	.
	=	11 =	1	.	1	.	.	.	.		=	18 =	1	.	1	.	.	.	.	.
	50	2 Okt	1	1	.	.	.	.	.	.	=	27 =	1	1	.	.	.	.	.	.
	51	5 =	1	.	1	.	.	.	.	.	48	29 =	1	.	1	.	.	.	.	.
	52	2 =	1	.	1	.	.	.	.	.	50	9 =	1	.	1	.	.	.	.	.
	53	13 Sep.	1	.	1		.	.	.	.	=	4 Okt.	1	.	1	.	.	.	.	.
	58	10 =	2	.	2	.	.	.	.	.	.	.	.	.		.	.		.	.
Summa	.	.	28	9	19	.	.	1	.	1	.	.	26	12	14	.	.	9	3	6
Königsstr.	7	26 Sep.	1	.	1		.	.	.	.	7	18 Sep	1	1	.	7	18 Sep	2	1	1
	8	19 Okt.	1	.	1	.	.	.	.	.	8	22 Okt.	1	.	1	.	.	.	.	.
	.	.	.	.	.	.	.	.	.	.	12	16 Sep.	1	.	1	.	.	.	.	.
	.	.	.	.	.	.	.	.	.	.	19	25 Aug.	1	.	1	.	.	.	.	.
	24	22 Sep.	1	.	1	.	.	.	.	.	21	1 Sep.	1	.	1	26	3 Okt.	1	1	.
	32	6 Nov.	1	.	1	.	.	.	.		33	19 Aug.	1	1		.	.	.	.	.
	.	.	.	.	.	.	.	.	.	.	34	12 =	1	.	1	.	.	.	.	.
	.	.	.	.	.	.	.	.	.	.	=	14 =	1	.	1	34	3 Sep	1	1	.
	.	.	.	.	.	.	.	.	.	.	=	28 =	1	1	.	47	20 Okt.	1	1	.
	42	14 Okt.	2	.	2	.	.	.	.	.	44	31 =	1	.	1	53	11 Sep	1	1	.
	61	6 =	1	.	1	.	.	.	.	.	48	2 Sep.	1	.	1	54	10 =	1	.	1
	92	19 =	1	.	1	.	.	.	.	.	50	4 =	1	.	1	.	30 Aug.	1	1	.
Summa	.	.	8	.	8	.	.	.	.	.	.	.	12	3	9	.	.	8	6	2
Königsstr., neue.	4	20 Okt.	3	2	1	.	.			.	4	6 Sep.	1	.	1	9	13 Okt.	1	1	.
	=	21 =	1		1	.	.	.	.	.	5	11 =	1	.	1	12	12 Sep.	1	.	1
	5	4 =	1	1	.	.	.		.		=	4 Okt.	1	.	1	13	24 Aug.	1	.	1
	.	.	.	.	.	.	.	.	.	.	=	13 =	1	.	1	.	.	.	.	
	.	.	.	.	.	.	.	.	.	.	6	22 Sep.	1	.	1	.	.	.	.	.
	.	.	.	.	.	.		.	.	.	6a	25 =	1	1	.	.	.	.	.	.
	.	.	.	.	.	7	8 Okt.	1	.	1	7a	12 =	1	.	1	.	.	.	.	.
	.	.	.	.	.	.	.	.	.	.	=	13 =	1	1	.	.	.	.	.	.

Benennung der Straßen.	1831. Haus-Nummer.	1831. Tag der Erkrankungen.	1831. Zahl der Kranken.	1831. Genesen.	1831. Gestorben.	1832. Haus-Nummer.	1832. Tag der Erkrankungen.	1832. Zahl der Kranken.	1832. Genesen.	1832. Gestorben.	1837. Haus-Nummer.	1837. Tag der Erkrankungen.	1837. Zahl der Kranken.	1837. Genesen.	1837. Gestorben.	1848. Haus-Nummer.	1848. Tag der Erkrankungen.	1848. Zahl der Kranken.	1848. Genesen.	1848. Gestorben.
Königsstr., neue.	.	.	.	.	.	.	.	.	.	.	7a	16Sep.	1	.	1	.	.	.	.	.
	.	.	.	.	.	.	.	.	.	.	"	20 "	1	1	.	.	.	.	.	.
	8	29Okt.	1	1	.	.	.	.	.	.	8	22Aug.	1	.	1	.	.	.	.	.
	21	14Sep.	1	.	1	.	.	.	.	.	23	27 "	1	1	.	23	29Aug.	1	1	.
	.	.	.	.	.	.	.	.	.	.	"	7Sep.	1	.	1	"	30 "	1	.	1
	.	.	.	.	.	.	.	.	.	.	"	14 "	1	.	1	"	6Okt.	1	.	1
	.	.	.	.	.	.	.	.	.	.	24	29Aug.	1	1		28	22Sep	1	.	1
	33	26Sep.	1	.	1	.	.	.	.	.	33	10Sep.	1	1	.	39	20 "	1	.	1
	"	5Okt.	1	.	1	.	.	.	.	.	34	28Aug.	1	.	1	50	11 "	1	.	1
	"	16 "	1	.	1	.	.	.	.	.	36	19 "	1	.	1	52	26 "	1	.	1
	"	23 "	1	.	1	.	.	.	.	.	"	23 "	1	1	.	58	27 "	1	.	1
	.	.	.	.	.	.	.	.	.	.	"	26 "	1	.	1	"	30 "	1	.	1
	.	.	.	.	.	.	.	.	.	.	"	30 "	1	.	1	62	30 "	1	.	1
	.	.	.	.	.	.	.	.	.	.	39	15Sep.	2	1	1	"	13Nov.	2	1	1
	.	.	.	.	.	50	26Nov.	1	.	1	50	27Aug.	1	1	.	71	4Okt.	1	.	1
	.	.	.	.	.	.	.	.	.	.	51	26 "	1	.	1	78	14Sep.	1	.	1
	.	.	.	.	.	.	.	.	.	.	57	29 "	1	.	1	"	13Okt.	1	.	1
	62	9Okt.	1	1	.	.	.	.	.	.	65	22 "	1	.	1	"	18 "	1	1	.
	.	.	.	.	.	66	16Okt.	1	.	1	66	22 "	2	.	2	80	10Sep.	1	.	1
	69	21Okt.	1	1	.	.	.	.	.	.	"	24 "	1	.	1	"	13 "	1	1	.
	"	23 "	1	1	.	.	.	.	.	.	"	27 "	1	.	1	"	4Okt.	1	.	1
	.	.	.	.	.	.	.	.	.	.	72	18 "	1	.	1	85	7Sep.	1	.	1
	.	.	.	.	.	.	.	.	.	.	"	25 "	1	.	1	"	9 "	1	.	1
	74	7Nov.	1		1	.	.	.	.	.	74	26 "	1	1	.	89	8Nov.	1	.	1
	.	.	.	.	.	.	.	.	.	.	"	28 "	1	1	.	91	8Okt.	1	.	1
	.	.	.	.	.	.	.	.	.	.	78	22 "	1	.	1	94	18Sep.	1	.	1
	.	.	.	.	.	.	.	.	.	.	"	24 "	1	.	1	"	23 "	2	2	.
	.	.	.	.	.	.	.	.	.	.	82	6Sep.	1	.	1	.	.	.	.	.
Summa	.	.	15	7	8	.	.	3	.	3	.	.	38	11	27	.	.	29	7	22
Königsthor (vor dem).	46	12Okt.	1	1	.	.	.	.	.	.	.	24Aug.	1	1	.	3	20Okt.	1	.	1
	.	3Nov.	1	.	1	.	.	.	.	.	.	30 "	1	.	1	9	8Sep.	1	.	1
	.	11 "	1	1	.	.	.	.	.	.	.	2Sep.	1	.	1	10	7 "	1	1	.
	.	.	.	.	.	.	.	.	.	.	.	5 "	1	.	1	"	12 "	1	.	1
	.	.	.	.	.	.	.	.	.	.	.	13 "	1	.	1	11	30Okt.	1	.	1
	.	.	.	.	.	.	.	.	.	.	.	15 "	2	1	1	"	6Sep.	2	.	2
	.	.	.	.	.	.	.	.	.	.	.	16 "	1	.	1	"	7 "	2	2	.
	.	.	.	.	.	.	.	.	.	.	.	30 "	1	1	.	"	9 "	1	1	.
	.	.	.	.	.	.	.	.	.	.	.	5Okt.	1	.	1	"	13 "	2	1	1
	.	.	.	.	.	.	.	.	.	.	.	7 "	1	.	1	"	14 "	1	1	.

Benennung der Straßen.	1831.					1832.					1837.					1848.				
	Haus-Nummer.	Tag der Erkrankungen.	Zahl der Kranken.	Genesen.	Gestorben.	Haus-Nummer.	Tag der Erkrankungen.	Zahl der Kranken	Genesen	Gestorben.	Haus-Nummer.	Tag der Erkrankungen.	Zahl der Kranken.	Genesen.	Gestorben.	Haus-Nummer.	Tag der Erkrankungen.	Zahl der Kranken.	Genesen.	Gestorben.
Königsthor (vor dem).	.	.	.	.	.	.	.	.	.	.	.	19 Okt.	1	.	1	11	7 Okt.	1	.	1
	.	.	.	.	.	.	.	.	.	.	.	.		.	.	=	9 =	2	.	2
	.	.	.	.	.	.	.	.	.	.	.	.	.	.	.	=	24 =	1	.	1
	.	.	.	.	.	.	.	.	.	.	.	.		.	.	12	14 =	1	.	1
	.	.	.	.	.	.	.	.	.	.	.	.	.	.	.	14	20 Sep.	1	1	.
	.	.	.	.	.	.	.	.	.	.	.	.		.	.	19	1 Okt.	1	.	1
	.	.	.	.	.	.	.	.	.	.	.	.	.	.		=	18 =	1	.	1
	.	.	.	.	.	.	.	.	.	.	.	.	.	.	.	20	17 =	1	.	1
Summa	.	.	3	2	1	.	.	.	.	.		.	12	3	9	.	.	22	7	15
Köpnicker Holzplatz.	.	21 Okt.	1	1	.	.	.	.	.	.	.	.	.	.	.	.	.	.	.	.
Köpnickerstraße.	2	5 Sep.	1	1	.	.	.	.	.	.	14/15	8 Sep.	1	.	1	12	7 Okt.	1	.	1
	.	.	.	.	.	.	.	.	.	.	34	24 Aug.	1	1	.	18a	5 =	1	1	.
	.	.	.	.	.	.	.	.	.	.	38	24 =	1	1	.	40	5 Sep.	1	.	1
	.	.	.	.	.	.	.	.	.	.	=	27 Sep.	1	1		=	11 =	1	.	1
	.	.	.	.	.	.	.	.	.	.	40	31 Aug.	1	.	1	=	21 =	1	.	1
	45	25 Okt.	1	.	1	.	.	.	.	.	.	.	.	.	.	45	9 =	1	.	1
	.	.	.	.	.	.	.	.	.	.	.	.	.	.	.	=	11 =	1	.	1
	.	.	.	.	.	.	.	.	.	.	.	.	.	.	.	=	20 =	1	1	.
	.	.	.	.	.	.	.	.	.	.	.	.	.	.	.	=	22 =	1	1	.
	50	25 Sep.	1	.	1	.	.	.	.	.	.	.	.	.	.	51	22 =	1	.	1
	.	.	.	.	.	.	.	.	.	.	52	6 Sep.	1		1	52	3 =	1	.	1
	.	.	.	.	.	.	.	.	.	.	.	.	.	.	.	=	6 =	1	.	1
	.	.	.	.	.	.	.	.	.	.	.	.	.	.	.	=	9 =	1	.	1
	.	.	.	.	.	.	.	.	.	.	.	.	.	.	.	=	12 =	2	.	2
	.	.	.	.	.	.	.	.	.	.	.	.	.	.	.	56	25 Aug.	1	.	1
	.	.	.	.	.	.	.	.	.	.	.	.	.	.	.	=	3 Sep	1	.	1
	.	.	.	.	.	.	.	.	.	.	.	.	.	.	.	=	5 =	1	1	.
	.	.	.	.	.	.	.	.	.	.	.	.	.	.	.	=	7 =	1	.	1
	.	.	.	.	.	.	.	.	.	.	.	.	.	.	.	=	8 =	1	.	1
	60	16 Okt.	1	.	1	.	.	.	.	.	.	.	.	.	.	57	11 =	1	.	1
	63	16 =	1	.	1	.	.	.	.	.	.	.	.	.	.	63	11 =	1	1	.
	64	8 Sep.	1	.	1	.	.	.	.	.	.	.	.	.	.	=	12 =	2	1	1
	.	.	.	.	.	.	.	.	.	.	67	25 Aug.	1	1	.	68	28 =	1	.	1
	.	.	.	.	.	.	.	.	.	.	.	.	.	.	.	=	30 =	1	.	1
	.	.	.	.	.	.	.	.	.	.	.	.	.	.	.	=	8 Okt.	1	1	.
	.	.	.	.	.	.	.	.	.	.	.	.	.	.	.	=	10 =	1	.	1
	70	28 Okt.	1	.	1	.	.	.	.	.	69	27 Sep.	1	.	1	69	11 Sep.	2	.	2
	78	11 Sep.	1	.	1	.	.	.	.	.	79	12 Aug.	1	.	1	=	2 Okt.	1	1	.

Benennung der Straßen.	1831. Haus-Nummer.	Tag der Erkrankungen.	Zahl der Kranken.	Genesen.	Gestorben.	1832. Haus-Nummer.	Tag der Erkrankungen.	Zahl der Kranken.	Genesen.	Gestorben.	1837. Haus-Nummer.	Tag der Erkrankungen.	Zahl der Kranken.	Genesen.	Gestorben.	1848. Haus-Nummer.	Tag der Erkrankungen.	Zahl der Kranken.	Genesen.	Gestorben.
Köpnickerstraße.	78	14 Sep.	2	.	2	.	.	.	.	.	79	18 Aug.	1	.	1	71	1 Sep.	1	.	1
	=	20 =	1	.	1	.	.	.	.	.	=	23 =	1	.	1	80a	17 =	1	.	1
	=	1 Okt.	1	.	1	.	.	.	.	.	=	25 =	2	2	.	93	24 =	1	.	1
	=	14 =	1	1	.	.	.	.	.	.	=	26 =	1	1	.	=	25 =	1	.	1
	=	18 =	1	.	1	.	.	.	.	.	=	29 =	1	.	1	=	25 Okt.	1	1	.
	=	19 =	1	1	.	.	.	.	.	.	=	5 Okt.	1	1	.	95	15 Sep.	1	.	1
	=	24 =	1	1	.	.	.	.	.	.	84	23 Aug.	1	1	.	98	11 =	1	.	1
	=	11 Nov.	2	.	2	.	.	.	.	.	86	7 Sep.	1	1	.	99	29 =	1	.	1
	=	13 =	1	.	1	.	.	.	.	.	=	16 Okt.	1	.	1	104	11 =	1	1	.
	=	14 =	1	.	1	.	.	.	.	.	104	26 Aug.	1	.	1	115	19 =	1	1	.
	88	14 Okt	1	1	.	.	.	.	.	.	105	16 Sep.	1	.	1	=	12 Okt.	1	.	1
	92	14 Sep.	1	.	1	.	.	.	.	.	=	17 =	1	1	.	=	13 =	1	.	1
	94	16 Okt.	1	1	.	.	.	.	.	.	109	12 =	1	.	1	128	14 Sep.	1	.	1
	95	11 =	1	.	1	.	.	.	.	.	=	13 =	1	.	1	=	23 =	1	1	.
	102	22 =	1	.	1	.	.	.	.	.	=	18 =	3	.	3	129	11 =	1	1	.
	.	.	.	.	.	103	24 Nov.	1	.	1	=	24 =	2	2	.	148	6 =	2	.	2
	.	.	.	.	.	.	.	.	.	.	110	17 =	1	1	.	=	10 Nov.	1	1	.
	.	.	.	.	.	.	.	.	.	.	114	29 Aug.	1	.	1	148a	24 Okt.	1	1	.
	.	.	.	.	.	.	.	.	.	.	=	15 Sep.	2	.	2	=	27 =	1	1	.
	.	.	.	.	.	.	.	.	.	.	=	20 =	1	.	1	.	9 =	1	.	1
	.	.	.	.	.	.	.	.	.	.	=	23 =	1	.	1	.	11 =	1	1	.
	.	.	.	.	.	.	.	.	.	.	=	24 =	1	1	.	.	13 =	1	.	1
	115	23 Sep.	2	.	2	115	22 Okt.	1	.	1	115	20 Aug.	1	.	1	.	.	.	.	.
	=	24 =	1	1		.	.	.	.	.	=	25 =	1	.	1	.	.	.	.	.
	=	26 =	3	3	.	.	.	.	.	.	=	1 Sep	1	.	1	.	.	.	.	.
	.	.	.	.	.	.	.	.	.	.	=	8 =	1	.	1	.	.	.	.	.
	.	.	.	.	.	.	.	.	.	.	=	18 =	1	1	.	.	.	.	.	.
	116	3 Okt.	1		1	.	.	.	.	.	116	21 =	1	.	1	.	.	.	.	.
	.	.	.	.	.	.	.	.	.	.	=	23 =	1	.	1	.	.	.	.	.
Summa	.		32	10	22	.	.	2	.	2	.	.	43	16	27	.		54	17	37
Köthenerstraße.	.	.	.	.	.	.	.	.	.	.	.	.	.	.	.	14	13 Okt.	1	.	1
	.	.	.	.	.	.	.	.	.	.	.	.	.	.	.	22	26 Aug.	1	.	1
	.	.	.	.	.	.	.	.	.	.	.	.	.	.	.	=	31 =	1	.	1
	.	.	.	.	.	.	.	.	.	.	.	.	.	.	.	=	1 Sep.	1	.	1
	.	.	.	.	.	.	.	.	.	.	.	.	.	.	.	24	31 Aug.	1	1	.
	.	.	.	.	.	.	.	.	.	.	.	.	.	.	.	33	11 Sep.	1	1	.
Summa	.		.	.	.	.	.	.	.	.	.	.	.	.	.	.	.	6	2	4

Benennung der Straßen.	1831.					1832.					1837.					1848.				
	Haus-Nummer.	Tag der Erkrankungen.	Zahl der Kranken.	Genesen.	Gestorben.	Haus-Nummer.	Tag der Erkrankungen.	Zahl der Kranken.	Genesen.	Gestorben.	Haus-Nummer.	Tag der Erkrankungen.	Zahl der Kranken.	Genesen.	Gestorben.	Haus-Nummer.	Tag der Erkrankungen.	Zahl der Kranken.	Genesen.	Gestorben.
Kommandantenstr., früher neue Kommandantenstraße.	4	27 Sep.	1	.	1	.	.	.	.		7	13 Sep.	1	.	1	10	1 Sep.	1		1
	10	24 =	1	.	1		.	.	.	.	=	20 =	1	.	1	=	6 =	1	.	1
	=	18 Okt.	2	.	2	.	.	.	.	.	10	11 =	1	.	1	11	2 =	1	.	1
	=	9 Nov.	1	.	1	.	.	.	.	.	22	5 Nov.	2	.	2	12	14 =	1	1	.
	13	3 =	1	1	.	.	.	.	.	.	=	10 =	1	1	.	18	1 Okt.	1	1	.
	15	22 Sep	1	1	.	.	.	.	.	.	26a	6 Sep	1	.	1	21	24 Aug.	1	1	.
	26	25 Okt.	1	1	.	.	.	.	.	.	32	22 Okt.	1	.	1	67	2 Sep.	1	1	.
	40	18 Sep.	1	.	1	35	5 Okt.	1	1		=	25 =	1	.	1	73	30 Aug.	1		1
	.	.	.	.	.	36	19 =	1	.	1	36	22 Aug.	2	.	2	81	29 =	1	.	1
	.	.	.	.	.	.	.		.		=	25 =	1	1	.	=	31 =	1	1	.
	.	.	.	.	.	.	.	.	.	.	=	1 Okt.	1	.	1	=	3 Sep.	1	.	1
	.	.	.	.	.	.	.	.	.	.	37	24 Aug.	1	.	1	84	18 Aug.	1	1	.
	.	.	.	.	.	.	.	.	.	.	.	.	.	.	.	85	29 =	1	1	.
	.	.	.	.	.	.	.	.	.	.	.	.	.	.	.	=	15 Okt.	1	.	1
	.	.	.	.	.	.	.	.	.	.	.	.	.	.	.	89	12 Aug.	1	1	.
	.	.	.	.	.	.	.	.	.	.	.	.	.	.	.	=	9 Okt.	1	.	1
Summa	.	.	9	3	6	.	.	2	1	1	.		14	2	12	.	.	16	8	8
Koppenstr.	9	16 Okt.	1	.	1	.	.	.	.	.	4	27 Aug.	1	1	.	.	.	.	.	.
	79	16 =	1	.	1	.	.	.	.	.	6	27 =	1	.	1	.	.	.	.	.
	.	.	.	.	.	.	.	.	.	.	9	4 Sep.	1	.	1	.	.	.	.	.
	.	.	.	.	.	.	.	.	.	.	=	6 =	1	1	.	.	.	.	.	.
	.	.	.	.	.	.	.	.	.	.	=	7 =	1	.	1	.	.	.	.	.
	.	.	.	.	.	.	.	.	.	.	10	29 Aug.	1	.	1	.	.	.	.	.
	.	.	.	.	.	.	.	.	.	.	=	30 =	1	1	.	.	.	.	.	.
	.	.	.	.	.	.	.	.	.	.	13	15 =	1	.	1	.	.	.	.	.
	.	.	.	.	.	.	.	.	.	.	=	17 =	1	.	1	.	.	.	.	.
	.	.	.	.	.	.	.	.	.	.	=	19 =	2	.	2	.	.	.	.	.
	.	.	.	.	.	.	.	.	.	.	=	20 =	3	.	3	.	.	.	.	.
	.	.	.	.	.	.	.	.	.	.	=	26 =	2	.	2	.	.	.	.	.
	.	.	.	.	.	.	.	.	.	.	=	29 =	1	1	.	.	.	.	.	.
	.	.	.	.	.	.	.	.	.	.	59	15 =	1	.	1	.	.	.	.	.
	.	.	.	.	.	.	.	.	.	.	=	20 =	1	1			.	.	.	.
Summa	.	.	2	.	2	.	.	.	.	.	.		19	5	14	.		.	.	.
Ko tbusserthor, vor dem.	.	.	.		.	.	.	.	.	.	1	16 Sep.	1	.	1	.	8 Aug.	1	.	1
Krausenstr.	8	4 Nov.	1	1		.	.	.	.	.	2	28 Aug.	1	.	1	2	4 Sep.	1	.	1
	.	.	.	.	.	.	.	.	.	.	=	19 Sep.	1	1	.	=	8 =	1	.	1

Anmerkung: Die Nummern in der Kommandantenstraße sind durch Verlängerung derselben zwischen 1837 und 1848 so verändert, daß, was früher 21, jetzt 67 ist u. s. w.

Benennung der Straßen.	1831.					1832.					1837.					1848.				
	Haus-Nummer.	Tag der Erkrankungen.	Zahl der Kranken.	Genesen.	Gestorben.	Haus-Nummer.	Tag der Erkrankungen.	Zahl der Kranken.	Genesen.	Gestorben.	Haus-Nummer.	Tag der Erkrankungen.	Zahl der Kranken.	Genesen.	Gestorben.	Haus-Nummer	Tag der Erkrankungen.	Zahl der Kranken.	Genesen.	Gestorben.
Krausenstr.	.	.	.	.	.	.	.	.	.	.	10	20Sep.	1	.	1	2	9Sep	1	.	1
	.	.	.	.	.	.	.	.	.	.	11	27Aug	1	.	1	17	18 „	1	1	.
	.	.	.	.	.	.	.	.	.	.	16	30 „	1		1	.	.	.	.	.
	.	.	.	.	.	.	.	.	.	.	21	25Sep.	1	1	.	.	.	.	.	.
	22	2Nov.	1	1	.	22	16Okt.	2	1	1	22	23Aug.	1	1	.	.	.	.	.	.
	24	29Okt.	1	.	1	28	17 „	1	.	1	33	21 „	1	.	1	38	23Aug.	1	1	.
	„	31 „	1	1	.	.	.	.	.	.	„	26 „	1	.	1	„	20Sep.	1	.	1
	45	16 „	2	.	2	.	.	.	.	.	35	9Okt.	1	.	1	.	.	.	.	.
	52	27 „	1	.	1	.	.	.	.	.	52	13Sep.	1	.	1	.	.	.	.	.
	.	.	.	.	.	.	.	.	.	.	63	18 „	1	1	.	.	.	.	.	.
	.	.	.	.	.	.	.	.	.	.	„	20 „	1	.	1	.	.	.	.	.
Summa	.		7	3	4	.	.	3	1	2	.	.	13	4	9	.	.	6	2	4
Krautsgasse.	16	15Okt.	2	.	2	.	.	.	.	.	29	31Aug.	1	.	1	17	15Sep.	1	.	1
	29	10Sep.	1	1	.	.	.	.	.	.	36	12Sep	3	.	3	.	.	.	.	.
	33	14Okt.	1	.	1	.	.	.	.	.	„	7Okt.	1	1	.	.	.	.	.	.
	39	18 „	1	.	1	.	.	.	.	.	39	22Aug.	2	2	.	.	.	.	.	.
	.	.	.	.	.	.	.	.	.	.	„	25 „	1	.	1	.	.	.	.	.
	.	.	.	.	.	.	.	.	.	.	„	29 „	1	.	1	.	.	.	.	.
Summa	.	.	5	1	4	.		.	.	.	.	.	9	3	6	.		1	.	1
Kreuzberg, am.	.	27Sep	1	.	1	.		.	.	.	.	16Sep.	1		1	.		.	.	.
Kreuzgasse.	.	.	.	.	.	.	.	.	.	.	2	20Aug.	1	1	.	1	30Aug.	1	.	1
	.	.	.	.	.	.	.	.	.	.	„	23 „	1	.	1	„	9Sep.	1	.	1
	.	.	.	.	.	.	.	.	.	.	„	5Sep.	3	.	3	„	10 „	1	.	1
	.	.	.	.	.	.	.	.	.	.	„	7 „	1	.	1	.	.	.	.	.
	.	.	.	.	.	.	.	.	.	.	„	14 „	1	1	.	.	.	.	.	.
	.	.	.	.	.	.	.	.	.	.	3	28Aug.	1	.	1	.	.	.	.	.
	.	.	.	.	.	.	.	.	.	.	7	26 „	2	1	1	.	.	.	.	.
	.	.	.	.	.	.	.	.	.	.	„	15Sep.	1	.	1	.	.	.	.	.
	.	.	.	.	.	.	.	.	.	.	11	3 „	1	.	1	.	.	.	.	.
	.	.	.	.	.	15	18Okt.	1		1	15	25Aug.	1	.	1	14	16Sep	1	.	1
	.	.	.	.	.	16	14 „	1	1	.	„	9Sep.	1	.	1	.	.	.	.	.
	.	.	.	.	.	„	22 „	1	.	1	16	14 „	1	1	.	.	.	.	.	.
	.	.	.	.	.	17	19 „	1	.	1	17	24Aug.	1	1	.	.	.	.	.	.
	.	.	.	.	.	.	.	.	.	.	18	16 „	1	1	.	18	20Okt	1	.	1
	.	.	.	.	.	.	.	.	.	.	.	.	.	.	.	20	10Sep.	1	1	.
	.	.	.	.	.	.	.	.	.	.										
Summa	.	.	.	.	.	.	.	4	1	3	.	.	17	6	11	.	.	6	1	5

Benennung der Straßen.	1831.					1832.					1837.					1848.				
	Haus-Nummer.	Tag der Erkrankungen.	Zahl der Kranken.	Genesen.	Gestorben.	Haus-Nummer.	Tag der Erkrankungen.	Zahl der Kranken.	Genesen.	Gestorben.	Haus-Nummer.	Tag der Erkrankungen	Zahl der Kranken	Genesen.	Gestorben.	Haus-Nummer.	Tag der Erkrankungen.	Zahl der Kranken.	Genesen.	Gestorben.
Krögel, am.	.	.	.	.	.	1	14Nov.	1	.	1	1	15Sep.	3	1	2	.	.	.	.	.
	.	.	.	.	.	.	.	.	.	.	=	1Nov.	1	.	1	.	.	.	.	.
Summa	.	.	.	.	.	.	.	1	.	1	.	.	4	1	3	.	.	.	.	.
Kronengasse.	5	12Sep.	1	.	1	.	.	.	.	.	4	5Sep.	1	1	.	1	24Sep.	1	.	1
	14	1Okt.	1	1	.	.	.	.	.	.	10	9 =	1	1		10	14Okt.	2	.	2
	=	5 =	1	1	.	.	.	.	.	.	.	.		.		.	.	.	.	.
	18	5 =	1	1	.	.	.	.	.	.	.	.		.	.	.	.	.	.	.
	=	21Nov.	1	.	1	.	.	.	.	.	18	6Sep.	1		1	19	2Okt.	1	.	1
	23	15Sep.	1		1	.	.	.	.	.	24	20 =	1	.	1	23	8Sep.	1	.	1
Summa	.	.	6	3	3	.	.	.	.		.	.	4	2	2	.	.	5	.	5
Kronenstr.	.	.	.		.	2	18Okt.	1	.	1	2	26Aug.	1	.	1	.	.	.	.	.
	.	.	.	.	.	=	23Nov	1	.	1	3	15Sep.	1	.	1	.	.	.	.	.
	.	.	.		.	.	.	.	.	.	6	22 =	1	1	.	.	.	.	.	.
	18	12Sep.	1	1	.	.	.	.	.		18	14 =	1	.	1	18	31Aug.	1	.	1
	21	14 =	1	.	1	20	22Okt.	1	.	1	22	22Aug.	2		2	19	9Sep.	1	.	1
	22	3Nov.	1	1	.	.	.	.	.	.	=	2Sep.	1	.	1	.	.	.	.	.
	25	13Okt.	1	.	1	.	.	.	.	.	=	12 =	1	1	.	.	.	.	.	.
	=	14 =	1	.	1	.	.	.	.	.	=	15 =	3	2	1	.	.	.	.	.
	=	27 =	1		1	.	.	.	.	.	23	4 =	1	.	1	.	.	.	.	.
	31	9 =	1	1		.	.	.	.	.	24	29Aug	1	1	.	.	.	.	.	.
	41	11 =	1	.	1	.	.	.	.	.	29	29Sep.	1	1	.	.	.	.	.	.
	51	17Sep.	1	.	1	48	6Nov.	1	.	1	45	21Aug.	1	.	1	.	.	.	.	.
	.	.	.	.		=	15 =	1	1	.	49	22 =	1	.	1	.	.	.	.	.
	.	.	.	.		49	8 =	1	.	1	55	24 =	1	.	1	.	.	.	.	.
	.	.	.	.		50	3 =	2	.	2	65	17 =	2		2	.	.	.	.	.
	.	.	.			73	13Okt.	1	.	1	70	11Sep.	1	1	.	.		.	.	.
	.	.	.			=	15 =	3	.	3	71	9 =	1	.	1	.		.	.	.
Summa	.	.	9	3	6	.	.	12	1	11	.	.	21	7	14	.	.	2	.	2
Kurassierstraße, früher Todtengasse.	15	23Okt	1	1	.	15	12Nov.	1		1	.	.		.	.	15	11Aug.	1		1
		.	.	.	.	.	.	.	.	.	.	.	.	.	.	=	2Sep.	1	.	1
	.	.	.	.		.	.	.	.	.	19	21Aug.	1	1	.	19	6 =	1	1	
	20	31Okt.	1	.	1	.	.	.	.	.	.	.	.	.	.	20	13 =	2	.	2
	22	14Nov.	1	.	1	.	.	.	.	.	.	.	.	.	.	22	7Aug.	1	1	.
	.	.	.	.	.	.	.	.	.	.	.	.	.	.	.	=	12 =	2	1	1
	.	.	.	.	.	.	.	.	.	.	.	.	.	.	.	=	15 =	2	1	1

Benennung der Straßen.	1831.					1832.					1837.					1848.				
	Haus-Nummer.	Tag der Erkrankungen.	Zahl der Kranken.	Genesen.	Gestorben.	Haus-Nummer.	Tag der Erkrankungen.	Zahl der Kranken.	Genesen.	Gestorben.	Haus-Nummer.	Tag der Erkrankungen.	Zahl der Kranken.	Genesen.	Gestorben.	Haus-Nummer.	Tag der Erkrankungen.	Zahl der Kranken.	Genesen.	Gestorben.
Kürassierstraße.	.	.	.	.	.	.	.	.	.	.	.	.	.	.	.	22	17Aug.	2	1	1
	.	.	.	.	.	.	.	.	.	.	.	.	.	.	.	=	21 =	1	1	.
	.	.	.	.	.	.	.	.	.	.	.	.	.	.	.	=	2Sep.	1	1	.
	.	.	.	.	.	.	.	.	.	.	.	.	.	.	.	=	4 =	1	1	.
	.	.	.	.	.	.	.	.	.	.	25	19Sep.	1	.	1	25	6 =	1	.	1
Summa	.	.	3	1	2	.	.	1	.	1	.		2	1	1	.	.	16	8	8
Kupfergraben, am. Artillerie-Caserne.	1-3	24Sep.	1	1	.	1-3	2Okt.	1	.	1	1-3	17Aug.	1	.	1	1-3	2Aug.	1	1	.
	=	12Okt.	2	2	.	=	5 =	1	1	.	=	21 =	1	1	.	=	13 =	1	1	.
	=	21 =	1	1	.	=	11Sep.	1	.	1	=	27 =	2	.	2	=	14 =	1	.	1
	=	31 =	4	1	3	=	10Okt.	1	1	.	=	29 =	1	.	1	=	15 =	1	.	1
	=	2Nov.	1	.	1	=	22 =	1	.	1	=	5Sep.	1	1	.	=	22 =	2	.	2
	=	4 =	3	2	1	=	22Nov	1	1	.	=	11 =	2	2	.	=	9Sep.	2	1	1
	=	5 =	3	3	.	.	.	.	.	.	=	12 =	2	2	.	=	10 =	2	1	1
	=	7 =	1	.	1	.	.	.	.	.	=	13 =	1	1	.	=	11 =	2	2	.
	.	12 =	1	.	1	.	.	.	.	.	=	16 =	1	1	.	=	12 =	2	2	.
	4	14 =	1	.	1	.	.	.	.	.	=	22Okt.	1	.	1	=	20 =	2	.	2
	.	.	.	.	.	.	.	.	.	.	.	.	.	.	.	=	15Nov.	1	1	.
	.	.	.	.	.	.	.	.	.	.	.	.	.	.	.	4	10Okt.	1	1	.
	.	.	.	.	.	.	.	.	.	.	.	.	.	.	.	=	24 =	1	1	.
Summa	.	.	18	10	8	.	.	6	3	3	.	.	13	8	5	.		19	11	8
Kurstraße.	6	11Sep.	1	.	1	.	.		.	.	5	15Sep.	1	.	1	6	18Aug.	1	1	.
	=	5Nov.	1	.	1	.	.	.	.	.	=	21 =	1	1	.	=	24 =	1	.	1
	.	.	.	.	.	16	12Okt.	1	.	1	22	30Aug.	1	1	.	15	24 =	1	1	.
	26	1Okt.	1	.	1	.	.	.	.	.	27	28 =	1	1	.	24	9Okt.	1	.	1
	.	.	.	.	.	33	18Okt.	1	.	1	30	24 =	1	1	.	.	.	.	.	.
	39	21Sep.	1	.	1	.	.	.	.	.	=	28Sep.	1	1	.	.	.	.	.	.
	45	10 =	1	.	1	49	17Okt.	1	.	1	36	13 =	1	.	1	36	2Sep	1	.	1
	.	.	.	.	.	=	19 =	1	1	.	50	18Aug.	1	1	.	39	30Aug.	1	.	1
Summa	.	.	5	.	5	.	.	4	1	3	.	.	8	6	2	.		6	2	4
Kurzestr.	.	.	.	.	.	.	.	.	.	.	1	22Aug.	1	.	1	.	.	.	.	.
	.	.	.	.	.	.	.	.	.	.	=	25 =	1	.	1	.	.	.	.	.
	.	.	.	.	.	.	.	.	.	.	=	26 =	1	1	.	.	.	.	.	.
	.	.	.	.	.	.	.	.	.	.	=	1Sep.	1	.	1	8	18Sep.	1	1	.
	11	6Sep.	1	.	1	.	.	.	.	.	10	4 =	1	1	.	.	.	.	.	.

Benennung der Straßen.	1831.					1832.					1837.					1848.				
	Haus-Nummer.	Tag der Erkrankungen	Zahl der Kranken.	Genesen.	Gestorben.	Haus-Nummer.	Tag der Erkrankungen.	Zahl der Kranken.	Genesen.	Gestorben.	Haus-Nummer.	Tag der Erkrankungen	Zahl der Kranken.	Genesen.	Gestorben.	Haus-Nummer.	Tag der Erkrankungen.	Zahl der Kranken.	Genesen.	Gestorben.
Kurzestr.	11	8 Sep.	1	.	1	.	.	.	.	.	10	9 Sep.	1	.	1	.	.	.	.	.
	"	17 Okt.	1	.	1	18	22 Okt.	1	.	1	16	21 Aug.	2	.	2	.	.	.	.	.
	.	.	.	.	.	.	.	.	.	.	"	23 "	3	.	3	.	.	.	.	.
	.	.	.	.	.	.	.	.	.	.	"	24 "	2	1	1	.	.	.	.	.
	.	.	.	.	.	.	.	.	.	.	"	27 "	1	1	.	.	.	.	.	.
	.	.	.	.	.	.	.	.	.	.	"	31 "	1	1	.	.	.	.	.	.
	.	.	.	.	.	.	.	.	.	.	"	15 Sep.	2	1	1	.	.	.	.	.
Summa	.	.	3	.	3	.	.	1	.	1	.	.	17	6	11	.	.	1	1	.
Landsbergerstraße.	.	.	.	.	.	.	.	.	.	.	1h	22 Sep	1	.	1	1k	30 Sep.	1	.	1
	.	.	.	.	.	.	.	.	.	.	"	3 Nov.	1	1	.	3	5 "	1	1	.
	.	.	.	.	.	.	.	.	.	.	8	29 Aug.	1	.	1	11	14 Okt.	1	.	1
	.	.	.	.	.	10a	5 Nov.	1	1	.	17	11 Sep.	1	.	1	22	17 Sep	1	1	.
	.	.	.	.	.	.	.	.	.	.	18	31 Aug.	1	.	1	"	20 "	1	.	1
	.	.	.	.	.	.	.	.	.	.	"	28 Sep.	1	1	.	29	22 "	1	.	1
	.	.	.	.	.	.	.	.	.	.	22	21 Aug.	1	.	1	36	12 "	1	.	1
	.	.	.	.	.	.	.	.	.	.	24	27 "	1	1	.	43	7 "	1	1	.
	.	.	.	.	.	.	.	.	.	.	"	19 Sep.	1	1	.	51	3 "	1	.	1
	.	.	.	.	.	.	.	.	.	.	26	22 "	1	.	1	52	8 Okt.	1	.	1
	.	.	.	.	.	.	.	.	.	.	34	24 Aug.	1	.	1	54	10 Sep.	1	.	1
	37	11 Sep.	1	.	1	.	.	.	.	.	36	20 "	1	.	1	55	1 Okt.	1	1	.
	52	11 Okt.	1	1	.	.	.	.	.	.	44	3 Sep.	1	.	1	61	15 Sep.	1	.	1
	.	.	.	.	.	.	.	.	.	.	55	4 "	1	.	1	79a	6 Okt.	1	.	1
	.	.	.	.	.	.	.	.	.	.	"	8 "	1	1	.	"	10 "	1	.	1
	.	.	.	.	.	59	5 Nov.	1	.	1	59	3 "	1	1	.	80	17 Sep.	1	.	1
	.	.	.	.	.	.	.	.	.	.	66	22 "	1	1	.	"	4 Okt.	1	.	1
	.	.	.	.	.	.	.	.	.	.	67	8 "	1	1	.	"	6 "	1	.	1
	.	.	.	.	.	.	.	.	.	.	79	4 "	1	1	.	"	7 "	1	.	1
	.	.	.	.	.	.	.	.	.	.	81	15 Okt.	3	1	2	"	8 "	1	.	1
	.	.	.	.	.	.	.	.	.	.	"	16 "	2	2	.	"	12 "	2	.	2
	.	.	.	.	.	.	.	.	.	.	82	12 Sep.	1	1	.	"	13 "	1	.	1
	.	.	.	.	.	.	.	.	.	.	"	19 "	1	1	.	"	16 "	1	1	.
	.	.	.	.	.	.	.	.	.	.	"	23 "	1	.	1	80a	5 "	2	.	2
	.	.	.	.	.	.	.	.	.	.	"	20 Nov.	1	1	.	"	6 "	1	.	1
	83	25 Okt.	1	1	.	.	.	.	.	.	83	11 Sep.	1	.	1	"	8 "	1	1	.
	.	11 Nov.	1	.	1	.	.	.	.	.	"	14 "	1	.	1	"	9 "	2	1	1
	.	14 "	1	.	1	.	.	.	.	.	"	16 "	2	1	1	"	11 "	2	1	1
	.	.	.	.	.	.	.	.	.	.	"	17 "	1	.	1	81	12 "	1	1	.
	.	.	.	.	.	.	.	.	.	.	"	18 "	1	.	1	"	15 "	1	1	.
	.	.	.	.	.	.	.	.	.	.	88	17 "	1	1	.	108	8 "	1	.	1
Summa	.	.	5	2	3	.	.	2	1	1	.	.	35	17	18	.	.	35	10	25

Benennung der Straßen.	1831.					1832.					1837.					1848.				
	Haus-Nummer.	Tag der Erkrankungen.	Zahl der Kranken.	Genesen.	Gestorben.	Haus-Nummer.	Tag der Erkrankungen.	Zahl der Kranken.	Genesen.	Gestorben.	Haus-Nummer.	Tag der Erkrankungen.	Zahl der Kranken.	Genesen.	Gestorben.	Haus-Nummer.	Tag der Erkrankungen.	Zahl der Kranken.	Genesen.	Gestorben.
Landsberger Thor.	.	12 Okt.	1	.	1	.	.	.	.	.	.	27 Aug.	1	1	.	.	.	.	.	.
	.	.	.	.	.	.	.	.	.	.	.	12 Sep.	1	1	.	.	.	.	.	.
Summa	.		1	.	1	.	.	.	.	.	.		2	2	.	.		.	.	.
Landwehrstraße.	.	.	.	.	.	.	.	.	.	.	2	28 Sep.	1	.	1	2	28 Sep.	1	.	1
	5	10 Okt.	1	.	1	.	.	.	.	.	5	22 Aug.	1	.	1	=	30 =	1	.	1
	=	13 =	3	3	.	.	.	.	.	.	=	26 =	1	1	.	3	10 =	1	1	.
	.	.	.	.	.	.	.	.	.	.	=	1 Sep.	1	.	1	=	11 =	1	1	.
	.	.	.	.	.	.	.	.	.	.	=	2 =	1	.	1	=	13 =	2	.	2
	.	.	.	.	.	.	.	.	.	.	7	28 =	1	.	1	=	15 =	2	2	.
	.	.	.	.	.	.	.	.	.	.	12	8 =	1	.	1	=	21 =	1	.	1
	.	.	.	.	.	.	.	.	.	.	=	16 =	1	.	1	17	19 Okt.	1	.	1
	.	.	.	.	.	.	.	.	.	.	16	28 Aug.	1	.	1	.	.	.	.	.
	.	.	.	.	.	.	.	.	.	.	=	30 =	2	.	2	.	.	.	.	.
	.	.	.	.	.	.	.	.	.	.	=	2 Sep.	1	.	1	.	.	.	.	.
	.	.	.	.	.	.	.	.	.	.	=	3 =	2	.	2	.	.	.	.	.
	.	.	.	.	.	.	.	.	.	.	=	13 =	1	.	1	.	.	.	.	.
	.	.	.	.	.	.	.	.	.	.	=	16 =	1	.	1	.	.	.	.	.
	23	20 Sep.	1	.	1	.	.	.	.	.	23	21 Aug.	1	.	1	20	8 Sep.	1	.	1
	.	.	.	.	.	.	.	.	.	.	=	28 =	2	2	.	22	10 Okt.	1	.	1
	.	.	.	.	.	.	.	.	.	.	=	1 Sep	1	.	1	=	11 =	1	.	1
	.	.	.	.	.	.	.	.	.	.	=	4 =	1	1	.	.	.	.	.	.
	32	20 Sep.	1	.	1	.	.	.	.	.	32	5 =	1	.	1	.	.	.	.	.
	.	.	.	.	.	.	.	.	.	.	33	30 Aug.	1	.	1	.	.	.	.	.
	.	.	.	.	.	.	.	.	.	.	=	1 Sep.	1	.	1	38a	15 Sep.	1	1	.
	40	24 Sep	1	.	1	.	.	.	.	.	40	1 =	1	.	1	.	.	.	.	.
	.	.	.	.	.	.	.	.	.	.	=	3 =	1	1	.	.	.	.	.	.
	.	.	.	.	.	.	.	.	.	.	=	19 =	1	.	1	.	.	.	.	.
Summa	.	.	7	3	4	.	.	.	.	.	.	.	27	5	22	.	.	14	5	9
Langegasse.	10	6 Sep.	1	.	1	.	.	.	.	.	16	3 Sep.	2	1	1	9	30 Aug.	1	1	.
	.	.	.	.	.	.	.	.	.	.	=	8 =	2	.	2	21	24 Sep.	1	.	1
	.	.	.	.	.	.	.	.	.	.	=	10 =	1	.	1	23	30 Aug.	1	.	1
	.	.	.	.	.	.	.	.	.	.	=	12 =	1	1	.	36	10 Sep.	1	1	.
	.	.	.	.	.	.	.	.	.	.	25	31 Aug.	1	.	1	47	13 =	1	1	.
	.	.	.	.	.	.	.	.	.	.	43	26 Sep.	1	.	1	50	9 =	1	1	.
	44	1 Okt.	1	.	1	.	.	.	.	.	44	14 =	1	1	.	=	10 =	1	1	.
	.	.	.	.	.	.	.	.	.	.	53	21 Aug.	1	1	.	=	17 =	1	.	1
	.	.	.	.	.	.	.	.	.	.	=	2 Nov.	1	.	1	63	7 Aug.	1	.	1

Benennung der Straßen.	1831.					1832.					1837.					1848.				
	Haus-Nummer.	Tag der Erkrankungen.	Zahl der Kranken.	Genesen.	Gestorben.	Haus-Nummer.	Tag der Erkrankungen.	Zahl der Kranken.	Genesen	Gestorben.	Haus-Nummer.	Tag der Erkrankungen.	Zahl der Kranken.	Genesen.	Gestorben.	Haus-Nummer	Tag der Erkrankungen.	Zahl der Kranken.	Genesen.	Gestorben.
Langegasse.	62	3Okt.	1	.	1	.	.	.	.	.	62	29Okt.	2	1	1	63	24Aug.	1	.	1
	.	.	.	.	.	.	.	.	.	.	=	2Nov.	3	.	3	64	7Sep.	1	.	1
	.	.	.	.	.	.	.	.	.	.	=	5 =	1	1	.	=	11 =	1	.	1
	.	.	.	.	.	.	.	.	.	.	.	.	.	.	.	=	13 =	1	.	1
Summa	.	.	3	.	3	.	.	.	.	.	.	.	17	6	11	.	.	13	5	8
Laufgasse.	.	.	.	.	.	9	23Okt.	2	.	2	9	24Aug.	2	2	.	.	.	.	.	.
	.	.	.	.	.	.	.	.	.	.	=	4Sep.	1	.	1	.	.	.	.	.
	.	.	.	.	.	24	29Okt.	1	.	1	.	.	.	.	.	.	.	.	.	.
	25	7Nov.	1		1	.	.	.	.	.	.	.	.	.	.	25	16Sep.	1	.	1
Summa	.	.	1	.	1	.	.	3	.	3	.	.	3	2	1	.	.	1	.	1
Leipzigerstraße.	16	1Dez.	1	.	1	.	.	.	.	.	18	27Sep.	1	1	.	18	15Sep	1	.	1
	44	2Okt.	1	.	1	.	.	.	.	.	47	8 =	1	1		38	1Nov	1	.	1
	.	.	.	.	.	.	.	.	.	.	51	19Aug.	2	.	2	.	.	.	.	.
	.	.	.	.	.	.	.	.	.	.	=	22 =	1	.	1	.	.	.	.	.
	.	.	.	.	.	.	.	.	.	.	=	23 =	1	.	1	.	.	.	.	.
	.	.	.	.	.	.	.	.	.	.	=	22Nov.	1	.	1	.	.	.	.	.
	.	.	.	.	.	.	.	.	.	.	52	24Aug.	1	.	1	52	20Sep.	1	1	.
	.	.	.	.	.	.	.	.	.	.	=	26 =	1	1		53	4 =	1	.	1
	.	.	.	.	.	.	.	.	.	.	70	28 =	1	.	1	=	12 =	1	.	1
	.	.	.	.	.	.	.	.	.	.	=	1Sep.	1	.	1	=	.	.	.	.
	.	.	.	.	.	.	.	.	.	.	76	5 =	1	.	1	.	16Sep.	1		1
	.	.	.	.	.	.	.	.	.	.	77	26Aug.	1	1	.	.	.	.	.	.
	.	.	.	.	.	.	.	.	.	.	79	21 =	1	.	1	79	4Okt	1	1	.
	.	.	.	.	.	.	.	.	.	.	=	28 =	1	1	.	.	.	.	.	.
	.	.	.	.	.	.	.	.	.	.	=	5Sep.	1	1	.	.	.	.	.	.
	.	.	.	.	.	.	.	.	.	.	=	15 =	1	1	.	.	.	.	.	.
	82	4Sep.	1	.	1	90	15Nov.	1	.	1	89	19Aug.	1	.	1	99	7Nov	1	.	1
Summa	.	.	3	.	3	.	.	1	.	1	.	.	18	7	11	.	.	8	2	6
Leipzigerstraße, alte.	.	.	.	.	.	.	.	.	.	.	1	5Sep.	1	.	1	3	23Sep	1	.	1
	.	.	.	.	.	.	.	.	.	.	=	9 =	1	1	.	8	19 =	1	.	1
	.	.	.	.	.	.	.	.	.	.	1a	24 =	1	.	1	18	9 =	1	1	.
	.	.	.	.	.	.	.	.	.	.	2	15 =	2	.	2	=	13 =	1	.	1
	.	.	.	.	.	.	.	.	.	.	=	16 =	2	1	1	=	15 =	1	1	.
	.	.	.	.	.	.	.	.	.	.	3	23 =	1	1	.	$\frac{19}{20}$	25Aug.	1	.	1
	.	.	.	.	.	6	21Sep.	1	.	1	=	24 =	1	1	.	=	26 =	1	.	1

Benennung der Straßen.	1831.					1832.					1837.					1848.				
	Haus-Nummer.	Tag der Erkrankungen.	Zahl der Kranken.	Genesen.	Gestorben.	Haus-Nummer.	Tag der Erkrankungen.	Zahl der Kranken.	Genesen.	Gestorben.	Haus-Nummer.	Tag der Erkrankungen.	Zahl der Kranken.	Genesen.	Gestorben.	Haus-Nummer.	Tag der Erkrankungen.	Zahl der Kranken.	Genesen.	Gestorben.
Leipzigerstraße, alte	.	.	.	.	.	.	.	.	.	.	9	20 Aug.	1	.	1	19/20	27 Aug.	1	1	.
	.	.	.	.	.	10	22 Okt.	1	.	1	„	25 „	1	.	1	„	3 Sep.	1	.	1
	12	13 Okt.	1	.	1	„	25 „	1	.	1	.	.	.	.	.	„	9 „	1	1	.
	„	28 „	1	.	1	.	.	.	.	.	.	.	.	.	.	21	7 „	1	.	1
	.	.	.	.	.	.	.	.	.	.	22	19 Sep.	1	.	1	22	11 „	1	1	.
	.	.	.	.	.	.	.	.	.	.		.	.	.	.	„	20 „	1	.	1
Summa	.	.	2	.	2	.	.	3	.	3	.	.	12	4	8	.	.	13	5	8
Lietzmannsgasse.	.	.	.	.	.	.	.	.	.	.	.	.		.	.	1	28 Sep.	1	.	1
	.	.	.	.	.	.	.	.	.	.	.	.	.	.	.	2	10 „	1	.	1
	.	.	.	.	.	.	.		.		.	.	.	.	.	2a	22 „	1	.	1
	.	.	.	.	.	.	.	.	.	.	.	.	.	.	.	11	25 „	1	.	1
	.	.	.	.	.	.	.	.	.	.	9	29 Sep.	1	1	.	„	4 Okt.	1	.	1
	.	.	.	.	.	.	.	.	.	.	12	3 „	1	.	1	„	12 „	1	.	1
	.	.	.	.	.	.	.	.	.	.	13	1 „	1	.	1	13	9 „	1	1	.
	.	.	.	.	.	.	.	.	.	.	14	1 „	1	1	.	.	.	.	.	.
Summa	.	.	.	.	.	.	.	.	.	.	.	.	4	2	2	.	.	7	1	6
Lindenstr.	.	.	.	.	.	.	.	.	.	.	2	5 Okt.	1	1	.	.	.	.	.	.
	11	8 Aug.	1	.	1	.	.	.	.	.	12	27 Aug.	1	.	1	.	.	.	.	.
	.	.	.	.	.	.	.	.	.	.	„	4 Sep.	1	1	.	.	.	.	.	.
	.	.	.	.	.	.	.	.	.	.	16	14 „	1	.	1	.	.	.	.	.
	24	16 Sep.	1	1	.	.	.	.	.	.	17	24 Aug.	1	1	.	.	.	.	.	.
	36a	14 Okt.	1	.	1	.	.	.	.	.	36a	15 Sep.	1	.	1	36a	9 Sep.	1	.	1
	.	.	.	.	.	44	10 Okt.	1	1	.	55	29 Aug.	1	.	1	.	.	.	.	.
	.	.	.	.	.	73	27 „	1	.	1	73	17 Sep.	2	.	2	.	.	.	.	.
	.	.	.	.	.	.	.	.	.	.	80	17 „	1	.	1	.	.	.	.	.
	.	.	.	.	.	.	.	.	.	.	81	17 Aug.	1	.	1	.	.	.	.	.
	.	.	.	.	.	.	.	.	.	.	„	31 „	1	1	.	.	.	.	.	.
	.	.	.	.	.	.	.	.	.	.	85	19 „	1	1	.	.	.	.	.	.
	86	21 Okt.	1	.	1	.	.	.	.	.	„	12 Sep.	1	.	1	.	.	.	.	.
	.	.	.	.	.	.	.	.	.	.	92	31 Okt.	1	1	.	.	.	.	.	.
	.	.	.	.	.	.	.	.	.	.	96	24 Sep.	1	.	1	99	7 Sep.	1	1	.
	.	.	.	.	.	.	.	.	.	.	100	2 „	1	1	.	101	29 Aug.	1	1	.
	.	.	.	.	.	.	.	.	.	.	111	5 Okt.	1	1	.	„	31 „	2	1	1
	.	.	.	.	.	.	.	.	.	.	122	15 Sep.	1	.	1	„	1 Sep.	1	.	1
	.	.	.	.	.	.	.	.	.	.	123	20 Aug.	1	1	.	.	.	.		.

Benennung der Straßen.	1831.					1832.					1837.					1848.				
	Haus-Nummer.	Tag der Erkrankungen.	Zahl der Kranken.	Genesen.	Gestorben.	Haus-Nummer.	Tag der Erkrankungen.	Zahl der Kranken.	Genesen.	Gestorben.	Haus-Nummer.	Tag der Erkrankungen.	Zahl der Kranken.	Genesen.	Gestorben.	Haus-Nummer.	Tag der Erkrankungen.	Zahl der Kranken.	Genesen.	Gestorben.
Lindenstr.	.	.	.	.	.	.	.	.	.	.	124	3 Okt.	1	1	.	.	.	.	.	.
	.	.	.	.	.	.	.	.	.	.	125	28 Sep.	1	.	1	.	.	.	.	.
Summa	.	.	4	1	3	.	.	2	1	1	.	.	22	10	12	.	.	6	3	3
Linden, unter den.	.	.	.	.	.	.	.	.	.	.	11	20 Aug.	1	.	1	.	.	.	.	.
	.	.	.	.	.	.	.	.	.	.	=	1 Sep.	1	.	1	.	.	.	.	.
	.	.	.	.	.	17	16 Okt.	1	.	1	17	15 =	1	.	1	.	.	.	.	.
	.	.	.	.	.	.	.	.	.	.	=	16 =	1	1	.	.	.	.	.	.
	19	4 Okt.	1	1	.	.	.	.	.	.	=	21 =	1	1	.	.	.	.	.	.
	.	.	.	.	.	22	13 Okt.	1	.	1	28	23 =	1	1	.	.	.	.	.	.
	31	4 Okt.	1	.	1	.	.	.	.	.	38	17 Aug.	1	1	.	.	.	.	.	.
	.	.	.	.	.	.	.	.	.	.	=	22 =	1	1	.	.	.	.	.	.
	.	.	.	.	.	.	.	.	.	.	43	22 =	1	.	1	.	.	.	.	.
	.	.	.	.	.	.	.	.	.	.	50	28 Sep.	1	1	.	50	12 Okt.	1	.	1
	61	23 Okt.	1	1	.	.	.	.	.	.	62	22 =	1	1	.	=	13 =	1	.	1
	73	16 =	1	.	1	.	.	.	.	.	66	13 =	1	1	.	67	29 Sep.	3	.	3
	=	19 =	1	.	1	.	.	.	.	.	=	16 =	1	.	1	.	.	.	.	.
Summa	.	.	5	2	3	.	.	2	.	2	.	.	13	8	5	.	.	5	.	5
Linienstr.	7	28 Sep.	1	.	1	9	14 Nov.	1	.	1	9	23 Sep.	2	.	2	9	22 Sep.	1	1	.
	=	30 =	1	.	1	=	15 =	1	1	.	=	1 Okt.	1	.	1	=	5 Okt.	1	.	1
	=	1 Okt.	2	1	1	=	20 =	2	.	2	14	22 Aug.	1	.	1	10	16 Sep.	1	1	.
	=	2 =	1	1	.	14	29 =	1	.	1	27	22 =	2	1	1	10a	30 Okt.	1	1	.
	=	4 =	1	.	1	.	.	.	.	.	=	19 Sep.	1	1		13	12 Sep.	1	1	.
	17	23 Sep.	1	.	1	.	.	.	.	.	=	20 =	1		1	23	29 =	1	.	1
	.	.	.	.	.	.	.	.	.	.	=	21 =	2	.	2	=	4 Okt.	1	1	.
	.	.	.	.	.	.	.	.	.	.	=	22 =	1	1	.	.	.	.	.	.
	.	.	.	.	.	.	.	.	.	.	29	21 =	1	.	1	.	.	.	.	.
	34	14 Okt.	1	.	1	.	.	.	.	.	35	17 Aug.	1	.	1	.	.	.	.	.
	35	17 Sep.	1	.	1	.	.	.	.	.	=	7 Sep.	1	.	1	.	.	.	.	.
	.	.	.	.	.	.	.	.	.	.	36	16 =	1	.	1	.	.	.	.	.
	.	.	.	.	.	.	.	.	.	.	=	19 =	2	2	.	.	.	.	.	.
	.	.	.	.	.	.	.	.	.	.	41	6 =	1	.	1	.	.	.	.	.
	.	.	.	.	.	.	.	.	.	.	=	11 =	1	.	1	.	.	.	.	.
	42	20 Okt.	1	.	1	.	.	.	.	.	=	16 =	2	.	2	.	.	.	.	.
	43	1 =	1	.	1		.	.	.	.	43	10 =	1		1	.	.	.	.	.
	.	.	.	.	.		.	.	.	.	=	14 =	1	1	.	.	.	.	.	.
	44	16 Okt.	2	1	1		.	.	.	.	44	13 =	1	.	1	44	29 Aug.	1	.	1
	.	.	.	.	.	.	.	.	.	.	48	20 Aug.	5	1	4	=	29 Sep.	1	.	1

Benennung der Straßen.	1831.					1832.					1837.					1848.				
	Haus-Nummer.	Tag der Erkrankungen.	Zahl der Kranken.	Genesen.	Gestorben.	Haus-Nummer.	Tag der Erkrankungen.	Zahl der Kranken.	Genesen.	Gestorben.	Haus-Nummer.	Tag der Erkrankungen	Zahl der Kranken.	Genesen.	Gestorben.	Haus-Nummer.	Tag der Erkrankungen.	Zahl der Kranken.	Genesen.	Gestorben.
Linienstr.	.	.	.	.	.	.	.	.	.	.	48	22Aug.	2	1	1	45	11Sep.	1	.	1
	.	.	.	.	.	.	.	.	.	.	„	23 „	1	1	.	„	12 „	2	.	2
	46	14Okt.	1	1	.	.	.	.	.	.	„	28 „	3	1	2	46	3Okt.	1	.	1
	.	.	.	.	.	.	.	.	.	.	50	4Okt.	1	.	1	53	30Sep.	1	.	1
	.	.	.	.	.	.	.	.	.	.	54	16Sep.	1	.	1	„	1Okt.	1	.	1
	.	.	.	.	.	.	.	.	.	.	„	19 „	1	.	1	.	.	.	.	.
	.	.	.	.	.	.	.	.	.	.	„	2Okt.	1		1	.	.	.	.	.
	.	.	.	.	.	.	.	.	.	.	60	10Sep.	1	1	.	.	.	.	.	.
	.	.	.	.	.	.	.	.	.	.	62	29Aug.	1	.	1	.	.	.	.	.
	.	.	.	.	.	.	.	.	.	.	63	5Sep.	1	1	.	.	.	.	.	.
	.	.	.	.	.	.	.	.	.	.	„	9 „	1	1	.	.	.	.	.	.
	.	.	.	.	.	.	.	.	.	.	„	11 „	1	.	1	.	.	.	.	.
	.	.	.	.	.	.	.	.	.	.	„	30 „	1	.	1	.	.	.	.	.
	70	18Okt.	1	.	1	.	.	.	.	.	70	23 „	1	.	1	77	22Aug.	1	.	1
	81	29 „	1	.	1	.	.	.	.	.	86	27 „	1	1	.	.	.	.	.	.
	„	3Nov.	1	1	.	.	.	.	.	.	88	28Aug.	1	.	1	.	.	.	.	.
	„	4 „	1	.	1	.	.	.	.	.	„	14Sep	1	.	1	89	12Sep	1	.	1
	„	8 „	1	1	.	.	.	.	.	.	91	24Aug.	1	.	1	.	.	.	.	.
	90	24Sep.	1	.	1	.	.	.	.	.	„	25 „	1	1	.	.	.	.	.	.
	92	2Okt.	1	.	1	.	.	.	.	.	101	9Sep.	1	.	1	101	31Aug.	2	.	2
	„	3 „	1	.	1	.	.	.	.	.	„	20 „	1	1	.	.	.	.	.	.
	„	5 „	1	.	1	.	.	.	.	.	103	11 „	1	.	1	.	.	.	.	.
	99	2 „	1	.	1	.	.	.	.	.	„	13 „	1	.	1	.	.	.	.	.
	„	5 „	1	.	1	.	.	.	.	.	105	16 „	1	1	.	105	17Aug.	1	.	1
	102	26 „	1	1	.	102	8Okt	1	.	1	106	1 „	1	1	.	106	31 „	1	1	.
	.	.	.	.	.	.	.	.	.	.	113	19Aug.	1	.	1	114	17 „	1	.	1
	.	.	.	.	.	.	.	.	.	.	117	4Sep.	1	.	1	.	.	.	.	.
	.	.	.	.	.	.	.	.	.	.	122	22Aug.	1	1	.	.	.	.	.	.
	.	.	.	.	.	.	.	.	.	.	„	26 „	1	.	1	.	.	.	.	.
	.	.	.	.	.	.	.	.	.	.	„	31 „	1	1	.	.	.	.	.	.
	.	.	.	.	.	.	.	.	.	.	123	8Sep.	1	.	1	.	.	.	.	.
	.	.	.	.	.	.	.	.	.	.	„	12 „	1	1	.	.	.	.	.	.
	.	.	.	.	.	125	13Okt.	1	.	1	124	10 „	4	4	.	125	20Sep.	1	1	.
	135	17Sep.	1	.	1	.	.	.	.	.	140	25Aug.	1	1	.	133	31Aug.	2	.	2
	.	.	.	.	.	.	.	.	.	.	151	19Sep	1	1	.	„	8Okt.	1	1	.
	.	.	.	.	.	.	.	.	.	.	158	17Aug.	1	.	1	.	.	.	.	.
	.	.	.	.	.	.	.	.	.	.	„	29 „	1	.	1	.	.	.	.	.
	.	.	.	.	.	.	.	.	.	.	„	30 „	1	.	1	.	.	.	.	.
	.	.	.	.	.	.	.	.	.	.	„	24Sep.	1	.	1	.	.	.	.	.
	.	.	.	.	.	.	.	.	.	.	159	17 „	1	1	.	159	27Aug.	1	.	1
	.	.	.	.	.	.	.	.	.	.	„	18 „	1	.	1	„	1Sep.	1	.	1

Benennung der Straßen.	1831.					1832.					1837.					1848.				
	Haus-Nummer.	Tag der Erkrankungen.	Zahl der Kranken.	Genesen.	Gestorben.	Haus-Nummer.	Tag der Erkrankungen.	Zahl der Kranken.	Genesen.	Gestorben.	Haus-Nummer.	Tag der Erkrankungen.	Zahl der Kranken.	Genesen.	Gestorben.	Haus-Nummer.	Tag der Erkrankungen.	Zahl der Kranken.	Genesen.	Gestorben.
Linienstr.	.	.	.	.	.	.	.	.	.	.	159	20Sep	1	1	.	159	7Sep.	1	1	.
	195	11Sep.	1	1	.	.	.	.	.	.	195	16Aug.	1	.	1	.	.	.	.	.
	.	.	.	.	.	.	.	.	.	.	"	21 "	1	1	.	.	.	.	.	.
	.	.	.	.	.	.	.	.	.	.	"	2Sep.	1	.	1	.	.	.	.	.
	197	7Okt.	3	.	3	197	7Okt.	1	1	.	197	16Aug.	1	.	1	.	.	.	.	.
	.	.	.	.	.	"	11 "	1	1	.	"	24 "	1	.	1	.	.	.	.	.
	.	.	.	.	.	"	15 "	2	2	.	"	27 "	1	.	1	.	.	.	.	.
	.	.	.	.	.	"	29 "	2	1	1	"	11Sep.	1	.	1	.	.	.	.	.
	.	.	.	.	.	.	.	.	.	.	"	18 "	1	.	1	.	.	.	.	.
	.	.	.	.	.	.	.	.	.	.	"	26 "	1	.	1	229	16Okt.	1	.	1
	.	.	.	.	.	.	.	.	.	.	198	12 "	1	.	1	"	19 "	1	.	1
	.	.	.	.	.	.	.	.	.	.	202	29Aug.	1	.	1	"	22 "	1	1	.
	.	.	.	.	.	.	.	.	.	.	225	27Sep	2	1	1	230	5 "	1	.	1
Summa	.	.	31	8	23	.	.	13	6	7	.	.	90	31	59	.	.	33	10	23
Linksstr.	.	.	.	.	.	.	.	.	.	.	.	.	.	.	.	41	3Sep.	1	.	1
Louisen-kirchhof.	.	.	.	.	.	.	.	.	.	.	.	.	.	.	.	3	24Aug.	1	.	1
	.	.	.	.	.	.	.	.	.	.	.	.	.	.	.	"	5Sep.	1	.	1
Summa	.	.	.	.	.	.	.	.	.	.	.	.	.	.	.	.	.	2	.	2
Louisen-platz.	.	.	.	.	.	.	.	.	.	.	.	.	.	.	.	4	15Sep.	1	.	1
	.	.	.	.	.	.	.	.	.	.	.	.	.	.	.	6	1Okt.	1	.	1
Summa	.	.	.	.	.	.	.	.	.	.	.	.	.	.	.	.	.	2	.	2
Louisenstr.	5	28Sep.	1	.	1	.	.	.	.	.	6	25Aug.	1	.	1	1	31Aug.	1	.	1
	.	.	.	.	.	.	.	.	.	.	6a	28 "	1	1	.	9	8Sep.	1	.	1
	.	.	.	.	.	.	.	.	.	.	10	23 "	1	.	1	"	14 "	2	2	.
	.	.	.	.	.	.	.	.	.	.	11	25 "	1	.	1	.	.	.	.	.
	.	.	.	.	.	.	.	.	.	.	"	11Okt.	1	.	1	.	.	.	.	.
	.	.	.	.	.	12	17Juni	1	.	1	12	26Aug.	1	.	1	.	.	.	.	.
	.	.	.	.	.	.	.	.	.	.	17	24 "	1	.	1	.	.	.	.	.
	.	.	.	.	.	.	.	.	.	.	"	25 "	1	1	.	.	.	.	.	.
	.	.	.	.	.	.	.	.	.	.	18	29 "	1	.	1	.	.	.	.	.
	.	.	.	.	.	.	.	.	.	.	22	22 "	1	1	.	.	.	.	.	.
	.	.	.	.	.	.	.	.	.	.	25	3Sep.	1	1	.	.	.	.	.	.
	28	16Okt.	1	.	1	.	.	.	.	.	29	11 "	1	.	1	.	.	.	.	.
	.	.	.	.	.	.	.	.	.	.	30	31Aug.	1	.	1	.	.	.	.	.

Benennung der Straßen.	1831.					1832.					1837.					1848.				
	Haus-Nummer.	Tag der Erkrankungen.	Zahl der Kranken.	Genesen.	Gestorben.	Haus-Nummer.	Tag der Erkrankungen.	Zahl der Kranken.	Genesen.	Gestorben.	Haus-Nummer.	Tag der Erkrankungen.	Zahl der Kranken.	Genesen.	Gestorben.	Haus-Nummer.	Tag der Erkrankungen.	Zahl der Kranken.	Genesen.	Gestorben.
Louisenstr.	.	.	.	.	.	.	.	.	.	.	31	24 Aug.	1	1	.	31	11 Sep.	1	.	1
	.	.	.	.	.	.	.	.	.	.	„	29 „	3	1	2	40	8 „	1	.	1
	.	.	.	.	.	.	.	.	.	.	„	31 „	1	.	1	41	2 „	1	.	1
	.	.	.	.	.	.	.	.	.	.	„	5 Sep.	1	1	.	44	9 „	1	.	1
	.	.	.	.	.	.	.	.	.	.	„	7 „	3	3	.	45	4 „	1	1	.
	.	.	.	.	.	.	.	.	.	.	„	9 „	1	1	.	47	6 „	1	1	.
	37	1 Okt.	1	1	.	33	2 Febr.	1	.	1	33	23 Aug.	1	.	1	„	17 Aug.	1	.	1
	„	25 „	3	2	1	.	.	.	.	.	„	16 Sep.	1	.	1	49	14 Sep.	1	.	1
	„	8 Nov.	2	2	.	.	.	.	.	.	35	16 „	1	.	1	59	30 Aug.	1	.	1
	.	.	.	.	.	.	.	.	.	.	.	24 Aug.	2	2	.	.	.	.	.	.
Summa	.	.	8	5	3	.	.	2	.	2	.	.	28	13	15	.	.	13	4	9
Lützower Weg.	.	.	.	.	.	.	.	.	.	.	.	.	.	.	.	11	16 Okt.	1	.	1
Magazinstraße.	.	.	.	.	.	.	.	.	.	.	12	10 Sep.	1	.	1	12	6 Sep.	1	.	1
	.	.	.	.	.	.	.	.	.	.	.	.	.	.	.	13	10 „	1	.	1
Summa	.	.	.	.	.	.	.	.	.	.	.	.	1	.	1	.	.	2	.	2
Marienkirchhof.	4	4 Sep.	1	.	1	.	.	.	.	.	4	17 Sep.	1	1	.	.	.	.	.	.
	.	.	.	.	.	.	.	.	.		19	24 „	1	.	1	.	.	.	.	.
Summa	.	.	1	.	1	.	.	.	.	.	.	.	2	1	1	.	.	.	.	.
Marienstr.	.	.	.	.	.	4	29 Sep.	1	.	1	9	8 Sep.	1	.	1	.	.	.	.	.
	13	14 Sep.	1	1	.	13	3 Nov	1	1	.	11	9 Okt.	1	.	1	11	17 Okt.	1	.	1
	15	9 „	1	.	1	.	.	.	.	.	„	10 „	2	.	2	„	19 „	1	.	1
	.	.	.	.	.	.	.	.	.	.	14	3 Sep.	1	.	1	13a	15 Sep.	1	.	1
	.	.	.	.	.	.	.	.	.	.	18	7 „	1	1	.	.	.	.	.	.
	.	.	.	.	.	.	.	.	.	.	19	2 „	1	.	1	19	27 Aug.	1	.	1
Summa	.	.	2	1	1	.	.	2	1	1	.	.	7	1	6	.	.	4	.	4
Markgrafenstraße.	.	.	.		.	13	26 Okt.	1	.	1	12	25 Aug.	1	1	.	.	.	.	.	.
	.	.	.	.	.	.	.	.	.	.	18	23 Okt.	1	.	1	.	.	.	.	.
	25	27 Sep.	1	.	1	21	19 Okt.	1	.	1	19	7 Sep.	1	.	1	35	31 Aug.	1	.	1
	62	5 Nov.	1	.	1	.	.	.	.	.	72	5 „	1	1	.	43	10 Sep.	1	.	1
	86	18 Sep.	1	.	1	.	.	.	.	.	83	29 Aug.	1	.	1	83	11 „	1	.	1
	„	21 „	1	.	1	.	.	.	.	.	91	15 Sep.	1	1	.	.	.	.	.	.
	.	.	.	.	.	.	.	.	.	.	101	17 „	1	.	1	.	.	.	.	.

Benennung der Straßen.	1831.					1832.					1837.					1848.				
	Haus-Nummer	Tag der Erkrankungen.	Zahl der Kranken.	Genesen.	Gestorben.	Haus-Nummer	Tag der Erkrankungen.	Zahl der Kranken.	Genesen.	Gestorben.	Haus-Nummer.	Tag der Erkrankungen.	Zahl der Kranken.	Genesen.	Gestorben.	Haus-Nummer.	Tag der Erkrankungen.	Zahl der Kranken	Genesen	Gestorben.
Markgrafenstraße.	.	.	.	.	.	.	.	.	.	.	102	24Aug.	1	.	1	.	.	.	.	.
	.	.	.	.	.	.	.	.	.	.	103	20 =	1	.	1	.	.	.	.	.
	.	.	.	.	.	.	.	.	.	.	106	20Sep.	1	.	1	.	.	.	.	.
	.	.	.	.	.	.	.	.	.	.	107	6 =	3	2	1	.	.	.	.	.
	.	.	.	.	.	.	.	.	.	.	.	8 =	1	.	1	.	.	.	.	.
	.	.	.	.	.	.	.	.	.	.	.	14 =	1	.	1	.	.	.	.	.
	.	.	.	.	.	.	.	.	.	.	.	15 =	1	.	1	.	.	.	.	.
	.	.	.	.	.	.	.	.	.	.	.	16 =	1		1	.	.	.	.	.
	.	.	.	.	.	.	.	.	.	.	.	3Okt.	1	.	1	.	.	.	.	.
Summa	.	.	4	.	4	.	.	2	.	2	.	.	18	5	13	.	.	3	.	3
Matthäi-Kirchstr	.	.	.	.	.	.	.	.	.	.	.	.	.	.	.	9	23Aug.	1	.	1
	.	.	.	.	.	.	.	.	.	.	.	.	.	.	.	=	27 =	1	.	1
	.	.	.	.	.	.	.	.	.	.	.	.	.	.	.	=	28 =	1	.	1
	.	.	.	.	.	.	.	.	.	.	.	.	.	.	.	=	2Sep.	1	.	1
	.	.	.	.	.	.	.	.	.	.	.	.	.	.	.	=	23 =	1	.	1
Summa	.	.	.	.	.	.	.	.	.	.	.	.	.	.	.	.	.	5	.	5
Mauerstr.	.	.	.	.	.	.	.	.	.	.	16	25Aug.	1	1	.	9	4Sep.	1	1	.
	.	.	.	.	.	29	6Okt.	1	.	1	29	5Sep	1	.	1	16	9Okt.	1	.	1
	44	13Okt.	1	1	.	37	22 =	1	.	1	51	22Aug.	2	1	1	24	6Sep.	1	.	1
	53	17Sep.	1	1	.	.	.	.	.	.	54	23Sep.	1	.	1	42	24Aug.	1	.	1
	59	27 =	1	1	.	.	.	.	.	.	59	28Aug.	1	.	1	43	10Okt.	1	.	1
	.	21Okt.	1	1	.	.	.	.	.	.	=	29 =	1	.	1	44	3Nov.	1	1	.
	.	28 =	1	.	1	.	.	.	.	.	=	4Sep.	1	1	.	53	11Sep.	1	.	1
	.	1Nov.	1	1	.	.	.	.	.	.	=	12 =	1	1	.	=	18 =	1	.	1
	.	2 =	1	1	.	.	.	.	.	.	=	14 =	1	.	1	.	.	.	.	.
	.	.	.	.	.	.	.	.	.	.	=	16 =	1	.	1	.	.	.	.	.
	.	.	.	.	.	.	.	.	.	.	62	1 =	1	.	1	.	.	.	.	.
	.	.	.	.	.	.	.	.	.	.	64	12 =	1	1	.	.	.	.	.	.
	.	.	.	.	.	.	.	.	.	.	=	15 =	1	1	.	.	.	.	.	.
	.	.	.	.	.	.	.	.	.	.	68	1 =	1	.	1	68	22Aug.	1	.	1
	.	.	.	.	.	.	.	.	.	.	74	11 =	1	.	1	=	27Sep	1	.	1
	.	.	.	.	.	.	.	.	.	.	75	31Aug.	1	.	1	.	.	.	.	.
	.	.	.	.	.	.	.	.	.	.	=	2Sep.	2	1	1	.	.	.	.	.
	.	.	.	.	.	.	.	.	.	.	76	30Aug.	1	.	1	.	.	.	.	.
	.	.	.	.	.	.	.	.	.	.	80	4Sep.	2	1	1	.	.	.	.	.
	90	12Okt.	1	.	1	.	.	.	.	.	91	25 =	1	1	.	.	.	.	.	.
Summa	.	.	8	6	2	.	.	2	.	2	.	.	23	9	14	.	.	10	2	8

Benennung der Straßen.	1831. Haus-Nummer.	Tag der Erkrankungen.	Zahl der Kranken.	Genesen.	Gestorben.	1832. Haus-Nummer.	Tag der Erkrankungen.	Zahl der Kranken.	Genesen.	Gestorben.	1837. Haus-Nummer.	Tag der Erkrankungen.	Zahl der Kranken.	Genesen.	Gestorben.	1848. Haus-Nummer.	Tag der Erkrankungen.	Zahl der Kranken.	Genesen.	Gestorben.
Mehlhaus.	.	10 Sep.	1	1	.	.	.	.	.	.	.	.	.	.	.	.	.	.	.	.
	.	14 =	1	.	1	.	.	.	.	.	.	.	.	.	.	.	.	.	.	.
Summa	.	.	2	1	1	.		.	.	.	.	.	.	.	.	.	.	.	.	.
Mehnerstr.	.	.	.	.	.	.	.	.	.	.	.	25 Sep.	1	.	1	2	11 Okt.	1	1	.
	.	.	.	.	.	.	.	.	.	.	.	16 Okt.	1	1	.	16	17 Aug.	1	.	1
Summa	.	.	.	.	.	.	.	.	.	.	.		2	1	1	.	.	2	1	1
Mittelstr.	4	9 Okt.	1	.	1	.	.	.	.	.	8	25 Sep.	1	1	.	1	3 Nov.	1	.	1
	=	10 =	1	1	.	.	.	.	.	.	10	19 =	1	.	1	3	12 Sep.	1	.	1
	15	25 Nov.	1	1	.	.	.	.	.	.	16	16 =	1	1	.	14	21 Aug.	1	.	1
	18	5 Sep.	1	1	.	.	.	.	.	.	18	20 =	1	.	1	19	24 =	1	.	1
	20	22 =	1	.	1	.	.	.	.	.	26	22 Aug.	3	2	1	.	.	.	.	.
	22	15 Nov.	1	.	1	38	20 Okt.	1	.	1	38	22 =	1	.	1	38	8 Okt.	1	1	.
	39	9 Sep.	2	.	2	39	5 Nov.	1	.	1	=	6 Sep.	1	1	.	=	9 =	1	.	1
	44	6 Nov.	1	.	1	.	.	.	.	.	=	15 =	1	.	1	=	10 =	1	1	.
	.	.	.	.	.	.	.	.	.	.	=	17 =	1	.	1	.	.	.	.	.
	.	.	.	.	.	.	.	.	.	.	41	17 =	1	1	.	.	.	.	.	.
	.	.	.	.	.	.	.	.	.	.	50	31 Aug.	1	.	1	.	.	.	.	.
	.	.	.	.	.	.	.	.	.	.	=	5 Sep.	1	1	.	.	.	.	.	.
	.	.	.	.	.	.	.	.	.	.	51	24 Aug.	1	.	1	51	21 Aug.	1	.	1
	.	.	.	.	.	.	.	.	.	.	54	4 Sep.	1	1	.	=	23 =	1	1	.
	64	20 Okt.	1	1	.	.	.	.	.	.	64	30 =	1	1	.	.	.	.	.	.
	.	.	.	.	.	.	.	.	.	.	=	15 Okt.	1	1	.	.	.	.	.	.
Summa	.	.	10	4	6	.		2	.	2	.	.	18	10	8	.	.	9	3	6
Moabit, alt.	.	.	.	.	.	.	.	.	.	.	.	22 Aug.	1	.	1	.	23 Aug.	1	.	1
	.	.	.	.	.	.	.	.	.	.	.	14 Sep.	1	1	.	.	26 =	1	1	.
	.	.	.	.	.	.	.	.	.	.	.	.	.	.	.	.	29 =	1	.	1
	.	.	.	.	.	.	.	.	.	.	.	.	.	.	.	.	2 Sep.	1	.	1
	.	.	.	.	.	.	.	.	.	.	.	.	.	.	.	.	7 =	1	1	.
	.	.	.	.	.	.	.	.	.	.	.	.	.	.	.	.	8 Okt.	1	1	.
Summa	.	.	.	.	.	.	.	.	.	.	.	.	2	1	1	.	.	6	3	3
Mohrenstr.	7	22 Okt.	1	.	1	.	.	.	.	.	.	.	.	.	.	17	27 Aug.	1	.	1
	.	.	.	.	.	.	.	.	.	.	.	.	.	.	.	24	3 Okt.	1	.	1
	.	.	.	.	.	.	.	.	.	.	.	.	.	.	.	27	29 Sep.	1	.	1

Benennung der Straßen.	1831.					1832.					1837.					1848.				
	Haus-Nummer.	Tag der Erkrankungen.	Zahl der Kranken.	Genesen.	Gestorben.	Haus-Nummer.	Tag der Erkrankungen.	Zahl der Kranken.	Genesen.	Gestorben.	Haus-Nummer.	Tag der Erkrankungen.	Zahl der Kranken.	Genesen.	Gestorben.	Haus-Nummer.	Tag der Erkrankungen.	Zahl der Kranken.	Genesen.	Gestorben.
Mohrenstr.	.	.	.	.	.	.	.	.	.	.	.		.	.	.	30	29Sep.	1	.	1
	.	.	.	.	.	.	.	.	.	.	.		.	.	.	36	9 =	1	.	1
	38	13Sep.	1	.	1	.	.	.	.	.	33	5Sep	1	.	1	37	21Okt	1	1	.
	.	.	.	.	.	.	.	.	.	.	44	16 =	1	.	1	40	23Sep.	1	.	1
	41	17Nov.	1	1	.	.	.	.	.	.	=	21 =	2	.	2	41	31Aug.	1	.	1
	.	.	.	.	.	.	.	.	.	.	45	26Aug.	1	.	1	=	1Sep.	1	.	1
	.	.	.	.	.	.	.	.	.	.	=	18Sep.	1	.	1	42	27Okt.	1	.	1
	43	24Sep.	1	.	1	.	.	.	.	.	58	19Aug.	1	1	.	43	1Sep.	1	1	.
	.	.	.	.	.	.	.	.	.	.	61	25 =	1	1	.	=	3 =	1	1	.
	51	12Sep.	1	1	.	58	16Nov.	1	.	1	63	17Sep	1	.	1	=	14 =	1	.	1
	=	17 =	1	1	.	.	.	.	.	.	=	18 =	1	1	.	48	13 =	1	.	1
	61	19Jan.	1	1	.	.	.	.	.	.	=	20 =	1	.	1	61	3 =	1	.	1
Summa	.	.	7	4	3	.	.	1	.	1	.		11	3	8	.	.	15	3	12
Molkenmarkt.	6	7Sep.	1	.	1	1	30Sep.	1	1	.	5	25Aug.	1	.	1	6	9Sep.	1	1	.
	=	13 =	1	.	1	.	.	.	.	.	11	23 =	1	1	.	=	11 =	2	2	.
	=	16 =	1	1	.	.	.	.	.	.	=	15Sep	1	1	.	=	5Okt.	1	.	1
	.	.	.	.	.	.	.	.	.	.	=	25 =	1	.	1	.	.	.	.	.
	.	.	.	.	.	14	27Okt	1	.	1	13	5 =	1	1	.	13	1Sep.	1	1	.
Summa	.	.	3	1	2	.		2	1	1	.	.	5	3	2	.	.	5	4	1
Monbijou-Platz.	.	.	.	.	.	.	.	.	.	.	10	26Aug.	1	.	1	12	8Sep.	1	.	1
Mühlendamm.	5	31Aug.	2	.	2	5	24Okt.	1	1	.	7	25Sep	1	1	.	19	4Sep.	1	.	1
	7	28Sep.	1	.	1	.	.	.	.	.	17	22Aug.	1	.	1	20	23Aug.	1	.	1
	18	15Nov.	1	.	1	.	.	.	.	.	23	16Sep.	1	.	1	=	26 =	1	.	1
	19	8Sep.	1	.	1	.	.	.	.	.	29	12 =	1	.	1	28	20Okt.	1	1	.
	20	19Okt.	1	1	.	.	.	.	.	.	30	20Aug.	1	.	1	30	3Nov.	1	.	1
	32	7Sep.	1	.	1	.	.	.	.	.	.	.	.	.	.	.	.	.	.	.
	=	9 =	1	1	.	.	.	.	.	.	.	.	.	.	.	.	.	.	.	.
	=	3Okt.	1	.	1	.	.	.	.	.	.	.	.	.	.	.	.	.	.	.
Summa	.	.	9	2	7	.	.	1	1	.	.		5	1	4	.	.	5	1	4
Mühlengraben.	.	.	.	.	.	.	.	.	.	.	1	27Aug.	1	.	1	.	.	.	.	.
	.	.	.	.	.	.	.	.	.	.	=	19Sep.	1	1	.	.	.	.	.	.
	.	.	.	.	.	.	.	.	.	.	3	30 =	1	.	1	.	.	.	.	.
Summa	.		.	.	.	.	.	.	.	.	.	.	3	1	2	.	.	.	.	.

Benennung der Straßen.	1831.					1832.					1837.					1848.				
	Haus-Nummer.	Tag der Erkrankungen.	Zahl der Kranken.	Genesen.	Gestorben.	Haus-Nummer.	Tag der Erkrankungen.	Zahl der Kranken.	Genesen.	Gestorben.	Haus-Nummer.	Tag der Erkrankungen.	Zahl der Kranken.	Genesen.	Gestorben.	Haus-Nummer.	Tag der Erkrankungen.	Zahl der Kranken.	Genesen.	Gestorben.
Mühlenstr.	.	.	.	.	.	.	.	.	.	.	40	13 Sep.	1	1	.	37	30 Aug.	1	.	1
	42	13 Okt.	1	.	1	.	.	.	.	.	42	18 „	1	1	.	41	16 Sep.	1	.	1
	.	.	.	.	.	.	.	.	.	.	53	24 Aug.	1	.	1	52	6 Okt.	1	.	1
	.	.	.	.	.	.	.	.	.	.	„	29 „	1	1	.	53	10 Sep.	1	.	1
	.	.	.	.	.	.	.	.	.	.	„	30 „	2	1	1	.	.	.	.	.
	.	.	.	.	.	.	.	.	.	.	„	3 Sep.	1	1	.	.	.	.	.	.
	65	2 Sep.	1	1	.	70	16 Nov.	1	.	1	69	25 „	1	1	.	.	.	.	.	.
Summa	.		2	1	1	.		1	.	1	.	.	8	6	2	.	.	4	.	4
Müllerstr.	15	6 Okt.	1	.	1	56	5 Okt.	1	1		35	6 Sep.	1	.	1	6	2 Sep.	1	.	1
	35	12 „	1	.	1	.	.	.	.	.	„	12 „	2	.	2	.	.	.	.	.
	38	19 „	1	1	.		.	.	.	.	172	15 „	1	.	1	.	.	.	.	.
	.	.	.	.	.	.	.	.	.	.	184	24 Aug.	1	.	1	.	.	.	.	.
Summa	.		3	1	2	.	.	1	1	.	.	.	5	.	5	.		1	.	1
Münzstr.	.	.	.	.	.	.	.	.	.	.	1	23 Sep.	1	1	.	.	.	.	.	.
	.	.	.	.	.	.	.	.	.	.	6	25 Aug.	1	.	1	5	24 Aug.	1	.	1
	.	.	.	.	.	.	.	.	.	.	„	31 „	1	.	1	„	25 Sep.	1	.	1
	12	17 Okt.	1	.	1	.	.	.	.	.	12	6 Sep.	1	1	.	14	26 Aug.	1	1	.
	18	27 Dez.	1	.	1	.	.	.	.	.	15	10 „	1	1	.	16	27 „	2	.	2
	.	.	.	.	.	.	.	.	.	.	22	14 „	1	.	1	„	2 Sep.	1	1	.
	23	17 Okt.	1	.	1	.	.	.	.	.	23a	12 „	1	.	1	„	27 „	1	.	1
	28	3 „	1	.	1	.	.	.	.	.	29	29 Aug.	1	.	1	.	.	.	.	.
	„	4 „	1	1	.	.	.	.	.	.	30	29 „	1	.	1	.	.	.	.	.
Summa	.	.	5	1	4	.	.	.	.	.	.	.	9	3	6	.	.	7	2	5
Mulacksgasse.	.	.	.	.	.	.	.	.	.	.	4	4 Sep.	2	1	1	3	11 Okt.	1	.	1
	.	.	.	.	.	.	.	.	.	.	5	5 „	1	.	1	„	13 „	1	.	1
	.	.	.	.	.	.	.	.	.	.	„	12 „	2	.	2	.	.	.	.	.
	.	.	.	.	.	.	.	.	.	.	6	28 Aug.	1	.	1	6	7 Sep.	1	.	1
	.	.	.	.	.	.	.	.	.	.	„	18 Sep.	1	.	1	„	14 „	1	.	1
	.	.	.	.	.	.	.	.	.	.	7	26 Aug.	1	.	1	.	.	.	.	.
	.	.	.	.	.	.	.	.	.	.	9	21 „	1	.	1	.	.	.	.	.
	.	.	.	.	.	.	.	.	.	.	„	27 „	1	.	1	.	.	.	.	.
	.	.	.	.	.	.	.	.	.	.	„	2 Sep.	1	1	.	.	.	.	.	.
	.	.	.	.	.	10	27 Okt.	2	.	2	11	19 „	1	1	.	.	.	.	.	.
	.	.	.	.	.	„	28 „	3	3	.	12	27 Aug.	1	.	1	.	.	.	.	.
	.	.	.	.	.	.	.	.	.	.	14	7 Okt.	1	.	1	.	.	.	.	.

Benennung der Straßen.	1831. Haus-Nummer.	1831. Tag der Erkrankungen.	1831. Zahl der Kranken.	1831. Genesen.	1831. Gestorben.	1832. Haus-Nummer.	1832. Tag der Erkrankungen.	1832. Zahl der Kranken.	1832. Genesen.	1832. Gestorben.	1837. Haus-Nummer.	1837. Tag der Erkrankungen.	1837. Zahl der Kranken.	1837. Genesen.	1837. Gestorben.	1848. Haus-Nummer.	1848. Tag der Erkrankungen.	1848. Zahl der Kranken.	1848. Genesen.	1848. Gestorben.
Mulacksgasse.	.	.	.	.	.	.	.	.	.	.	14a	30Aug.	1	.	1	.		.	.	.
	.	.	.	.	.	.	.	.	.	.	15	24 „	1	.	1	.	.	.	.	.
	20	4Nov.	1	.	1	.	.	.	.	.	20	7Sep.	1	.	1	.	.	.	.	.
	21	27Sep.	1	1	.	.	.	.	.	.	21	4 „	1	1	.	24	24Aug.	1	1	.
	„	29 „	1	.	1	.	.	.	.	.	31	28Aug.	1	.	1	31	3Sep.	1	.	1
	.	.	.	.	.	.	.	.	.	.	„	10Okt.	1	1	.	„	6 „	1	.	1
	.	.	.	.	.	34	5Nov.	1	.	1	34	2Sep.	1	.	1	„	19Okt.	2	.	2
	.	.	.	.	.	„	12 „	1	1	.	„	6 „	1	.	1	.	.	.	.	.
	.	.	.	.	.	„	15 „	2	.	2	35	1 „	1	.	1	.	.	.	.	.
	.	.	.	.	.	„	16 „	1	1	.	„	2 „	1	.	1	.	.	.	.	.
	.	.	.	.	.	.	.	.	.	.	„	4 „	1	.	1	.	.	.	.	.
	.	.	.	.	.	.	.	.	.	.	„	6 „	1	.	1	.	.	.	.	.
	.	.	.	.	.	.	.	.	.	.	„	13 „	1	.	1	.	.	.	.	.
	.	.	.	.	.	.	.	.	.	.	„	14 „	1	1	.	.	.	.	.	.
	.	.	.	.	.	.	.	.	.	.	„	18 „	3	.	3	.	.	.	.	.
	.	.	.	.	.	.	.	.	.	.	„	20 „	2	2	.	.	.	.	.	.
	.	.	.	.	.	.	.	.	.	.	„	21 „	1	1	.	.	.	.	.	.
	.	.	.	.	.	.	.	.	.	.	„	9Okt.	1	.	1	.	.	.	.	.
	.	.	.	.	.	.	.	.	.	.	„	12 „	1	1	.	.	.	.	.	.
	.	.	.	.	.	.	.	.	.	.	37	2Sep.	1	1	.	.	.	.	.	.
	.	.	.	.	.	.	.	.	.	.	„	6 „	1	.	1	.	.	.	.	.
Summa	.	.	3	1	2	.	.	10	5	5	.	.	38	11	27	.	.	9	1	8
Nagelgasse.	.	.	.	.	.	.	.	.	.		3	13Sep.	1	1	.	.	.	.	.	.
	5	14Sep	1	.	1	.	.	.	.	.	5	17Aug.	1	1	.	.	.	.	.	.
	„	18 „	1	1	.	.	.	.	.	.	„	10Sep.	1	.	1	.	.	.	.	.
	.	.	.	.	.	.	.	.	.	.	7	6 „	1	.	1	9	8Sep.	1	.	1
	12	7Okt.	1	.	1	.	.	.	.	.	12	24 „	1	.	1	10/11	2 „	1	.	1
	13	21 „	1	.	1	.	.	.	.	.	13	23Aug.	1	.	1	13	8 „	1	.	1
	.	20Sep.	1	1	.	.	.	.	.	.	14	18Sep.	1	.	1	.	.	.	.	.
Summa	.	.	5	2	3	.		.	.	.	.	.	7	2	5	.	.	3	.	3
Neanderstr.	.	.	.	.	.	.	.	.	.	.	.	.	.	.	.	9	22Okt.	1	1	.
	.	.	.	.	.	.	.	.	.	.	.	.	.	.	.	34	19Sep.	1	1	.
	.	.	.	.	.	.	.	.	.	.	.	.	.	.	.	.	30Okt.	1	.	1
Summa	.		.	.	.	.	.	.	.	.	.	.	.	.	.	.	.	3	2	1

Benennung der Straßen.	1831.					1832.					1837.					1848.				
	Haus-Nummer.	Tag der Erkrankungen.	Zahl der Kranken.	Genesen.	Gestorben.	Haus-Nummer.	Tag der Erkrankungen.	Zahl der Kranken.	Genesen.	Gestorben.	Haus-Nummer.	Tag der Erkrankungen.	Zahl der Kranken.	Genesen.	Gestorben.	Haus-Nummer.	Tag der Erkrankungen.	Zahl der Kranken.	Genesen.	Gestorben.
Neue Gasse.	.	.	.	.	.	.	.	.	.	.	2	3 Sep.	1	.	1	.	.	.	.	.
	.	.	.	.	.	.	.	.	.	.	"	15 Okt.	1	.	1	.	.	.	.	.
	.	.	.	.	.	.	.	.	.	.	"	18 "	1	1	.	.	.	.	.	.
Summa	.	.	.	.	.	.	.	.	.	.	.	.	3	1	2	.	.	.	.	.
Neue Markt.	1	27 Nov.	1	1	.	12	17 Nov.	1	1	.	2	2 Sep.	1	1	.	11	24 Aug.	1	.	1
	4	9 "	1	.	1	.	.	.	.	.	8	13 "	1	1	.	.	.	.	.	.
	.	.	.	.	.	.	.	.	.	.	10	29 Aug.	2	.	2	.	.	.	.	.
	.	.	.	.	.	.	.	.	.	.	11	19 Sep.	1	.	1	.	.	.	.	.
	.	.	.	.	.	.	.	.	.	.	15	4 Okt.	1	.	1	.	.	.	.	.
	.	.	.	.	.	.	.	.	.	.	"	5 "	2	1	1	.	.	.	.	.
Summa	.	.	2	1	1	.	.	1	1	.	.	.	8	3	5	.	.	1	.	1
Neu-Cöln am Wasser.	3	12 Nov	1	1	.	.	.	.	.	.	1	4 Sep.	1	.	1	4	19 Okt.	2	.	2
	.	.	.	.	.	2	26 Sep	1	.	1	2	4 "	1	.	1	6	1 Sep	1	.	1
	.	.	.	.	.	.	.	.	.	.	"	20 "	1	1	.	7	22 "	1	1	.
	9	23 Sep.	1	.	1	.	.	.	.	.	4	18 Aug.	1	1	.	9	17 Aug.	1	1	.
	"	28 Okt.	1	.	1	8	20 Okt.	1	.	1	8	29 "	1	.	1	"	28 "	1	1	.
	14	12 "	1	.	1	.	.	.	.	.	16	17 Okt.	1	1	.	"	30 "	1	1	.
	16	16 Sep.	1	1	.	.	.	.	.	.	23	6 Sep.	1	1	.	"	1 Sep.	1	.	1
	.	.	.	.	.	.	.	.	.	.	"	26 "	1	.	1	"	4 "	1	1	.
	.	.	.	.	.	.	.	.	.	.	.	.	.	.	.	"	12 "	1	.	1
	.	.	.	.	.	.	.	.	.	.	.	.	.	.	.	21	5 "	1	.	1
	.	.	.	.	.	.	.	.	.	.	.	.	.	.	.	24	22 Aug.	1	1	.
	.	.	.	.	.	.	.	.	.	.	.	.	.	.	.	"	11 Sep.	1	.	1
	.	.	.	.	.	.	.	.	.	.	.	.	.	.	.	"	18 "	1	1	.
	.	.	.	.	.	.	.	.	.	.	.	.	.	.	.	"	13 Okt.	1	.	1
Summa	.	.	5	2	3	.	.	2	.	2	.	.	8	4	4	.	.	15	7	8
Neumannsgasse.	11	28 Okt.	1	.	1	2	15 Okt	1	1	.	16	25 Aug.	1	.	1	16	15 Sep	1	.	1
	17	2 "	1	.	1	.	.	.	.	.	17	21 "	1	.	1	17	1 "	1	.	1
	"	28 "	1	1	.	.	.	.	.	.	"	22 "	2	1	1	.	.	.	.	.
	.	.	.	.	.	.	.	.	.	.	"	29 "	1	.	1	.	.	.	.	.
	.	.	.	.	.	.	.	.	.	.	"	30 "	1	.	1	.	.	.	.	.
Summa	.	.	3	1	2	.	.	1	1	.	.	.	6	1	5	.	.	2	.	2
Neue Str.	.	.	.	.	.	.	.	.	.	.	.	12 Sep.	1	.	1	.	.	.	.	.

Benennung der Straßen.	1831.					1832.					1837.					1848.				
	Haus-Nummer.	Tag der Erkrankungen.	Zahl der Kranken.	Genesen.	Gestorben.	Haus-Nummer.	Tag der Erkrankungen.	Zahl der Kranken.	Genesen.	Gestorben.	Haus-Nummer.	Tag der Erkrankungen.	Zahl der Kranken.	Genesen.	Gestorben.	Haus-Nummer.	Tag der Erkrankungen.	Zahl der Kranken.	Genesen.	Gestorben.
Neustädtische Kirchgasse.	5	18 Okt.	1	.	1	.	.	.	.	.	.	.	.	.	.	.	.	.	.	.
Nicolai-Kirchgasse.	.	.	.	.	.	.	.	.	.	.	.	.	.	.	.	1	5 Sep.	1	.	1
	.	.	.	.	.	.	.	.	.	.	.	.	.	.	.	„	7 „	1	1	.
	.	.	.	.	.	.	.	.	.	.	2	27 Aug.	1	.	1	„	8 „	1	1	.
	.	.	.	.	.	.	.	.	.	.	„	31 „	1	.	1	2	3 „	1	1	.
Summa	.	.	.	.	.	.	.	.	.	.	.	.	2	.	2	.	.	4	3	1
Nicolai-Kirchhof.	.	.	.	.	.	.	.	.	.	.	8	21 Aug.	1	.	1	.	.	.	.	.
	.	.	.	.	.	.	.	.	.	.	10	21 Sep.	1	.	1	.	.	.	.	.
Summa	.	.	.	.	.	.	.	.	.	.	.	.	2	.	2	.	.	.	.	.
Niederlagstraße.	.	.	.	.	.	.	.	.	.	.	7	25 Okt.	1	1	.	.	.	.	.	.
Niederschlesischer Bahnhof.	.	.	.	.	.	.	.	.	.	.	.	.	.	.	.	.	27 Aug.	1	.	1
Niederwallstr.	.	.	.	.	.	.	.	.	.	.	3	29 Aug.	1	.	1	8	1 Sep	1	.	1
	.	.	.	.	.	.	.	.	.	.	.	.	.	.	.	„	2 „	1	.	1
	.	.	.	.	.	.	.	.	.	.	.	.	.	.	.	„	7 „	1	.	1
	.	.	.	.	.	.	.	.	.	.	.	.	.	.	.	11	15 Aug.	1	.	1
	13	6 Sep.	2	.	2	.	.	.	.	.	13	15 Aug.	1	.	1	13	29 „	1	.	1
	„	21 „	1	.	1	.	.	.	.	.	„	19 „	1	.	1	„	9 Sep.	1	.	1
	„	22 „	1	.	1	.	.	.	.	.	„	21 „	1	.	1	„	27 „	1	.	1
	„	24 „	1	.	1	.	.	.	.	.	„	22 „	1	.	1	14	20 „	1	.	1
	14	22 „	1	1	.	.	.	.	.	.	14	6 Sep.	1	.	1	16	13 „	1	.	1
	24	19 „	1	.	1	.	.	.	.	.	17	25 Aug.	1	1	.	„	13 Okt.	1	1	.
	.	.	.	.	.	.	.	.	.	.	.	.	.	.	.	„	20 „	1	1	.
	.	.	.	.	.	38	7 Okt.	1	.	1	21	29 Aug.	1	.	1	21	22 Sep.	1	.	1
	.	.	.	.	.	„	12 „	1	.	1	30	1 Sep.	1	.	1	30	12 Okt.	1	1	.
Summa	.	.	7	1	6	.	.	2	.	2	.	.	9	1	8	.	.	13	3	10
Oberwallstraße.	.	.	.	.	.	.	.	.	.	.	8	25 Okt.	1	1	.		.	.	.	.
Oberwasserstraße.	.	.	.	.	.	15	13 Okt.	1	.	1	12a	26 Aug.	1	1	.	.	.	.	.	.
	.	.	.	.	.	.	.	.	.	.	13	5 Sep.	1	.	1	.	.	.	.	.
Summa	.	.	.	.	.	.	.	1	.	1	.		2	1	1	.	.	.	.	.

Benennung der Straßen.	1831.					1832.					1837.					1848.				
	Haus-Nummer.	Tag der Erkrankungen.	Zahl der Kranken.	Genesen.	Gestorben.	Haus-Nummer.	Tag der Erkrankungen.	Zahl der Kranken.	Genesen.	Gestorben.	Haus-Nummer.	Tag der Erkrankungen.	Zahl der Kranken.	Genesen.	Gestorben.	Haus-Nummer.	Tag der Erkrankungen.	Zahl der Kranken.	Genesen.	Gestorben.
Orangenstraße.	12	31 Okt.	1	.	1	10	18 Okt.	1	.	1	10	29 Sep.	1	1	.	34	9 Sep.	1	1	.
	=	2 Nov.	1	.	1	=	20 =	1	.	1	.	.	.	.	.	54	13 =	1	.	1
	=	16 =	1	1	.	18	15 =	1	1	.	24	27 Aug.	1	1	.	=	14 =	1	.	1
	24	4 =	1	.	1	.	.	.	.	.	=	16 Sep.	1	1	.	=	16 =	2	.	2
	26	25 Okt.	1	.	1	.	.	.	.	.	.	.	.	.	.	=	17 =	1	.	1
	=	26 =	1	.	1	.	.	.	.	.	.	.	.	.	.	83	10 =	1	.	1
	=	28 =	1	1	.	.	.	.	.	.	.	.	.	.	.	90	19 Aug.	1	.	1
	=	7 Nov.	1	1	.	.	.	.	.	.	.	.	.	.	.	105	6 Sep.	1	.	1
	=	15 Dez.	1	1	.	.	.	.	.	.	.	.	.	.	.	114	29 =	1	1	.
	28	26 Sep.	1	1	.	.	.	.	.	.	.	.	.	.	.	116	21 Aug.	1	.	1
	=	9 Nov.	2	2	.	.	.	.	.	.	.	.	.	.	.	121	24 Okt.	1	.	1
	.	.	.	.	.	.	.	.	.	.	29	14 Sep.	1	.	1	=	31 =	1	.	1
Böllertsche Häuser.	.	.	.	.	.	.	29 Okt.	1	.	1	.	9 =	3	2	1	126	18 Aug.	1	.	1
	.	.	.	.	.	.	7 Nov.	4	3	1	.	11 =	1	.	1	128	8 Sep.	2	.	2
	.	.	.	.	.	.	.	.	.	.	.	13 =	1	.	1	=	10 =	2	.	2
	.	.	.	.	.	.	.	.	.	.	.	.	.	.	.	=	11 =	1	1	.
	.	.	.	.	.	.	.	.	.	.	.	.	.	.	.	=	18 =	1	1	.
	.	.	.	.	.	.	.	.	.	.	.	.	.	.	.	176	21 =	1	.	1
Summa	.	.	12	7	5	.	.	8	4	4	.	.	9	5	4	.	.	21	4	17

Benennung der Straßen.	1831. Haus-Nummer.	Tag der Erkrankungen.	Zahl der Kranken.	Genesen.	Gestorben.	1832. Haus-Nummer.	Tag der Erkrankungen.	Zahl der Kranken.	Genesen.	Gestorben.	1837. Haus-Nummer.	Tag der Erkrankungen.	Zahl der Kranken.	Genesen.	Gestorben.	1848. Haus-Nummer.	Tag der Erkrankungen.	Zahl der Kranken.	Genesen.	Gestorben.
Oranienburgerstr.	1	6 Nov.	2	.	2	1	27 Okt.	1	.	1	1	23 Aug.	1	1	.	.	.	.	.	.
	=	9 =	1	.	1	.	.	.	.	.	2	2 Okt.	1	.	1	2	8 Sep.	2	.	2
	.	.	.	.	.	.	.	.	.	.	4	29 Aug.	1	1	.	3	11 =	1	1	.
	.	.	.	.	.	.	.	.	.	.	=	1 Sep.	1	.	1	4	2 =	1	1	.
	5	4 Okt.	1	.	1	.	.	.	.	.	5	4 Okt.	1	.	1	=	16 Okt.	1	.	1
	6	14 Sep.	1	.	1	.	.	.	.	.	7	31 Aug.	1	1	.	=	22 =	1	.	1
	=	15 =	1	.	1	.	.	.	.	.	9	27 =	1	.	1	7	11 Sep.	1	1	.
	7	11 Okt.	1	.	1	.	.	.	.	.	=	28 =	1	1	.	=	14 Okt.	1	.	1
	14	4 =	4	2	2	.	.	.	.	.	=	17 Sep.	1	1	.	9	9 =	1	.	1
	35	16 =	1	.	1	.	.	.	.	.	=	19 =	1	.	1	21	3 =	1	1	.
	39	21 Sep.	1	.	1	.	.	.	.	.	22	3 =	1	.	1	.	.	.	.	.
	=	27 =	1	1	.	.	.	.	.	.	27	10 =	1	.	1	.	.	.	.	.
	45	11 Okt.	1	.	1	.	.	.	.	.	52	14 =	1	.	1	.	.	.	.	.
	=	13 =	1	.	1	.	.	.	.	.	53	22 Aug.	3	1	2	.	.	.	.	.
	=	26 =	1	1	.	.	.	.	.	.	=	28 =	1	.	1	54	6 Sep.	1	1	.
	.	.	.	.	.	.	.	.	.	.	=	29 =	1	.	1	.	.	.	.	.
	63	14 Sep.	1	.	1	.	.	.	.	.	57	29 =	1	.	1	.	.	.	.	.
	69	12 =	1	.	1	.	.	.	.	.	66	4 Sep.	1	.	1	.	.	.	.	.
	72	17 Okt.	1	.	1	.	.	.	.	.	73	4 =	1	.	1	73	12 Okt.	1	.	1
	=	20 =	1	.	1	.	.	.	.	.	77	28 Aug.	1	1	.	77	4 Sep.	1	.	1

Benennung der Straßen.	1831. Haus-Nummer.	1831. Tag der Erkrankungen.	1831. Zahl der Kranken.	1831. Genesen.	1831. Gestorben.	1832. Haus-Nummer.	1832. Tag der Erkrankungen.	1832. Zahl der Kranken.	1832. Genesen.	1832. Gestorben.	1837. Haus-Nummer.	1837. Tag der Erkrankungen	1837. Zahl der Kranken.	1837. Genesen.	1837. Gestorben.	1848. Haus-Nummer.	1848. Tag der Erkrankungen.	1848. Zahl der Kranken.	1848. Genesen.	1848. Gestorben.
Oranienburgerstr.	82	18 Sep.	1	.	1	.	.	.	.	.	82	2 Sep.	1	.	1	.	.	.	.	.
	.	.	.	.	.	.	.	.	.	.	84	21 „	1	1	.	.	.	.	.	.
	.	.	.	.	.	.	.	.	.	.	87	9 „	1	.	1	.	.	.	.	.
	.	.	.	.	.	.	.	.	.	.	88	17 „	1	1	.	89	28 Sep.	1	1	.
	.	.	.	.	.	.	.	.	.	.	90	6 „	1	.	1	90	3 „	1	.	1
	.	.	.	.	.	.	.	.	.	.	91	16 „	1	.	1	.	.	.	.	.
	.	.	.	.	.	.	.	.	.	.	„	5 Okt.	1	1	.	.	.	.	.	.
Summa	.	.	22	4	18	.	.	1	.	1	.	.	29	10	19	.	.	15	6	9
Packhof, alter.	1	25 Sep.	1	.	1	.	.	.	.	.	.	.	.	.	.	.	.	.	.	.
Packhof, neuer.	2	25 Sep.	1	.	1	.	.	.	.	.	2	28 Aug.	1	1	.	.	.	.	.	.
	„	28 „	1	.	1	.	.	.	.	.	.	.	.	.	.	.	.	.	.	.
	„	30 „	1	.	1	.	.	.	.	.	.	.	.	.	.	.	.	.	.	.
	„	1 Okt.	1	.	1	.	.	.	.	.	.	.	.	.	.	.	.	.	.	.
Summa	.	.	4	.	4	.	.	.	.	.	.	.	1	1	.	.	.	.	.	.
Paddengasse.	5	2 Okt.	1	1	.	5	27 Okt.	1	.	1	7	21 Sep.	1	.	1	5	10 Sep.	1	.	1
	8	30 Sep	1	.	1	.	.	.	.	.	.	.	.	.	.	7	18 „	1	.	1
	„	4 Okt.	1	.	1	.	.	.	.	.	.	.	.	.	.	9	2 „	1	.	1
	„	1 Nov.	1	1	.	10	28 Okt.	3	1	2	.	.	.	.	.	.	.	.	.	.
	„	7 „	1	1	.	„	7 Nov.	1	.	1	.	.	.	.	.	.	.	.	.	.
	12	14 Okt.	1	.	1	.	.	.	.	.	12	27 Aug.	1	.	1	.	.	.	.	.
	.	.	.	.	.	.	.	.	.	.	„	28 Sep.	1	1	.	.	.	.	.	.
Summa	.	.	6	3	3	.	.	5	1	4	.	.	3	1	2	.	.	3	.	3
Pankstr.	52	28 Sep.	3	.	3	.	.	.	.	.	4	9 Sep.	1	1	.	.	.	.	.	.
	53	9 Okt.	1	.	1	.	.	.	.	.	.	.	.	.	.	.	.	.	.	.
Summa	.	.	4	.	4	.	.	.	.	.	.	.	1	1	.	.	.	.	.	.
Papenstr.	4	24 Sep.	1	.	1	.	.	.	.	.	14	16 Sep.	1	1	.	2	27 Sep.	1	1	.
	7	1 Nov.	1	.	1	7	2 Nov.	1	.	1	15	15 „	1	1	.	7	18 Okt	1	.	1
	„	5 „	1	.	1	.	.	.	.	.	„	20 „	1	1	.	10	24 Sep.	1	1	.
	„	8 „	1	.	1	.	.	.	.	.	18	11 „	1	.	1	14	4 „	1	1	.
	15	2 Okt.	1	.	1	.	.	.	.	.	„	19 Okt.	1	1	.	.	.	.	.	.
Summa	.	.	5	.	5	.	.	1	.	1	.	.	5	4	1	.	.	4	3	1

Benennung der Straßen.	1831.					1832.					1837.					1848.				
	Haus-Nummer.	Tag der Erkrankungen.	Zahl der Kranken.	Genesen.	Gestorben.	Haus-Nummer.	Tag der Erkrankungen.	Zahl der Kranken.	Genesen.	Gestorben.	Haus-Nummer.	Tag der Erkrankungen.	Zahl der Kranken.	Genesen.	Gestorben.	Haus-Nummer.	Tag der Erkrankungen.	Zahl der Kranken.	Genesen.	Gestorben.
Petriplatz.	.	.	.	.	.	.	.	.	.	.	.		.	.	.	4	1 Okt.	2	1	1
Petristraße.	1	1 Okt.	1	.	1	2	11 Okt.	1	.	1	2	1 Sep.	1	.	1	1	15 Sep.	1	.	1
	2	25 Sep.	1	.	1	"	2 Nov.	1	.	1	"	3 "	1	.	1	"	16 "	1	1	.
	4	10 Okt.	1	.	1	6	10 Okt.	1	.	1	9	24 Aug.	1	.	1	"	28 "	1	.	1
	"	11 "	1	1	.	.	.	.	.	.	"	11 Sep.	1	.	1	2a	5 Okt.	1	1	.
	.	.	.	.	.	.	.	.	.	.	11	30 Aug.	1	.	1	4	17 Sep.	1	.	1
	6	17 Okt.	1	.	1	.	.	.	.	.	12	5 Okt.	1	1	.	9	8 "	1	.	1
	7	9 Sep.	1	.	1	15	10 Nov.	1	.	1	14	24 Aug.	1	.	1	11	19 "	1	1	.
	16	26 "	1	.	1	16	28 Sep.	1	.	1	16	23 "	1	.	1	16	13 "	2	.	2
	"	31 Okt.	1	1	.	.	.	.	.	.	"	16 Sep.	1	.	1	18	16 "	1	.	1
	17	22 Sep.	1	.	1	17	25 Okt.	1	.	1	17	22 Aug.	2	1	1	.	.	.	.	.
	"	4 Okt.	1	.	1	.	.	.	.	.	"	23 "	2	.	2	.	.	.	.	.
	"	26 "	1	1	.	.	.	.	.	.	"	25 "	2	2	.	.	.	.	.	.
	"	4 Nov.	1	1	.	18	25 Okt.	1	.	1	18	25 "	1	.	1	.	.	.	.	.
	18	11 Okt.	1	.	1	.	.	.	.	.	"	28 "	1	1	.	.	.	.	.	.
	25	12 "	1	.	1	.	.	.	.	.	"	9 Sep.	1	1	.	19	10 Sep.	1	.	1
	27	14 Sep.	1		1	.	.		.	.	20	6 "	1	.	1	20	2 Okt.	1	.	1
	"	22 "	1	1	.	.	.	.	.	.	"	13 "	1	1	.	.	.	.	.	.
	"	14 Okt.	1		1	.	.	.	.	.	26	2 "	1	.	1	.	.	.	.	.
	"	16 "	3	2	1	28	7 Nov.	1	.	1	28	20 Aug.	1	.	1	.	.	.	.	.
	"	18 "	1	.	1	.	.	.	.	.	29	2 Sep.	1	.	1	29	9 Sep.	1	.	1
	"	21 "	1	.	1		.	.	.	.	"	3 "	1	1	.	"	15 "	1	.	1
	"	23 "	1	1	.	.	.	.	.	.	"	7 "	1	.	1	"	19 "	1	.	1
	.	.	.	.	.	.	.	.	.	.	"	18 "	1	1	.	.	.	.	.	.
	.	.	.	.	.	.	.	.	.	.	"	16 Nov.	1	.	1	.	.	.	.	.
	.	.	.	.	.	.	.	.	.	.	"	17 "	1	1	.	.	.	.	.	.
	.	.	.	.	.	.	.	.	.	.	35	28 Aug.	1	.	1	.	.	.	.	.
Summa	.	.	23	8	15	.		8	.	8	.		29	10	19	.	.	15	3	12
Phillippsstraße.	.	.	.	.	.	.	.	.	.	.	.	.	.	.	.	15	12 Sep.	2	.	2
	.	.	.	.	.	.	.	.	.	.	.	.	.	.	.	17	4 "	1	.	1
	.	.	.	.	.	.	.	.	.	.	.	.	.	.	.	"	7 "	1	.	1
	.	.	.	.	.	.	.	.	.	.	.	.	.	.	.	18	8 "	1	.	1
	.	.	.	.	.	.	.	.	.	.	.	.	.	.	.	"	10 "	1	1	.
	.	.	.	.	.	.	.	.	.	.	.	.	.	.	.	19	31 Aug.	1	.	1
	.	.	.	.	.	.	.	.	.	.	.	.	.	.	.	"	17 Sep.	1	.	1
	.	.	.	.	.	.	.	.	.	.	.	.	.	.	.	20	9 "	2	.	2
	.	.	.	.	.	.	.	.	.	.	.	.	.	.	.	"	16 "	2	.	2
	.	.	.	.	.	.	.	.	.	.	.	.	.	.	.	21	18 Okt.	1	.	1

Benennung der Straßen.	1831. Haus-Nummer.	Tag der Erkrankungen.	Zahl der Kranken.	Genesen.	Gestorben.	1832. Haus-Nummer.	Tag der Erkrankungen.	Zahl der Kranken.	Genesen.	Gestorben.	1837. Haus-Nummer.	Tag der Erkrankungen.	Zahl der Kranken.	Genesen.	Gestorben.	1848. Haus-Nummer.	Tag der Erkrankungen.	Zahl der Kranken.	Genesen.	Gestorben.
Philippsstraße.	.	.	.	.	.	.	.	.	.	.	.	.	.	.	.	22	10 Okt.	1	.	1
	.	.	.	.	.	.	.	.	.	.	.	.	.	.	.	24	7 Nov.	1	.	1
	.	.	.	.	.	.	.	.	.	.	.	.	.	.	.	44	15 Sep.	1	1	.
Summa	.	.	.	.	.	.	.	.	.	.	.	.	.	.	.	.	.	16	2	14
Poststraße.	1	5 Okt.	1	1	.	.	.	.	.	.	1	30 Sep.	1	.	1	1	4 Okt.	1	.	1
	.	.	.	.	.	.	.	.	.	.	2	20 =	1	.	1	5	5 Sep.	1	1	.
	.	.	.	.	.	.	.	.	.	.	=	21 =	1	1	.	=	11 =	2	1	1
	5	14 Okt.	1	.	1	.	.	.	.	.	5	25 Aug.	1	.	1	=	14 =	1	.	1
	.	.	.	.	.	.	.	.	.	.	6	17 Nov.	1	1	.	7	11 =	1	.	1
	9	4 Sep.	1	.	1	9	18 Dez.	5	2	3	9	17 Aug.	1	.	1	9	4 =	1	.	1
	=	2 Okt.	1	1	.	.	.	.	.	.	=	26 =	1	1	.	=	16 =	1	.	1
	.	.	.	.	.	10	17 Okt.	1	.	1	=	31 =	1	.	1	10	13 =	1	.	1
	.	.	.	.	.	.	.	.	.	.	=	12 Sep.	1	.	1	.	.	.	.	.
	.	.	.	.	.	.	.	.	.	.	=	16 =	1	1	.	.	.	.	.	.
	.	.	.	.	.	.	.	.	.	.	11	24 Okt.	1	.	1	11	1 Sep.	1	1	.
	14	18 Okt.	1	.	1	.	.	.	.	.	14	16 Sep.	1	.	1	12	29 Aug.	1	1	.
	=	12 Dez.	1	1	.	.	.	.	.	.	16	3 =	3	2	1	=	30 =	2	.	2
	=	26 =	1	.	1	.	.	.	.	.	?	7 =	1	.	1	=	17 Sep.	1	1	.
	15	5 Okt.	1	.	1	.	.	.	.	.	19	30 Aug.	1	.	1	14	2 =	1	1	.
Summa	.	.	8	3	5	.	.	6	2	4	.	.	17	6	11	.	.	15	6	9
Poststraße, kleine, früher Pankowsgasse.	4	27 Sep.	1	.	1	2	15 Okt.	2	.	2	1	24 Aug.	1	.	1	3	20 Sep.	1	.	1
	6	2 Okt.	1	.	1	.	.	.	.	.	4	5 Sep.	1	1	.	.	.	.	.	.
	7	12 Nov.	1	.	1	5	25 Okt.	1	1	.	5	22 =	1	.	1	.	.	.	.	.
	=	19 =	2	2	.	.	.	.	.	.	7	9 =	1	.	1	.	.	.	.	.
	=	20 =	1	1	.	.	.	.	.	.	11	5 =	1	.	1	.	.	.	.	.
	=	22 =	1	.	1	.	.	.	.	.	.	.	.	.	.	.	.	.	.	.
	12	28 Sep.	1	.	1	.	.	.	.	.	.	.	.	.	.	.	.	.	.	.
Summa	.	.	8	3	5	.	.	3	1	2	.	.	5	1	4	.	.	1	.	1
Potsdamerstr.	39	23 Okt.	1	.	1	.	.	.	.	.	.	.	.	.	.	87	10 Sep.	1	1	.
	.	.	.	.	.	.	.	.	.	.	.	.	.	.	.	129	10 =	1	.	1
	.	.	.	.	.	.	.	.	.	.	.	.	.	.	.	130	10 =	1	.	1
Summa	.	.	1	.	1	.	.	.	.	.	.	.	.	.	.	.	.	3	1	2
Präsidentenstraße, große.	.	.	.	.	.	.	.	.	.	.	4	25 Sep.	1	.	1	4	9 Sep.	1	.	1

Benennung der Straßen.	1831.					1832.					1837.					1848.				
	Haus-Nummer.	Tag der Erkrankungen.	Zahl der Kranken.	Genesen.	Gestorben.	Haus-Nummer.	Tag der Erkrankungen.	Zahl der Kranken.	Genesen.	Gestorben.	Haus-Nummer.	Tag der Erkrankungen.	Zahl der Kranken.	Genesen.	Gestorben.	Haus-Nummer.	Tag der Erkrankungen.	Zahl der Kranken.	Genesen.	Gestorben.
Präsidentenstraße, kleine.	.	.	.	.	.	.	.	.	.	.	1	21 Aug.	1	.	1	.	.	.	.	.
	.	.	.	.	.	.	.	.	.	.	2	22 =	1	.	1	.	.	.	.	.
	.	.	.	.	.	.	.	.	.	.	4	24 =	1	.	1	.	.	.	.	.
	.	.	.	.	.	.	.	.	.	.	=	1 Sep.	1	1	.	.	.	.	.	.
	.	.	.	.	.	.	.	.	.	.	=	2 =	1	.	1	.	.	.	.	.
	.	.	.	.	.	.	.	.	.	.	=	17 =	2	.	2	.	.	.	.	.
	.	.	.	.	.	.	.	.	.	.	=	22 =	1	.	1	.	.	.	.	.
Summa	.	.	.	.	.	.	.	.	.	.	.	.	8	1	7	.	.	.	.	.
Prenzlauerstraße.	1	5 Okt.	1	1	.	.	.	.	.	.	1	24 Sep.	1	.	1	.	.	.	.	.
	.	.	.	.	.	.	.	.	.	.	=	25 =	1	.	1	2	22 Sep.	1	1	.
	3	14 Okt.	1	.	1	.	.	.	.	.	3	18 Aug.	1	.	1	3	9 =	1	.	1
	.	.	.	.	.	.	.	.	.	.	=	21 =	1	.	1	5	1 =	1	.	1
	.	.	.	.	.	.	.	.	.	.	=	22 =	1	.	1	=	6 =	1	.	1
	.	.	.	.	.	.	.	.	.	.	=	28 =	1	.	1	=	8 Okt.	1	.	1
	.	.	.	.	.	.	.	.	.	.	=	29 =	1	1	.	=	14 =	1	1	.
	.	.	.	.	.	.	.	.	.	.	=	2 Sep.	3	1	2	=	18 =	1	1	.
	.	.	.	.	.	.	.	.	.	.	=	7 =	1	.	1	=	20 =	1	1	.
	.	.	.	.	.	.	.	.	.	.	=	12 =	1	.	1	6	12 =	1	1	.
	5	4 Okt.	2	1	1	5	22 Okt.	2	.	2	5	20 Aug.	1	.	1	=	20 =	1	.	1
	9	14 Sep.	1	.	1	.	.	.	.	.	=	24 =	1	.	1	9	16 Sep.	1	.	1
	.	.	.	.	.	.	.	.	.	.	15	31 =	1	1	.	10	8 =	1	.	1
	.	.	.	.	.	.	.	.	.	.	=	1 Sep	1	.	1	12	20 =	1	1	.
	.	.	.	.	.	.	.	.	.	.	=	13 =	1	1	.	=	9 Okt.	1	.	1
	19	7 Sep.	1	.	1	.	.	.	.	.	19	22 Aug.	1	.	1	19	27 Sep.	1	.	1
	=	17 =	1	.	1	.	.	.	.	.	=	23 =	1	.	1	=	1 Okt.	1	.	1
	=	18 =	1	1	.	.	.	.	.	.	=	31 =	1	.	1	=	6 =	1	1	.
	=	23 =	1	1	.	.	.	.	.	.	=	12 Sep.	1	1	.	=	11 =	1	1	.
	=	6 Okt.	1	1	.	.	.	.	.	.	=	15 =	1	1	.	=	12 =	1	1	.
	=	27 =	1	.	1	.	.	.	.	.	=	16 =	1	.	1	.	.	.	.	.
	=	29 =	1	.	1	.	.	.	.	.	=	19 =	1	1	.	.	.	.	.	.
	=	17 Nov.	1	1	.	.	.	.	.	.	=	21 =	1	.	1	.	.	.	.	.
	.	.	.	.	.	.	.	.	.	.	=	29 =	1	1	.	.	.	.	.	.
	.	.	.	.	.	.	.	.	.	.	20	23 =	1	.	1	.	.	.	.	.
	.	.	.	.	.	.	.	.	.	.	21	8 =	1	.	1	.	.	.	.	.
	22	17 Sep.	1	1	.	.	.	.	.	.	22	9 =	1	.	1	.	.	.	.	.
	.	.	.	.	.	.	.	.	.	.	=	15 =	1	.	1	.	.	.	.	.
	.	.	.	.	.	.	.	.	.	.	=	21 =	1	.	1	.	.	.	.	.
	.	.	.	.	.	.	.	.	.	.	25	21 Aug.	1	.	1	.	.	.	.	.
	.	.	.	.	.	.	.	.	.	.	=	22 =	1	.	1	.	.	.	.	.

Benennung der Straßen.	1831. Haus-Nummer.	1831. Tag der Erkrankungen.	1831. Zahl der Kranken.	1831. Genesen.	1831. Gestorben.	1832. Haus-Nummer.	1832. Tag der Erkrankungen.	1832. Zahl der Kranken.	1832. Genesen.	1832. Gestorben.	1837. Haus-Nummer.	1837. Tag der Erkrankungen.	1837. Zahl der Kranken.	1837. Genesen.	1837. Gestorben.	1848. Haus-Nummer	1848. Tag der Erkrankungen.	1848. Zahl der Kranken.	1848. Genesen.	1848. Gestorben.
Prenzlauerstraße.	.	.	.	.	.	.	.	.	.	.	25	31 Aug.	1	.	1	.	.	.	.	.
	26	7 Sep.	2	.	2	.	.	.	.	.	26	23 =	1	1	.	.	.	.	.	.
	=	8 =	1	.	1	.	.	.	.	.	=	28 =	1	.	1	.	.	.	.	.
	=	9 =	1	.	1	.	.	.	.	.	=	29 =	2	.	2	.	.	.	.	.
	=	12 =	1	.	1	.	.	.	.	.	=	30 =	2	1	1	.	.	.	.	.
	=	14 =	2	1	1	.	.	.	.	.	=	31 =	2	1	1	.	.	.	.	.
	=	15 =	2	.	2	.	.	.	.	.	=	2 Sep.	1	.	1	.	.	.	.	.
	=	17 =	1	.	1	.	.	.	.	.	=	4 =	1	1	.	.	.	.	.	.
	=	19 =	1		1	.	.	.	.	.	=	13 =	1	1	.	.	.	.	.	.
	=	23 =	1	.	1	.	.	.	.	.	=	24 =	1	.	1	.	.	.	.	.
	=	5 Okt.	1	.	1	.	.	.	.	.	28	22 Aug.	1	.	1	.	.	.	.	.
	=	7 =	1	.	1	.	.	.	.	.	30	27 =	1	.	1	.		.		.
	=	20 =	1	.	1	.	.	.	.	.	31	13 Sep.	1	.	1	.	.	.	.	.
	=	15 Nov	1	1	.	.	.	.	.	.	32	20 =	1	1	.	.	.	.	.	.
	28	23 Sep.	1	.	1	.	.	.	.	.	35	22 =	1	.	1	35	18 Okt.	1	1	.
	35	2 Okt.	2	.	2	38	21 Okt.	1	1	.	38	2 =	2	1	1	=	22 =	2	.	2
	=	7 =	1	.	1	=	5 Nov.	1	1	.	=	5 =	1	1	.	38	2 Nov	1	.	1
	=	9 =	1	.	1	.	.	.	.	.	=	7 =	1	1	.	40	15 Sep.	1	1	.
	=	17 =	1		1	.	.	.	.	.	=	11 =	1	.	1	.	.	.	.	.
	=	3 Nov	1		1	.	.	.	.	.	=	1 Nov.	1	1		.	.	.	.	.
	38	27 Sep	1	1	.	.	.	.	.	.	47	8 Sep.	1	.	1	47	22 Aug.	1	.	1
	=	14 Okt.	1	.	1	.	.	.	.	.	48	6 =	1		1	.	.	.	.	.
	=	8 Nov	1	.	1	.	.	.	.	.	=	12 =	1	.	1	.	.	.	.	.
	43	14 Sep.	1	.	1	.	.	.	.	.	=	19 =	1	.	1		.	.	.	.
	=	9 Nov.	1	.	1	.	.	.	.	.	50	28 Aug.	1	1	.	50	26 Okt.	1	.	1
	47	6 Okt.	1	1	.	.	.	.	.	.	52	1 Sep.	1	1	.	=	27 =	2	1	1
	.	.	.	.	.	.	.	.	.	.	56	19 Aug.	1	.	1	=	2 Nov.	1	1	.
	.	.	.	.	.	.	.	.	.	.	=	23 =	1	1	.	.	.	.	.	.
Summa	.	.	43	11	32	.	.	4	2	2	.	.	65	21	44	.	.	29	13	16
Prenzlauerthor, vor dem.	.	.	.	.	.	.	.	.	.	.	.	25 Sep.	1	1	.	.	1 Sep.	1	1	.
	.	.	.	.	.	.	.	.	.	.	.	.	.	.	.	.	30 =	1	1	.
Summa	.	.	.	.	.	.	.	.	.	.	.	.	1	1	.	.	.	2	2	
Probststr., früher Gasse	5	19 Sep.	1	.	1	.		.	.	.	6	5 Sep.	1	.	1	5	11 Sep.	1	1	.
	=	8 Okt.	1	.	1			.	.	.	16	8 =	1	.	1	.	.	.	.	.
	.	.					.	.	.	.	17	1 =	1	.	1	.	.	.	.	.

Benennung der Straßen.	1831. Haus-Nummer.	1831. Tag der Erkrankungen.	1831. Zahl der Kranken.	1831. Genesen.	1831. Gestorben.	1832. Haus-Nummer.	1832. Tag der Erkrankungen.	1832. Zahl der Kranken.	1832. Genesen.	1832. Gestorben.	1837. Haus-Nummer.	1837. Tag der Erkrankungen.	1837. Zahl der Kranken.	1837. Genesen.	1837. Gestorben.	1848. Haus-Nummer.	1848. Tag der Erkrankungen.	1848. Zahl der Kranken.	1848. Genesen.	1848. Gestorben.
Probststr.	.	.	.	.	.	.	.	.	.	.	17	3 Sep.	1	.	1	.		.	.	.
	.	.	.	.	.	.	.	.	.	.	19	11 〃	1	.	1	.		.	.	.
Summa	.	.	.	.	.	.	.	.	.	.	.		5	.	5	.		1	1	.
Promenade, neue.	.		.	.	.	.	.	.	.	.	2	22 Aug.	1	1	.	.	.	.	.	.
	3	21 Nov.	1	.	1	.	.	.	.	.	3	21 〃	2	.	2	.	.	.	.	.
	4	2 Okt.	1		1	.	.	.	.	.	4	26 〃	1	.	1	.	.	.	.	.
	.	.	.	.	.	.	.	.	.	.	〃	3 Sep.	1	.	1	.	.	.	.	.
	.	.	.	.	.	.	.	.	.	.	9	29 〃	1	.	1	.	.	.	.	.
Summa	.	.	2	.	2	.	.	.	.	.	.		6	1	5	.	.	.	.	.
Pulvermühlenstr.	.	6 Okt.	1	.	1	.	.	.	.	.	.	25 Aug.	1	1	.	5	29 Sep.	1	.	1
	.	.	.	.		.	.	.	.	.	.	26 〃	1		1	.	.	.	.	.
Summa	.	.	1	.	1	.	.	.	.	.	.		2	1	1	.		1	.	1
Puttkammerstraße.	.		.	.		.	.	.	.	.	.		.	.	.	17	11 Sep.	1	.	1
Rauletshof	2	7 Okt.	1	.	1	.	.	.	.	.	2	24 Aug.	1	.	1	.	.	.	.	.
Reetzengasse.	10	15 Sep	1	.	1	.		.	.	.	.	.	.	.	.	10	12 Sep.	1	.	1
Reinickendorferstr.	41	23 Sep.	1	.	1	36	18 Okt.	1	1	.	46	30 Aug.	1	.	1	.	.	.	.	.
	61	20 〃	1	.	1	.	.	.	.	.	〃	2 Sep.	1	.	1	.	.	.	.	.
	.	.	.	.	.	.	.	.	.	.	47	29 Aug.	1	.	1	.	.	.	.	.
Summa	.	.	2		2	.	.	1	1		.		3	.	3	.	.	.	.	.
Rittergasse.	14	20 Okt.	1	.	1	.	.	.	.	.	4	30 Aug.	1	.	1	4	16 Sep.	1	.	1
	〃	22 〃	1	1	.	.	.	.	.	.	9	8 Sep.	1	.	1	5	12 〃	1	1	.
	.	.	.	.	.	.	.	.	.	.	10/11	20 Aug.	2	1	1	9	12 〃	1	1	.
	.	.	.	.	.	.	.	.	.	.	12	30 〃	1	1	.	12	7 〃	1	.	1
	.	.	.	.	.	.	.	.	.	.	〃	6 Sep.	1	.	1	.	.	.	.	.
Summa	.		2	1	1	.		.	.	.	.		6	2	4	.	.	4	2	2
Ritterstr.	.	.	.	.	.	.		.	.	.	.			.	.	39	6 Sep.	1	1	.
Rosengasse.	.		.	.	.	.	.	.	.	.	8	19 Sep.	1	.	1	5	30 Aug.	1	1	.

Benennung der Straßen.	1831.					1832.					1837.					1848.				
	Haus-Nummer.	Tag der Erkrankungen.	Zahl der Kranken.	Genesen.	Gestorben.	Haus-Nummer.	Tag der Erkrankungen.	Zahl der Kranken.	Genesen.	Gestorben.	Haus-Nummer.	Tag der Erkrankungen.	Zahl der Kranken.	Genesen.	Gestorben.	Haus-Nummer.	Tag der Erkrankungen.	Zahl der Kranken.	Genesen.	Gestorben.
Rosengasse.	.	.	.	.	.	.	.	.	.	.	35	4Nov.	1	.	1	21a	8Okt.	1	.	1
	.	.	.	.	.	.	.	.	.	.	47	5Sep.	1	.	1	43	7Sep.	1	.	1
	.	.	.	.	.	.	.	.	.	.	″	12 ″	1	.	1	53	7 ″	1	.	1
	.	.	.	.	.	.	.	.	.	.	″	19 ″	1	1	.	″	14 ″	1	.	1
Summa	.	.	.	.	.	.	.	.	.	.	.	.	5	1	4	.	.	5	1	4
Rosen-queergasse.	6	16Okt.	1	.	1	.	.	.	.	.	6	16Sep.	1	.	1	2	31Aug.	1	1	.
	9	2 ″	2	1	1	.	.	.	.	.	.	.	.	.	.	″	12Sep.	1	.	1
	10	28Sep.	1	.	1	.	.	.	.	.	.	.	.	.	.	″	13 ″	1	1	.
	″	1Okt.	1	.	1	.	.	.	.	.	.	.	.	.	.	3	29Aug.	1	.	1
	″	2 ″	3	1	2	.	.	.	.	.	.	.	.	.	.	8	11Sep.	1	.	1
	11	11 ″	1	.	1	.	.	.	.	.	.	.	.	.	.	$\frac{1}{1}\frac{2}{3}$	7Okt.	1	.	1
	16	4 ″	1	.	1	.	.	.	.	.	.	.	.	.	.	14	30Aug.	1	.	1
	18	2Sep.	1	.	1	.	.	.	.	.	.	.	.	.	.	15	7Okt.	1	1	.
	22	13Okt.	1	.	1	.	.	.	.	.	.	.	.	.	.	″	12 ″	1	.	1
	″	22 ″	1	1	.	.	.	.	.	.	.	.	.	.	.	″	14 ″	1	1	.
	″	2Nov.	1		1	.	.	.	.	.	28	20Sep.	1	1		27	31Aug.	1	.	1
	″	16 ″	1	1	.	.	.	.	.	.	″	25 ″	2	2	.	″	7Sep.	1	.	1
	27	4Sep.	1	.	1	.	.	.	.	.	″	28 ″	1	.	1	″	27 ″	1	1	.
	″	24Okt.	1	.	1	.	.	.	.	.	″	9Okt.	2	1	1	30	12Okt.	1	1	.
Summa	.	.	17	4	13	.	.	.	.	.	.	.	7	4	3	.	.	14	6	8
Rosenstr., berliner.	.	.	.	.	.	.	.	.	.	.	3	20Sep.	1		1	.	.	.	.	.
	.	.	.	.	.	.	.	.	.	.	6	20 ″	1	.	1	.	.	.	.	.
	.	.	.	.	.	.	.	.	.	.	9	8 ″	1	.	1	9	4Okt.	1	1	.
	.	.	.	.	.	13	27Okt.	1	.	1	10	12 ″	1	.	1	15	23Aug.	1	1	.
	.	.	.	.	.	.	.	.	.	.	17	16 ″	1	.	1	22	16Sep.	1	1	.
	.	.	.	.	.	.	.	.	.	.	18	21 ″	1	1	.	23	27 ″	1	1	.
	20	16Nov.	1	1	.	.	.	.	.	.	23	22Aug.	1	1	.	24	17Aug.	1	1	.
	21	18Sep.	1	1		30	8Nov.	1	.	1	30	23 ″	1	.	.	25	11Sep.	1	1	.
	″	23Okt.	1	1	.	.	.	.	.	.	″	10Sep.	1	.	1	″	13 ″	1	1	.
	22	11Nov.	1	.	1	.	.	.	.	.	45	21 ″	1	.	1	29	23 ″	1	1	.
Summa	.	.	4	3	1	.	.	2	.	2	.	.	10	2	8	.	.	8	8	.
Rosenstr., werdersche	.	.	.	.	.	.	.	.	.	.	2	13Sep.	1	.	1	3	4Sep.	1	1	.
	.	.	.	.	.	.	.	.	.	.	.	.	.	.	.	″	12 ″	1	1	.
Summa	.	.	.	.	.	.	.	.	.	.	.	.	1	.	1	.	.	2	2	.

Benennung der Straßen.	1831.					1832.					1837.					1848.				
	Haus-Nummer.	Tag der Erkrankungen.	Zahl der Kranken.	Genesen.	Gestorben.	Haus-Nummer.	Tag der Erkrankungen.	Zahl der Kranken.	Genesen.	Gestorben.	Haus-Nummer.	Tag der Erkrankungen.	Zahl der Kranken.	Genesen.	Gestorben.	Haus-Nummer.	Tag der Erkrankungen.	Zahl der Kranken.	Genesen.	Gestorben.
Rosenthalerstraße.	3	20Okt.	1	1	.	.	.	.	.	.	4	2Sep.	1	.	1	.	.	.	.	.
	=	24 =	1	.	1	.	.	.	.	.	5	28Aug.	2	.	2	.	.	.	.	.
	.	.	.	.	.	.	.	.	.	.	=	11Sep.	1	.	1	.	.	.	.	.
	.	.	.	.	.	.	.	.	.	.	=	18 =	1	.	1	.	.	.	.	.
	.	.	.	.	.	.	.	.	.	.	=	24 =	1	.	1	.	.	.	.	.
	.	.	.	.	.	.	.	.	.	.	=	30 =	2	.	2	7	1Okt.	1	.	1
	9	13Sep.	1	.	1	.	.	.	.	.	8	21 =	1	.	1	8	6Sep.	1	1	.
	20	1Nov.	1	.	1	.	.	.	.	.	19	27Aug.	1	.	1	9	8Okt.	3	.	3
	.	.	.	.	.	.	.	.	.	.	=	29 =	1	.	1	=	9 =	1	.	1
	.	.	.	.	.	.	.	.	.	.	21	31 =	1	.	1	=	17 =	2	.	2
	.	.	.	.	.	.	.	.	.	.	=	7Sep.	1	.	1	=	18 =	1	1	.
	.	.	.	.	.	.	.	.	.	.	23	3 =	1	.	1	25	15 =	1	.	1
	.	.	.	.	.	.	.	.	.	.	26	9 =	1	.	1	=	16 =	1	1	.
	.	.	.	.	.	.	.	.	.	.	=	13 =	1	.	1	26	9Aug.	1	1	.
	.	.	.	.	.	.	.	.	.	.	=	15 =	1	.	1	=	13Sep.	1	.	1
	.	.	.	.	.	.	.	.	.	.	=	22 =	1	1	.	.	.	.	.	.
	29	12Sep.	1	.	1	.	.	.	.	.	29	26Aug.	1	.	1	29	20Sep.	1	1	.
	=	15 =	1	.	1	.	.	.	.	.	=	24Sep.	1	1	.	36	9 =	1	.	1
	=	17 =	2	.	2	.	.	.	.	.	31	18Aug.	1	.	1	.	.	.	.	.
	=	20 =	2	1	1	.	.	.	.	.	38	21 =	1	.	1	.	.	.	.	.
	38	20 =	1	1	.	.	.	.	.	.	39	19Sep.	1	.	1	.	.	.	.	.
	=	26 =	1	1		.	.	.	.	.	43	7 =	2	.	2	.	.	.	.	.
	=	1Okt.	1	1	.	.	.	.	.	.	45	26Aug.	2	.	2	45	4Sep.	1	.	1
	43	13 =	1	1	.	.	.	.	.	.	=	28 =	1	.	1	=	20Okt.	1	.	1
	=	16 =	1	1	.	.	.	.	.	.	55	3Sep.	1	1	.	=	22 =	1	.	1
	=	17 =	1	.	1	.	.	.	.	.	56	27Aug.	1	.	1	49	17Sep.	1	1	.
	44	18 =	1	.	1	.	.	.	.	.	59	23 =	1	.	1	53	8 =	1	1	.
	.	.	.	.	.	.	.	.	.	.	61	3Sep.	1	.	1	=	10 =	1	.	1
	.	.	.	.	.	.	.	.	.	.	=	6 =	1	.	1	=	13 =	1	1	.
	.	.	.	.	.	.	.	.	.	.	62	24Aug.	1	.	1	61	11Okt.	1		1
	66	7Nov.	1	.	1	.	.	.	.	.	63	4Sep.	1	.	1	63	3 =	1	1	.
	68	9Sep.	1	.	1	.	.	.	.	.	68	10 =	2	1	1	.	.	.	.	.
	=	10 =	1	.	1	.	.	.	.	.	=	16 =	1	1	.	.	.	.	.	.
	=	12 =	1	.	1	.	.	.	.	.	=	20 =	1	1	.	.	.	.	.	.
	.	.	.	.	.	.	.	.	.	.	69	2 =	1	1	.	.	.	.	.	.
Summa	.	.	21	7	14	.	.	.	.	.	.	.	40	7	33	.	.	24	9	15
Roßmariengasse.	1	14Sep.	1	.	1	1	14Dez.	2	.	2	1	3Sep.	1	1	.	13	6Okt.	1	.	1
	=	3Okt.	1	1	.	.	.	.	.	.	=	10 =	1	1	.	.	.	.	.	.
	2	20Sep.	3	3	.	2	11Nov.	1	.	1	2	21Aug.	1	.	1	.	.	.	.	.

Benennung der Straßen.	1831.					1832.					1837.					1848.				
	Haus-Nummer.	Tag der Erkrankungen.	Zahl der Kranken.	Genesen.	Gestorben.	Haus-Nummer.	Tag der Erkrankungen.	Zahl der Kranken.	Genesen.	Gestorben.	Haus-Nummer.	Tag der Erkrankungen.	Zahl der Kranken.	Genesen.	Gestorben.	Haus-Nummer.	Tag der Erkrankungen.	Zahl der Kranken.	Genesen.	Gestorben.
Roßmariengasse.	2	21 Sep.	1	1	.	.	.	.	.	.	2	30 Aug.	1	.	1	.	.	.	.	.
	=	23 =	1	1	.	.	.	.	.	.	=	5 Sep.	3	.	3	.	.	.	.	.
	=	4 Okt.	1	.	1	.	.	.	.	.	=	7 =	2	2	.	.	.	.	.	.
	.	.	.	.	.	.	.	.	.	.	=	16 =	1	.	1	.	.	.	.	.
	.	.	.	.	.	.	.	.	.	.	4	2 =	1	.	1	.	.	.	.	.
	.	.	.	.	.	.	.	.	.	.	=	3 =	1	.	1	.	.	.	.	.
	.	.	.	.	.	.	.	.	.	.	5	8 =	1	.	1	.	.	.	.	.
	.	.	.	.	.	.	.	.	.	.	=	15 =	1	.	1	.	.	.	.	.
Summa	.	.	8	6	2	.	.	3	.	3	.	.	14	4	10	.	.	1	.	1
Roßstraße, alte.	4	25 Sep.	1	1	.	.	.		.	.	4	31 Aug.	1	1	.	3	8 Sep.	1	1	.
	=	16 Okt.	1	1	.	.	.	.	.	.	=	7 Sep	1	.	1	4	2 =	1	.	1
	.	.	.	.	.	.	.	.	.	.	=	11 =	1	.	1	5	9 =	1	1	.
	.	.	.	.	.	.	.	.	.	.	5	24 Aug.	3	.	3	6	8 Aug.	1	.	1
	.	.	.	.	.	.	.	.	.	.	=	26 =	2	.	2	=	9 Sep.	1	1	.
	.	.	.	.	.	.	.	.	.	.	6	16 =	1	.	1	=	11 =	1	.	1
	.	.	.	.	.	.	.	.	.	.	=	17 =	1	.	1	=	13 =	1	.	1
	.	.	.	.	.	.	.	.	.	.	7	20 =	1	.	1	7	22 Aug.	1	.	1
	.	.	.	.	.	.	.	.	.	.	=	20 Sep.	1	.	1	=	23 =	1	.	1
	.	.	.	.	.	.	.	.	.	.	=	26 =	1	.	1	9	25 Okt.	1	.	1
	.	.	.	.	.	.	.	.	.	.	8	18 =	1	.	1	=	28 =	1	1	.
	9	4 Nov.	1	1	.	.	.	.	.	.	9	24 Aug.	1	1	.	12a	7 Sep.	1	.	1
	10	6 Okt.	1	1	.	.	.	.	.	.	10	22 =	1	.	1	12	9 =	1	1	.
	=	8 =	1	.	1	.	.	.	.	.	=	25 =	1	.	1	13	8 =	1	.	1
	=	9 =	1	1	.	.	.	.	.	.	=	31 =	1	.	1	17	13 =	1	1	.
	16	14 =	1	.	1	.	.	.	.	.	14	18 =	1	1	.	24	8 =	1	1	.
	22	16 =	1	1	.	22	18 Okt.	1	.	1	=	22 =	1	.	1	.	.	.	.	.
	=	21 =	1	1	.	23	6 =	2	.	2	21	25 =	1	.	1	.	.	.	.	.
	.	.	.	.	.	.	.	.	.	.	=	9 Sep.	1	.	1	.	.	.	.	.
	.	.	.	.	.	.	.	.	.	.	25	17 =	1	1	.	25	22 Sep	1	.	1
	30	3 Okt.	1	.	1	.	.	.	.	.	30	25 Aug.	1	1	.	30	17 =	1	.	1
Summa	.	.	10	7	3	.	.	3	.	3	.	.	24	5	19	.	.	18	7	11
Roßstraße, neue.	2	14 Okt.	1	.	1	.	.	.	.	.	.	.	.	.	.	1	14 Sep.	1	.	1
	3	21 =	1	.	1	.	.	.	.	.	.	.	.	.	.	4	14 Aug.	1	.	1
	12	11 =	1	.	1	.	.	.	.	.	10	23 Aug.	2	.	2	=	13 Okt	1	1	.
	=	14 =	1	.	1	.	.	.	.	.	13	25 =	1	.	1	5	5 Sep.	1	.	1
	=	21 =	2	.	2	.	.	.	.	.	.	.	.	.	.	20	9 Okt.	1	1	.
	19	5 Nov.	1	.	1	.	.	.	.	.	.	.	.	.	.	=	7 Nov.	2	1	1

Benennung der Straßen.	1831. Haus-Nummer.	Tag der Erkrankungen.	Zahl der Kranken.	Genesen.	Gestorben.	1832. Haus-Nummer.	Tag der Erkrankungen.	Zahl der Kranken.	Genesen.	Gestorben.	1837. Haus-Nummer.	Tag der Erkrankungen.	Zahl der Kranken.	Genesen.	Gestorben.	1848. Haus-Nummer.	Tag der Erkrankungen.	Zahl der Kranken.	Genesen.	Gestorben.
Roßstraße, neue.	20	16 Nov.	1	.	1	.	.	.	.	.	.	.	.	.	.	20	9 Nov.	1	.	1
	23	7 Sep.	2	.	2	.	.	.	.	.	.	.	.	.	.	"	11 "	2	2	.
Summa	.	.	10	.	10	.	.	.	.	.	.	.	3	.	3	.	.	10	5	5
Schadowsstr.	.	.	.	.	.	.	.	.	.	.	9	17 Sep.	1	1	.	9	3 Sep.	1	.	1
	.	.	.	.	.	.	.	.	.	.	.	.	.	.	.	13	10 "	1	.	1
Summa	.	.	.	.	.	.	.	.	.	.	.	.	1	1	.	.	.	2	.	2
Schäfergasse.	14	6 Okt.	1	1	.	5	2 Okt.	1	.	1	15	8 Aug.	1	1	.	5	12 Sep.	1	.	1
	21	23 "	1	.	1	.	.	.	.	.	19	5 Sep.	2	1	1	18	12 "	1	.	1
	"	26 "	1	1	.	.	.	.	.	.	20	4 "	1	.	1	22	1 "	1	.	1
	23	16 Sep.	2	.	2	.	.	.	.	.	21	3 "	1	.	1	25	12 "	1	1	.
	24	2 Okt.	1	1	.	.	.	.	.	.	"	4 "	1	.	1	28	13 Okt.	2	1	1
	25	5 "	1	1	.	.	.	.	.	.	"	24 Okt.	1	1	.	.	.	.	.	.
	35	21 "	1	.	1	35	29 Okt.	1	.	1	"	27 "	1	.	1	.	.	.	.	.
	"	23 "	1	.	1	"	5 Sep.	1	.	1	"	28 "	1	.	1	.	.	.	.	.
	49	2 "	1	.	1	"	9 "	1	.	1	"	1 Nov.	1	.	1	.	.	.	.	.
	"	3 "	1	.	1	40	9 "	1	.	1	22	12 Sep.	1	1	.	.	.	.	.	.
	"	7 "	1	1	.	49	29 "	1	.	1	.	.	.	.	.	.	.	.	.	.
Summa	.	.	12	5	7	.	.	6	.	6	.	.	11	4	7	.	.	6	2	4
Scharrnstr.	15	16 Sep.	1	.	1	19	2 Nov.	1	1	.	6	22 Aug.	1	.	1	13	22 Aug.	1	.	1
	.	.	.	.	.	.	.	.	.	.	"	25 "	1	1	.	.	.	.	.	.
	.	.	.	.	.	.	.	.	.	.	"	27 "	1	1	.	.	.	.	.	.
	.	.	.	.	.	.	.	.	.	.	"	28 "	1	.	1	.	.	.	.	.
	.	.	.	.	.	.	.	.	.	.	17	25 "	1	.	1	17	13 Okt.	1	.	1
	.	.	.	.	.	.	.	.	.	.	"	14 Sep.	1	.	1	.	.	.	.	.
	.	.	.	.	.	.	.	.	.	.	"	19 "	1	.	1	.	.	.	.	.
	22	29 Nov.	1	1	.	.	.	.	.	.	22	24 Aug.	1	.	1	.	.	.	.	.
	.	.	.	.	.	.	.	.	.	.	"	10 Sep.	1	1	.	.	.	.	.	.
Summa	.	.	2	1	1	.	.	1	1	.	.	.	9	3	6	.	.	2	.	2
Schendelgasse.	.	.	.	.	.	.	.	.	.	.	2	2 Sep.	1	.	1	.	.	.	.	.
	4	2 Nov.	1	1	.	.	.	.	.	.	4	24 Aug.	1	.	1	4	12 Okt.	1	.	1

Benennung der Straßen.	1831.					1832.					1837.					1848.				
	Haus-Nummer.	Tag der Erkrankungen.	Zahl der Kranken.	Genesen.	Gestorben.	Haus-Nummer.	Tag der Erkrankungen.	Zahl der Kranken.	Genesen.	Gestorben.	Haus-Nummer.	Tag der Erkrankungen.	Zahl der Kranken.	Genesen.	Gestorben.	Haus-Nummer.	Tag der Erkrankungen.	Zahl der Kranken.	Genesen.	Gestorben.
Schendelgasse.	4	7 Nov.	1	1	.	.	.	.	.	.	4	15 Sep.	1	.	1	.	.	.	.	.
	7	28 Okt.	1	.	1	.	.	.	.	.	.	.	.	.	.	.	.	.	.	.
	=	29 =	1	.	1	.	.	.	.	.	.	.	.	.	.	.	.	.	.	.
Summa	.		4	2	2	.		.	.	.	.		3	.	3	.	.	1	.	1
Scheunengasse, dritte.	.	.	.	.	.	.	.	.	.	.	12	14 Sep.	1	.	1	.	.	.	.	.
	.	.	.	.	.	.	.	.	.	.	=	20 =	1	.	1	.	.	.	.	.
	.	.	.	.	.	.	.	.	.	.	15	16 =	1	1	.	.	.	.	.	.
Summa	.	.	.	.	.	.		.	.	.	.	.	3	1	2	.	.	.	.	.
Scheunengasse, vierte.	7	12 Sep.	1	.	1	.	.	.	.	.	7	4 Sep.	1		1	1	14 Okt	1	1	.
	=	27 Okt.	1	.	1	.	.	.	.	.	=	7 =	1	1	.	.	.	.	.	.
	=	29 =	1	1	.	.	.	.	.	.	=	13 =	2	1	1	.	.	.	.	.
	.	.	.	.	.	.	.	.	.	.	=	16 =	1	1	.	.	.	.	.	.
	.	.	.	.	.	.	.	.	.	.	12	30 Aug.	1	.	1	.	.	.	.	.
Summa	.	.	3	1	2	.	.	.	.	.	.	.	6	3	3	.	.	1	1	.
Scheunengasse, kurze.	.	.	.	.	.	.	.	.	.	.	.	.	.	.	.	3	21 Okt.	1	1	.
	.	.	.	.	.	.	.	.	.	.	.	.	.	.	.	6	16 Sep	1	1	.
	.	.	.	.	.	.	.	.	.	.	.	.	.	.	.	=	17 =	1		1
	.	.	.	.	.	.	.	.	.	.	.	.	.	.	.	=	18 =	1	.	1
	.	.	.	.	.	.	.	.	.	.	.	.	.	.	.	=	28 =	1	.	1
	.	.	.	.	.	.	.	.	.	.	.	.	.	.	.	=	2 Okt.	1	.	1
	.	.	.	.	.	9	1 Nov.	1	.	1	9	13 Sep.	1	.	1	=	30 =	1	1	.
	.	.	.	.	.	.	.	.	.	.	=	14 =	1	.	1	11	12 Sep.	1	.	1
	.	.	.	.	.	.	.	.	.	.	.	.	.	.	.	=	15 =	1	.	1
	.	.	.	.	.	.	.	.	.	.	.	.	.	.	.	=	18 =	1	1	.
	.	.	.	.	.	.	.	.	.	.	.	.	.	.	.	12	30 =	1	.	1
	.	.	.	.	.	.	.	.	.	.	.	.	.	.	.	13	25 =	1	1	.
	.	.	.	.	.	.	.	.	.	.	.	.	.	.	.	=	26 =	1	1	.
	.	.	.	.	.	.	.	.	.	.	.	.	.	.	.	14	27 Aug.	1	.	1
Summa	.	.	.	.	.	.	.	1	.	1	.	.	2	.	2	.	.	14	6	8
Schießgasse.	13	16 Okt.	1	1	.	.	.	.	.	.	6	1 Sep.	1	.	1	5	6 Sep.	2	.	2
	=	19 =	1	.	1	.	.	.	.	.	7	19 Aug.	1	.	1	=	4 Okt.	1	.	1
	=	20 =	1	.	1	.	.	.	.	.	=	24 =	1	.	1	=	5 =	1	.	1
	14	20 =	1	.	1	.	.	.	.	.	8	21 =	1	.	1	=	7 =	2	.	2
	.	.	.	.	.	.	.	.	.	.	11	26 Sep.	1	.	1	12	9 =	1	.	1

Benennung der Straßen.	1831. Haus-Nummer.	1831. Tag der Erkrankungen.	1831. Zahl der Kranken.	1831. Genesen.	1831. Gestorben.	1832. Haus-Nummer.	1832. Tag der Erkrankungen.	1832. Zahl der Kranken.	1832. Genesen.	1832. Gestorben.	1837. Haus-Nummer.	1837. Tag der Erkrankungen.	1837. Zahl der Kranken.	1837. Genesen.	1837. Gestorben.	1848. Haus-Nummer.	1848. Tag der Erkrankungen.	1848. Zahl der Kranken.	1848. Genesen.	1848. Gestorben.
Schießgasse.	.	.	.	.	.	.	.	.	.	.	12	6 Sep.	1	1		15	28 Sep.	1	.	1
	.	.	.	.	.	.	.	.	.	.	=	21 =	1	1		=	7 Okt.	1	1	.
	.	.	.	.	.	.	.	.	.	.	15	29 Aug.	1	1	.	=	12 =	1	.	1
	19	30 Okt.	1	.	1	.	.	.	.	.	19	4 Sep.	1	.	1	16	25 Sep.	1	.	1
	.	.	.	.	.	.	.	.	.	.	=	6 =	1	1	.	=	29 =	1	.	1
	.	.	.	.	.	.	.	.	.	.	21	6 =	1	.	1	18	6 Okt.	1	.	1
	.	.	.	.	.	.	.	.	.	.	=	17 =	1	1		=	12 =	1	1	.
	.	.	.	.	.	.	.	.	.	.	23	22 Aug.	1	.	1	=	13 =	1	1	.
	.	.	.	.	.	.	.	.	.	.	=	29 =	1	.	1	20	9 =	1	1	.
	.	.	.	.	.	.	.	.	.	.	.	1 Sep.	1	.	1	=	12 =	1	1	.
	.	.	.	.	.	.	.	.	.	.	.		.	.	.	31	5 Nov.	1	.	1
	.	.	.	.	.	.	.	.	.	.	.	.	.	.	.	42	13 Okt.	1	.	1
Summa	.	.	5	1	4	.	.	.	.	.	.	.	15	5	10	.	.	19	5	14
Schiffbauerdamm.	6	14 Sep.	1	.	1	2a	17 Okt.	1	.	1	2a	2 Sep.	1	.	1	2	7 Sep.	1	1	.
	=	16 =	1	.	1	.	.	.	.	.	3a	10 =	1	1	.	5	20 Okt.	1	.	1
	.	.	.	.	.	.	.	.	.	.	5	25 Aug.	1	1	.	6	27 Juli	1	.	1
	.	.	.	.	.	.	.	.	.	.	7	20 Okt.	1	1	.	7	13 Sep.	2	.	2
	.	.	.	.	.	.	.	.	.	.	.	.	.	.	.	=	15 Okt.	1	.	1
	.	.	.	.	.	.	.	.	.	.	.	.	.	.		9	30 Juli	1	.	1
	10	12 Sep.	1	.	1	.	.	.	.	.	10	20 Aug.	1	.	1	10	10 Aug.	1	1	.
	=	23 =	1	.	1	.	.	.	.	.	=	21 =	1		1	=	23 =	1	.	1
	=	10 Okt.	1	.	1	.	.	.	.	.	=	27 Sep.	1	1	.	=	25 =	1	1	.
	13	14 Sep.	1	.	1	.	.	.	.	.	=	11 Okt	1	1	.	=	29 =	1	.	1
	=	26 =	1	1		.	.	.	.	.	11	23 Aug	1	.	1	12	31 =	1	.	1
	14	17 =	1	.	1	.	.	.	.	.	12	25 =	2	1	1	=	5 Sep.	1	.	1
	17	14 =	2	.	2	.	.	.	.	.	=	26 =	1	.	1	=	14 =	1	1	.
	=	21 =	2	1	1	15	29 Sep.	1	.	1	=	6 Sep.	1	.	1	13	12 =	1	1	.
	=	24 =	2	.	2	16	6 Okt.	1	.	1	16	22 Aug.	1	.	1	16	7 =	1	1	.
	=	28 =	1	1	.	.	.	.	.	.	=	24 =	1	.	1	=	2 Okt.	1	.	1
	=	29 =	1	1	.	.	.	.	.		17	21 =	1	.	1	=	4 Nov.	1	.	1
	18	16 =	1	.	1	.	.	.	.	.	=	28 =	1	.	1	17	10 Okt.	1	.	1
	=	17 =	1	.	1	.	.	.	.	.	=	16 Sep.	1	.	1	19	29 Aug.	2	.	2
	19	12 =	1	.	1	19	21 Nov.	1	.	1	19	18 =	1	.	1	=	30 =	3	1	2
	=	14 =	3	2	1	.	.	.	.	.	.	.	.	.	.	=	31 =	1	.	1
	=	21 =	1	.	1		.	.	.	.	.	.	.		.	=	1 Sep.	2	.	2
	=	23 =	1	1	.	.	.	.	.	.	.	.	.	.	.	=	3 =	3	1	2
	=	30 =	1	1	.	.	.	.	.	.	20	21 Aug.	1	1	.	=	6 Okt.	1	.	1
	20	18 =	1	.	1	.	.	.	.	.	21	17 =	1	1	.	21	9 Sep.	1	.	1
	21	11 =	1	.	1	.	.	.	.	.	22	17 =	1	.	1	24	9 =	1		1
	27	16 =	2	1	1	.	.	.	.	.	30	23 =	1		1	27	31 Aug.	1		1

Benennung der Straßen.	1831.					1832.					1837.					1848.				
	Haus-Nummer.	Tag der Erkrankungen.	Zahl der Kranken.	Genesen.	Gestorben.	Haus-Nummer.	Tag der Erkrankungen.	Zahl der Kranken.	Genesen.	Gestorben.	Haus-Nummer.	Tag der Erkrankungen.	Zahl der Kranken.	Genesen.	Gestorben.	Haus-Nummer.	Tag der Erkrankungen.	Zahl der Kranken.	Genesen.	Gestorben.
Schiffbauerdamm.	27	17 Sep.	1	.	1	.	.	.	.	.	31	20 Aug.	2	.	2	27	12 Sep.	1	.	1
	=	23 Okt.	1	.	1	.	.		.	.	=	24 =	1	.	1	29	6 =	1	1	.
	.	4 =	1	.	1	.	.	.	.	.	=	28 =	1	.	1	31	21 Aug.	1	.	1
	.	.	.	.	.	.	.	.	.	.	32	31 =	1	.	1	32	4 Sep.	1	.	1
	.	.	.	.	.	.	.	.	.	.	=	9 Sep.	1	.	1	=	12 =	1	.	1
	.	.	.	.	.	.	.	.	.	.	33	16 =	1	.	1	33	18 Aug.	1	.	1
	.	.	.	.	.	.	.	.	.	.	35	29 Aug.	1	1	.	=	29 =	1	.	1
	.	.	.	.	.	.	.	.	.	.	=	6 Sep.	1	1	.	=	5 Sep.	1	1	.
	.	.	.	.	.	.	.	.	.	.	.	.	.	.	.	34	10 Okt.	1	.	1
	.	.	.	.	.	.	.	.	.	.	.	.	.	.	.	=	11 =	1	.	1
Summa	.	.	32	9	23	.	.	4	.	4	.	.	32	10	22	.	.	44	10	34
Schifferstr.	.	.	.	.	.	.	.	.	.	.	2	18 Sep.	1	.	1	2	17 Sep.	1	.	1
	.	.	.	.	.	.	.	.	.	.	3	23 =	2	.	2	3	15 Aug.	1	.	1
	.	.	.	.	.	.	.	.	.	.	.	.	.	.	.	=	16 =	1	.	1
Summa	.	.	.	.	.	.	.	.	.	.	.	.	3	.	3	.	.	3	.	3
Schillingsgasse	21	5 Sep.	1	.	1	.	.	.	.	.	9	26 Sep.	1	1	.	21	29 Sep.	1	1	.
	22	2 Okt.	1	.	1	.	.	.	.	.	21	26 Aug.	1	.	1	22	10 =	3	1	2
	25	3 =	1	.	1	.	.	.	.	.	=	9 Sep.	1	.	1	=	15 =	1	.	1
	28	4 Sep.	1	.	1	.	.	.	.	.	27	20 =	1	1	.	=	16 =	1	1	.
	=	5 =	2	.	2	.	.	.	.	.	33	21 =	1	.	1	=	29 =	1	.	1
	.	.	.	.	.	.	.	.	.	.	.	.	.	.	.	=	18 Okt.	1	.	1
	.	.	.	.	.	.	.	.	.	.	.	.	.	.	.	33a	10 =	1	.	1
	.	.	.	.	.	.	.	.	.	.	.	.	.	.	.	34	29 Sep.	1	1	.
	.	.	.	.	.	.	.	.	.	.	.	.	.	.	.	38	3 Okt.	1	1	.
	.	.	.	.	.	.	.	.	.	.	.	.	.	.	.	39	9 =	1	.	1
Summa	.	.	6	.	6	.	.	.	.	.	.	.	5	2	3	.	.	12	5	7
Schlesisches Thor, vor dem.	11	21 Okt.	1	.	1	.	.	.	.	.	.	.	.	.	.	11	4 Sep.	1	.	1
Schleuse, an der.	3	6 Sep.	1	.	1	2	1 Okt.	1	1	.	3	22 Aug.	1	.	1	3	4 Sep.	1	.	1
	4	31 Aug.	1	.	1	3	9 =	1	.	1	4	28 =	1	1	.	6	10 Okt.	1	1	.
	5	4 Sep.	1	.	1	6	6 =	1	1	.	=	23 Nov.	1	.	1	.	.	.	.	.
	8	2 Nov.	1	.	1	.	.	.	.	.	5	23 Aug.	1	.	1	.	.	.	.	.
	11	4 Sep.	1	.	1	11	1 Okt.	1	.	1	6	29 =	1	.	1	11	11 Sep.	1	.	1
	=	5 =	2	2	.	=	17 Nov.	1	.	1	.	.	.	.	.	=	6 Okt.	1	.	1
	=	6 =	1		1	13	19 Okt.	1	.	1	13	9 Sep.	1	1	.	12	3 Sep.	1	.	1
	12	13 =	2	.	2	=	27 Nov.	1	1	.	.	.	.	.	.	=	18 =	1	.	1

Benennung der Straßen.	1831.					1832.					1837.					1848.				
	Haus-Nummer.	Tag der Erkrankungen.	Zahl der Kranken.	Genesen.	Gestorben.	Haus-Nummer.	Tag der Erkrankungen.	Zahl der Kranken.	Genesen.	Gestorben.	Haus-Nummer.	Tag der Erkrankungen.	Zahl der Kranken.	Genesen.	Gestorben.	Haus-Nummer.	Tag der Erkrankungen.	Zahl der Kranken.	Genesen.	Gestorben.
Schleuse, an der.	14	19 Sep.	1	.	1	.	.	.	.	.	14	26 Aug.	1	.	1	12	19 Sep.	1	.	1
	„	21 Okt.	1	1	.	.	.	.	.	.	.	.	.	.	.	„	11 Okt.	1	.	1
	15	1 Sep.	1	.	1	.	.	.	.	.	.	.	.	.	.	14	11 „	1	1	.
	„	4 „	1	.	1	.	.	.	.	.	.	.	.	.	.	„	17 „	1	.	1
Summa	.	.	14	3	11	.	.	7	3	4	.	.	7	2	5	.	.	10	2	8
Schloß-freiheit.	3	11 Sep.	1	.	1	.	.	.	.	.	4	18 Sep.	1	.	1	6	17 Sep.	1	1	.
	.	.	.	.	.	.	.	.	.	.	5	26 Aug.	1	.	1	.	.	.	.	.
	.	.	.	.	.	.	.	.	.	.	9	5 Nov.	1	.	1	.	.	.	.	.
	.	.	.	.	.	.	.	.	.	.	10	17 Aug.	2	1	1	.	.	.	.	.
Summa	.	.	1		1	.	.	.	.	.	.	.	5	1	4	.	.	1	1	.
Schmale Gasse.	.	.	.	.	.	.	.	.	.	.	.	.	.	.	.	5	12 Sep.	1	1	.
Schöneberger Feld.	.	14 Okt.	1	1	.	.	.	.	.	.	.	.	.	.	.	.	.	.	.	.
Schönebergerstraße.	.	.	.	.	.	.	.	.	.	.	.	.	.	.	.	4	9 Sep.	1	.	1
	.	.	.	.	.	.	.	.	.	.	.	.	.	.	.	13	3 „	1	.	1
	.	.	.	.	.	.	.	.	.	.	.	.	.	.	.	„	16 Okt.	1	1	.
	.	.	.	.	.	.	.	.	.	.	.	.	.	.	.	„	17 „	1	1	.
Summa	.	.	.	.	.	.	.	.	.	.	.	.	.	.	.	.	.	4	2	2
Schönhauser Allee.	6	11 Okt.	1	1	.	.	.	.	.	.	1	13 Sep.	1	.	1	.	28 Aug.	1	.	1
	.	9 Sep.	1	.	1	.	.	.	.	.	2	27 Aug.	1	.	1	.	6 Sep.	1	1	.
	.	10 „	3	1	2	.	.	.	.	.	„	8 Sep.	1	.	1	52	20 „	1	1	.
	.	3 Okt.	1	.	1	.	.	.	.	.	4	14 „	1	.	1	„	21 „	1	1	.
	.	7 „	2	2	.	.	.	.	.	.	5	9 „	1	.	1	„	29 „	1	.	1
	.	14 „	1	1	.	.	.	.	.	.	6	24 Aug.	1	.	1	178	13 „	1	.	1
	.	.	.	.	.	.	.	.	.	.	7	7 Sep.	1	.	1	„	15 „	1	1	.
	.	.	.	.	.	.	.	.	.	.	.	5 Okt.	1	1	.	.	.	.	.	.
	.	.	.	.	.	.	.	.	.	.	.	7 „	1	.	1	.	.	.	.	.
	.	.	.	.	.	.	.	.	.	.	.	2 „	1	.	1	.	.	.	.	.
Summa	.	.	9	5	4	.	.	.	.	.	.	.	10	1	9	.	.	7	4	3
Schönhauserstraße, alte.	.	.	.	.	.	1	4 Okt.	1	1	.	11	16 Sep.	1	.	1	10	10 Sep.	1	.	1
	.	.	.	.	.	.	.	.	.	.	„	2 Okt.	1	.	1	15	12 „	1	1	.
	.	.	.	.	.	17	1 Nov.	1	.	1	17	29 Aug.	1	.	1	17	8 „	1	.	1
	.	.	.	.	.	.	.	.	.	.	18	18 Sep.	1	.	1	„	7 Okt.	1	.	1

Benennung der Straßen.	1831.					1832.					1837.					1848.				
	Haus-Nummer.	Tag der Erkrankungen.	Zahl der Kranken.	Genesen.	Gestorben.	Haus-Nummer.	Tag der Erkrankungen.	Zahl der Kranken.	Genesen.	Gestorben.	Haus-Nummer.	Tag der Erkrankungen.	Zahl der Kranken.	Genesen.	Gestorben.	Haus-Nummer.	Tag der Erkrankungen.	Zahl der Kranken.	Genesen.	Gestorben.
Schönhauserstraße, alte.	.	.	.	.	.	.	.	.	.	.	20	25 Aug.	1	.	1	20	4 Sep.	1	.	1
	27	27 Okt.	1	.	1	.	.	.	.	.	25	27 =	1	.	1	25	11 =	1	.	1
	=	20 =	1	.	1	.	.	.	.	.	.	.	.	.	.	26	15 =	1	.	1
	.	.	.	.	.	.	.	.	.	.	31	28 Aug.	1	1	.	32	17 =	1	.	1
	.	.	.	.	.	.	.	.	.	.	34	28 =	1	.	1	34	14 =	1	.	1
	42	3 Sep.	1	.	1	38	10 Okt.	1	.	1	35	19 Sep.	1	.	1	38	24 =	1	.	1
	=	7 =	1	.	1	=	25 =	1	1	.	42	23 =	1	.	1	=	28 =	2	.	2
	57	9 Okt.	1	.	1	.	.	.	.	.	46	12 =	1	1	.	51	28 =	1	.	1
	.	.	.	.	.	.	.	.	.	.	47	11 =	1	.	1	91	6 Sep	1	.	1
Summa	.	.	5	.	5	.	.	4	2	2	.	.	12	2	10	.	.	14	1	13
Schönhauserstraße, neue.	5	15 Sep.	1	.	1	.	.	.	.	.	1	22 Sep.	1	.	1	11	2 Sep.	1	.	1
	10	16 Okt.	1	.	1	.	.	.	.	.	12	21 Aug.	1	.	1	14	6 =	1	1	.
	12	23 =	1	.	1	.	.	.	.	.	=	27 =	1	.	1	=	19 =	1	1	.
	18	12 Nov.	1	.	1	.	.	.	.	.	13	24 =	1	.	1	.	.	.	.	.
	.	.	.	.	.	.	.	.	.	.	=	26 Sep.	1	1	.	.	.	.	.	.
	.	.	.	.	.	16	22 Nov.	1	.	1	16	17 Aug.	1	.	1	.	.	.	.	.
	.	.	.	.	.	.	.	.	.	.	=	20 =	1	.	1	.	.	.	.	.
	.	.	.	.	.	.	.	.	.	.	17	2 Sep.	1	1	.	.	.	.	.	.
	.	.	.	.	.	.	.	.	.	.	=	8 =	1	.	1	.	.	.	.	.
	.	.	.	.	.	.	.	.	.	.	=	9 =	1	1	.	.	.	.	.	.
	.	.	.	.	.	.	.	.	.	.	=	17 =	1	.	1	.	.	.	.	.
	.	.	.	.	.	.	.	.	.	.	20	25 Aug.	1	1	.	.	.	.	.	.
	.	.	.	.	.	.	.	.	.	.	=	8 Sep.	1	1	.	.	.	.	.	.
	.	.	.	.	.	.	.	.	.	.	=	13 =	1	1	.	.	.	.	.	.
Summa	.	.	4	.	4	.	.	1	.	1	.		14	6	8	.	.	3	2	1
Schornsteinfegergasse.	3	24 Sep.	1		1	.	.	.	.	.	1	3 Sep.	1	.	1	8	10 Sep.	2	.	2
	.	.	.	.	.	.	.	.	.	.	2	3 =	1	1	.	=	12 =	1	.	1
	.	.	.	.	.	.	.	.	.	.	=	4 =	1	1	.	=	14 =	1	.	1
	.	.	.	.	.	.	.	.	.	.	5	27 Aug.	1	.	1	.	.	.	.	.
	.	.	.	.	.	.	.	.	.	.	=	1 Sep.	2	.	2	.	.	.	.	.
Summa	.	.	1	.	1	.	.	.	.	.	.	.	6	2	4	.	.	4	.	4
Schützenstraße.	10	4 Okt.	1	.	1	.	.	.	.	.	4	20 Sep.	1	1	.	.	.	.	.	.
	=	29 =	1	.	1	6	13 Okt.	1	1	.	6	26 Aug.	1	.	1	.	.	.	.	.
	=	31 =	1	1	.	23	8 Nov.	1	.	1	=	6 Sep.	1	.	1	.	.	.	.	.
	.	.	.	.	.	56	28 Okt.	1	.	1	27	6 =	1	.	1	27	20 Okt.	1	1	.
	28	4 Nov.	1	.	1	.	.	.	.	.	28	9 =	2	.	2	36	4 Sep.	1	.	1

Benennung der Straßen.	1831.					1832.					1837.					1848.				
	Haus-Nummer.	Tag der Erkrankungen.	Zahl der Kranken.	Genesen.	Gestorben.	Haus-Nummer.	Tag der Erkrankungen.	Zahl der Kranken.	Genesen.	Gestorben.	Haus-Nummer.	Tag der Erkrankungen.	Zahl der Kranken.	Genesen.	Gestorben.	Haus-Nummer.	Tag der Erkrankungen.	Zahl der Kranken.	Genesen.	Gestorben.
Schützenstraße.	.	.	.	.	.	.	.	.	.	.	28	11Sep.	1	.	1	57	12Sep.	1	.	1
	33	7Sep.	1	.	1	.	.	.	.	.	33	26 =	1	.	1	60	11 =	1	1	.
	43	18Dez.	1	.	1	.	.	.	.	.	66	31Aug.	1	.	1	=	13 =	1	.	1
	.	.	.	.	.	.	.	.	.	.	68	28 =	1	.	1	66	6 =	1	1	.
	.	.	.	.	.	.	.	.	.	.	=	6Sep.	2	.	2	.	.	.	.	.
	.	.	.	.	.	.	.	.	.	.	=	7 =	1	1	.	.	.	.	.	.
	.	.	.	.	.	.	.	.	.	.	=	13 =	1	1	.	.	.	.	.	.
	.	.	.	.	.	.	.	.	.	.	=	16 =	2	.	2	.	.	.	.	.
	.	.	.	.	.	.	.	.	.	.	=	21 =	1	.	1	.	.	.	.	.
	.	.	.	.	.	.	.	.	.	.	76	2 =	1	.	1	.	.	.	.	.
Summa	.	.	6	1	5	.	.	3	1	2	.	.	18	3	15	.	.	6	3	3
Schützenstraße, alte.	7	14Sep.	1	1	.	.	.	.	.	.	.	.	.	.	.	6	11Sep	1	.	1
	9	2 =	1	1	.	.	.	.	.	.	.	.	.	.	.	=	15 =	1	1	.
	=	22Okt.	1	.	1	.	.	.	.	.	.	.	.	.	.	12	13 =	1	.	1
	.	.	.	.	.	.	.	.	.	.	.	.	.	.	.	=	14 =	1	.	1
	.	.	.	.	.	.	.	.	.	.	.	.	.	.	.	=	30 =	1	.	1
	.	.	.	.	.	.	.	.	.	.	.	.	.	.	.	13	14Okt.	1	.	1
	.	.	.	.	.	.	.	.	.	.	.	.	.	.	.	15	20Sep.	1	1	.
Summa	.	.	3	2	1	.	.	.	.	.	.	.	.	.	.	.	.	7	2	5
Schumannsstr.	.	.	.	.	.	.	.	.	.	.	2	2Sep.	1	.	1	1	29Sep.	1	.	1
	.	.	.	.	.	.	.	.	.	.	=	5 =	2	.	2	=	5Nov.	1	1	.
	.	.	.	.	.	3	30Okt.	1	.	1	3	17Aug.	4	1	3	2	23Aug.	1	.	1
	.	.	.	.	.	.	.	.	.	.	=	21Sep.	1	1	.	=	7Sep.	1	.	1
	.	.	.	.	.	.	.	.	.	.	5	13 =	1	1	.	11	25Aug.	1	1	.
	.	.	.	.	.	.	.	.	.	.	=	15 =	1	.	1	19	16 =	1	.	1
	.	.	.	.	.	.	.	.	.	.	10	29Aug.	1	.	1	.	.	.	.	.
	.	.	.	.	.	.	.	.	.	.	=	1Sep	1	.	1	.	.	.	.	.
	.	.	.	.	.	.	.	.	.	.	=	2 =	1	1	.	.	.	.	.	.
	.	.	.	.	.	.	.	.	.	.	=	11 =	1	1	.	.	.	.	.	.
	.	.	.	.	.	.	.	.	.	.	=	13 =	2	2	.	.	.	.	.	.
	.	.	.	.	.	.	.	.	.	.	=	26 =	1	1	.	.	.	.	.	.
	.	.	.	.	.	.	.	.	.	.	=	27 =	1	1	.	.	.	.	.	.
	.	.	.	.	.	.	.	.	.	.	17	14 =	1	.	1	.	.	.	.	.
	.	.	.	.	.	.	.	.	.	.	22	19Aug.	1	1	.	.	.	.	.	.
	.	.	.	.	.	.	.	.	.	.	=	29 =	1	1	.	.	.	.	.	.
	23	5Sep.	1	.	1	.	.	.	.	.	23	21 =	2	.	2	.	.	.	.	.

Benennung der Straßen.	1831.					1832.					1837.					1848.				
	Haus-Nummer.	Tag der Erkrankungen.	Zahl der Kranken.	Genesen.	Gestorben.	Haus-Nummer.	Tag der Erkrankungen.	Zahl der Kranken.	Genesen.	Gestorben.	Haus-Nummer.	Tag der Erkrankungen.	Zahl der Kranken.	Genesen.	Gestorben.	Haus-Nummer.	Tag der Erkrankungen.	Zahl der Kranken.	Genesen.	Gestorben.
Schumannsstr.	.	.	.	.	.	.	.	.	.	.	23	25 Aug.	1	1	.	.	.	.	.	.
	.	.	.	.	.	.	.	.	.	.	=	16 Sep.	1	1	.	.	.	.	.	.
Summa	.	.	1	.	1	.	.	1	.	1	.	.	25	13	12	.	.	6	2	4
Schustergasse.	.	.	.	.	.	1	30 Okt.	1	.	1	2	6 Sep.	1	.	1	.	.	.	.	.
	4	14 Sep.	1	.	1	.	.	.	.	.	5	1 =	1	.	1	.	.	.	.	.
	=	28 =	1	.	1	.	.	.	.	.	6	28 Aug.	1	1	.	.	.	.	.	.
	17	1 Okt.	3	3	.	.	.	.	.	.	8	1 Sep.	1	.	1	11	10 Sep.	1	.	1
	=	9 =	1	1	.	.	.	.	.	.	14	21 Aug.	1	.	1	=	12 =	1	.	1
	.	.	.	.	.	.	.	.	.	.	16	22 =	1	1	.	=	15 =	2	2	.
Summa	.	.	6	4	2	.	.	1	.	1	.	.	6	2	4	.	.	4	2	2
Sebastiansstr., sonst Sebastians-Kirchgasse oder Louisen Kirchgasse.	6	9 Sep	1	.	1	.	.	.	.	.	1	2 Sep.	1	.	1	6	8 Okt.	1	.	1
	=	2 Okt.	1	.	1	.	.	.	.	.	4	15 Okt.	1	.	1	9	14 Sep.	1	.	1
	=	9 =	1	1	.	.	.	.	.	.	8	5 Sep.	1	1	.	=	21 =	2	.	2
	.	.	.	.	.	.	.	.	.	.	=	19 =	2	2	.	10	17 =	1	1	.
	13	3 Okt.	2	.	2	13	24 Okt.	1	.	1	13	17 =	1	1	.	51	25 Aug.	1	.	1
	=	16 =	1	1	.	=	28 =	1	.	1	13a	28 Aug.	1	1	.	=	17 Sep.	1	.	1
	=	19 =	1	.	1	.	.	.	.	.	=	27 Sep.	1	.	1	=	19 =	1	.	1
	=	20 =	1		1	.	.	.	.	.	13b	20 Aug.	1	.	1	52	28 Okt.	2	.	2
	=	21 =	1	1	.	.	.	.	.	.	13d	12 Sep.	1	.	1	56	19 Aug.	1	.	1
	=	21 Nov.	1	1	.	.	.	.	.	.	13e	11 =	1	.	1	=	26 Sep.	1	.	1
	14	20 Okt.	1	1	.	.	.	.	.	.	15	13 Okt.	2	1	1	=	29 =	1	.	1
	.	.	.	.	.	.	.	.	.	.	16	1 Sep.	1	.	1	=	30 =	1	.	1
	17	13 Nov.	1	1	.	.	.	.	.	.	17	28 Aug.	1	.	1	57	4 Okt.	1	.	1
	19	27 Okt.	1	.	1	.	.	.	.	.	19	22 =	1	.	1	60	1 Sep.	1	.	1
	=	30 =	1	.	1	.	.	.	.	.	=	25 =	1	.	1	61	16 =	1	.	1
	23	1 Nov.	1	1	.	.	.	.	.	.	=	26 =	1	.	1	=	7 Okt.	1	1	.
	.	.	.	.	.	.	.	.	.	.	=	2 Sep.	1	1	.	64	18 =	1	.	1
	.	.	.	.	.	.	.	.	.	.	21	25 Aug.	1	.	1	.	.	.	.	.
	.	.	.	.	.	37	20 Sep.	1	.	1	=	2 Sep.	1	.	1	.	.	.	.	.
Summa	.	.	15	7	8	.	.	3	.	3	.	.	21	7	14	.	.	19	2	17
Siebergasse	8	23 Sep.	1	.	1	.	.	.	.	.	1	2 Sep.	1	.	1	.	.	.	.	.
	=	8 Nov.	1	.	1	.	.	.	.	.	=	3 =	1	.	1	.	.	.	.	.
	17	7 Okt.	1	.	1	.	.	.	.	.	=	10 =	1	.	1	.	.	.	.	.
	.	.	.	.	.	.	.	.	.	.	4	16 =	1	1	.	.	.	.	.	.
	.	.	.	.	.	.	.	.	.	.	10	6 =	1	.	1	10	31 Okt.	1	.	1
	.	.	.	.	.	.	.	.	.	.	=	7 =	1	.	1	.	.	.	.	.

Benennung der Straßen.	1831.					1832.					1837.					1848.				
	Haus-Nummer.	Tag der Erkrankungen.	Zahl der Kranken.	Genesen.	Gestorben.	Haus-Nummer.	Tag der Erkrankungen.	Zahl der Kranken.	Genesen.	Gestorben.	Haus-Nummer.	Tag der Erkrankungen.	Zahl der Kranken.	Genesen.	Gestorben.	Haus-Nummer.	Tag der Erkrankungen.	Zahl der Kranken.	Genesen.	Gestorben.
Siebergasse	.	.	.	.	.	.	.	.	.	.	10	12 Sep.	1	.	1	.	.	.	.	.
	.	.	.	.	.	.	.	.	.	.	=	27 =	1	.	1	.	.	.	.	.
	.	.	.	.	.	.	.	.	.	.	13	6 =	1	.	1	.	.	.	.	.
	.	.	.	.	.	.	.	.	.	.	14	29 Aug.	2	.	2	.	.	.	.	.
	.	.	.	.	.	.	.	.	.	.	=	31 =	1	.	1	.	.	.	.	.
	.	.	.	.	.	.	.	.	.	.	15	19 Sep.	1	.	1	15	9 Sep.	1	1	.
	.	.	.	.	.	.	.	.	.	.	16	9 =	1	.	1	=	15 =	1	1	.
	.	.	.	.	.	.	.	.	.	.	=	13 =	1	1	.	.	.	.	.	.
	.	.	.	.	.	.	.	.	.	.	=	29 =	1	.	1	.	.	.	.	.
	.	.	.	.	.	.	.	.	.	.	18	28 Aug.	1	1	.	18	16 Okt.	1	.	1
	.	.	.	.	.	.	.	.	.	.	31	31 =	1	.	1	.	.	.	.	.
Summa	.	.	3	.	3	.	.	.	.	.	.	.	18	3	15	.	.	4	2	2
Sophienkirchhof.	5	16 Sep.	2	.	2	.	.	.	.	.	.	.	.	.	.	.	.	.	.	.
Sophienstraße, früher Sophienkirchgasse.	.	.	.	.	.	.	.	.	.	.	6	19 Sep.	1	1	.	1	21 Sep.	1	.	1
	.	.	.	.	.	.	.	.	.	.	7	19 Aug.	1	.	1	3	3 =	1	1	.
	.	.	.	.	.	.	.	.	.	.	=	20 =	1	1	.	9	31 Aug.	1	.	1
	13	20 Sep.	1	.	1	.	.	.	.	.	11	21 Sep.	1	.	1	15	3 Okt.	1	.	1
	=	9 Nov.	1	1	.	.	.	.	.	.	21	23 =	1	.	1	22	13 Sep.	1	1	.
	23	2 Okt.	1	.	1	.	.	.	.	.	24	28 =	1	1	.	=	15 =	1	.	1
	25	29 =	1	.	1	.	.	.	.	.	26	30 Aug.	1	.	1	25	28 Aug.	1	1	.
	29	16 =	1	.	1	.	.	.	.	.	29	23 Sep.	1	1	.	=	16 Sep.	1	1	.
	.	.	.	.	.	.	.	.	.	.	=	27 =	1	1	.	31	31 Aug.	1	.	1
	.	.	.	.	.	.	.	.	.	.	.	.	.	.	.	32	16 =	1	.	1
	.	.	.	.	.	.	.	.	.	.	.	.	.	.	.	=	17 Okt.	1	.	1
Summa	.	.	5	1	4	.	.	.	.	.	.	.	9	5	4	.	.	11	4	7
Sparwaldsbrücke.	.	.	.	.	.	.	.	.	.	.	.	.	.	.	.	4	21 Okt.	1	.	1
	.	.	.	.	.	.	.	.	.	.	.	.	.	.	.	7	24 Sep.	1	1	.
	.	.	.	.	.	.	.	.	.	.	.	.	.	.	.	13	23 Aug.	1	.	1
Summa	.	.	.	.	.	.	.	.	.	.	.	.	.	.	.	.	.	3	1	2
Sparwaldshof.	.	.	.	.	.	.	.	.	.	.	.	.	.	.	.	4	7 Sep.	1	.	1
	.	.	.	.	.	.	.	.	.	.	.	.	.	.	.	6	9 =	1	1	.

Benennung der Straßen.	1831.					1832.					1837.					1848.				
	Haus-Nummer.	Tag der Erkrankungen.	Zahl der Kranken.	Genesen.	Gestorben.	Haus-Nummer.	Tag der Erkrankungen.	Zahl der Kranken.	Genesen.	Gestorben.	Haus-Nummer.	Tag der Erkrankungen.	Zahl der Kranken.	Genesen.	Gestorben.	Haus-Nummer.	Tag der Erkrankungen.	Zahl der Kranken.	Genesen.	Gestorben.
Sparwaldshof.	.	.	.	.	.	.	.	.	.	.	.	.	.	.	.	6	13 Sep.	1	1	.
	.	.	.	.	.	.	.	.	.	.	.	.	.	.	.	„	14 „	1	1	.
	.	.	.	.	.	.	.	.	.	.	.	.	.	.	.	7	8 „	2	1	1
Summa	.	.	.	.	.	.	.	.	.	.	.	.	.	.	.	.	.	6	4	2
Spandauerbrücke. (No 3-5 war früher Haak'scher Markt 1-3; vergleiche Haak'scher Markt.)	2	14 Okt.	1	.	1	.	.	.	.	.	1	26 Aug.	1	1	.	1	3 Sep	1	1	.
	„	16 „	1	1	.	.	.	.	.	.	2	14 „	1	.	1	3	22 Aug.	2	.	2
	.	.	.	.	.	.	.	.	.	.	„	17 „	1	.	1	„	28 „	2	1	1
	.	.	.	.	.	.	.	.	.	.	4	24 „	1	.	1	„	2 Sep.	1	.	1
	.	.	.	.	.	.	.	.	.	.	.	.	.	.	.	„	4 „	1	.	1
	.	.	.	.	.	.	.	.	.	.	.	.	.	.	.	„	6 „	1	.	1
	.	.	.	.	.	.	.	.	.	.	.	.	.	.	.	„	9 „	1	1	.
	.	.	.	.	.	.	.	.	.	.	.	.	.	.	.	„	13 „	1	.	1
	.	.	.	.	.	.	.	.	.	.	.	.	.	.	.	5	2 „	1	1	.
	.	.	.	.	.	.	.	.	.	.	.	.	.	.	.	„	9 „	2	2	.
	.	.	.	.	.	.	.	.	.	.	.	.	.	.	.	6	11 „	1	.	1
Summa	.	.	2	1	1	.	.	.	.	.	.	.	4	1	3	.	.	14	6	8
Spandauerstraße.	.	.	.	.	.	.	.	.	.	.	1	25 Aug.	1	1	.	.	.	.	.	.
	.	.	.	.	.	.	.	.	.	.	2	25 „	1	1	.	.	.	.	.	.
	.	.	.	.	.	.	.	.	.	.	„	28 „	1	.	1	.	.	.	.	.
	.	.	.	.	.	.	.	.	.	.	6	25 „	1	1	.	.	.	.	.	.
	.	.	.	.	.	.	.	.	.	.	10	25 Sep	1	.	1	9	16 Sep.	1	.	1
	21	4 Okt.	1	1	.	19	17 Okt.	3	2	1	15	3 „	1	.	1	15	17 „	1	.	1
	38	13 Sep.	1	.	1	.	.	.	.	.	32	9 „	1	.	1	„	28 „	1	.	1
	„	19 Okt.	2	1	1	.	.	.	.	.	41	24 Aug.	1	.	1	42	5 „	1	.	1
	.	.	.	.	.	.	.	.	.	.	„	23 Sep.	1	1	.	44	11 „	1	.	1
	.	.	.	.	.	.	.	.	.	.	46	25 Aug.	1	1	.	45	5 Okt.	1	1	.
	.	.	.	.	.	.	.	.	.	.	„	30 „	1	1	.	.	.	.	.	.
	51	4 Nov.	1	1	.	.	.	.	.	.	50	31 „	1	.	1	.	.	.	.	.
	52	25 Sep.	1	.	1	.	.	.	.	.	„	2 Sep.	1	1	.	.	.	.	.	.
	.	.	.	.	.	.	.	.	.	.	„	3 „	1	.	1	.	.	.	.	.
	.	.	.	.	.	.	.	.	.	.	„	4 „	1	.	1	.	.	.	.	.
	.	.	.	.	.	.	.	.	.	.	„	5 „	2	1	1	.	.	.	.	.
	.	.	.	.	.	.	.	.	.	.	„	7 „	2	1	1	.	.	.	.	.
	58	29 Dez.	1	1	.	.	.	.	.	.	53	19 Aug.	1	1	.	.	.	.	.	.
	.	.	.	.	.	.	.	.	.	.	54	25 „	1	1	.	.	.	.	.	.
	66	2 Okt.	1	1	.	68	28 Okt.	1	1	.	67	25 „	1	.	1	.	.	.	.	.

Benennung der Straßen.	1831.					1832.					1837.					1848.				
	Haus-Nummer.	Tag der Erkrankungen.	Zahl der Kranken.	Genesen.	Gestorben.	Haus-Nummer.	Tag der Erkrankungen.	Zahl der Kranken.	Genesen.	Gestorben.	Haus-Nummer.	Tag der Erkrankungen.	Zahl der Kranken.	Genesen.	Gestorben.	Haus-Nummer.	Tag der Erkrankungen.	Zahl der Kranken.	Genesen.	Gestorben.
Spandauerstraße.	.	.	.	.	.	.	.	.	.	.	71	6 Okt.	1	.	1	.	.	.	.	.
	.	.	.	.	.	.	.	.	.	.	„	9 „	1	.	1	.	.	.	.	.
	.	.	.	.	.	79	28 Okt.	1	.	1	73	27 Aug.	1	.	1	.	.	.	.	.
Summa	.	.	8	5	3	.	.	5	3	2	.	.	25	11	14	.	.	6	1	5
Spittelbrücke.	.	.	.		.	.	.	.	.	.	2-3	1 Sep.	1	.	1	.	.	.	.	.
	.	.	.	.	.	.	.	.	.	.	„	3 „	1	.	1	.	.	.	.	.
	4	18 Sep.	1	.	1	4	27 Okt.	1	.	1	4	28 Aug.	1	.	1	4	4 Sep.	1	.	1
	„	3 Okt.	1	.	1	.	.	.	.	.	„	6 Sep.	1	.	1	„	11 „	1	1	.
	13	11 Sep.	1	1	.	.	.	.	.	.	„	16 „	1	.	1	11	10 „	1	.	1
	.	.	.	.	.	.	.	.	.	.	„	28 „	2	1	1	14	12 „	1	1	.
	.	.	.	.	.	.	.	.	.	.	„	4 Okt.	1	.	1	„	19 „	1	1	.
	15	11 Sep.	1	.	1	.	.	.	.	.	15	9 „	1	1	.	15	23 Aug.	1	.	1
	.	.	.	.	.	.	.	.	.	.	.	.	.	.	.	„	10 Okt.	1	.	1
	.	.	.	.	.	.	.	.	.	.	.	.		.		17	1 Nov.	1	1	.
Summa	.	.	4	1	3	.	.	1	.	1	.	.	9	2	7	.	.	8	4	4
Spittelmarkt.	4	16 Okt.	1	.	1	.	.	.	.	.	7	4 Sep.	1	.	1	.	.	.	.	.
	5	7 „	1	.	1	.	.	.	.	.	8	4 „	2	.	2	8	17 Sep.	1	1	.
	.	.		.	.	.	.	.	.	.	„	15 „	1	.	1	16	24 „	1	1	.
	.	.	.	.	.	.	.	.	.	.	10	22 Aug.	1	.	1	.	.	.	.	.
	.	.	.	.	.	.	.	.	.	.	„	27 „	1	.	1	.	.	.	.	.
	.	.	.	.	.	.	.	.	.	.	11	28 „	1	.	1	.	.	.	.	.
	.	.	.	.	.	.	.	.	.	.	12	26 „	1	.	1	.	.	.	.	.
	.	.	.	.		.	.	.	.	.	„	27 „	2	2	.	.	.	.	.	.
	13	3 Okt.	2	2	.	.	.	.	.	.	13	1 Sep.	1	.	1	.	.	.	.	.
	14	19 Sep.	1	.	1	.	.	.	.	.	14	24 Aug.	1	.	1	.	.	.	.	.
	„	30 Nov.	1	.	1	.	.	.	.	.	„	11 Sep.	1	.	1	.	.	.	.	.
Summa	.	.	6	2	4	.	.	.	.	.	.	.	13	2	11	.	.	2	2	.
Spittelmarktstr.	.	.	.	.	.	.	.	.	.	.	1	25 Aug.	1	.	1	.	.	.	.	.
	4	18 Okt.	1	.	1	4	2 Okt.	1	.	1	4	21 „	1	.	1	.	.	.	.	.
	.	.	.	.	.	5	17 Sep.	1	.	1	„	3 Sep.	1	.	1	.	.	.	.	.
	.	.	.	.	.	.	.	.	.	.	5	21 Aug.	1	.	1	.	.	.	.	
Summa	.	.	1	.	1	.	.	2	.	2	.	.	4	.	4	.	.		.	.

Benennung der Straßen.	1831.					1832.					1837.					1848.				
	Haus-Nummer.	Tag der Erkrankungen.	Zahl der Kranken.	Genesen.	Gestorben.	Haus-Nummer.	Tag der Erkrankungen.	Zahl der Kranken.	Genesen.	Gestorben.	Haus-Nummer.	Tag der Erkrankungen.	Zahl der Kranken.	Genesen.	Gestorben.	Haus-Nummer.	Tag der Erkrankungen.	Zahl der Kranken.	Genesen.	Gestorben.
Splittgerbergasse.	2	14 Sep.	1	.	1	.	.	.	.	.	1	11 Sep.	1	.	1	2	31 Aug.	1	.	1
	3	6 Nov.	1	1	.	.	.	.	.	.	4	5 =	1	1	.	=	12 Okt.	1	.	1
	.	.	.	.	.	.	.	.	.	.	=	7 =	1	.	1	.	.	.	.	.
Summa	.	.	2	1	1	.	.	.	.	.	.	.	3	1	2	.	.	2		2
Spreegasse.	1	8 Sep.	1	1		.	.	.	.	.	2	18 Sep.	1	.	1	2	15 Sep.	1	1	.
	.	.	.	.	.	.	.	.	.	.	3	5 =	1	.	1	.	.	.	.	.
	.	.	.	.	.	.	.	.	.	.	=	7 =	1	.	1	.	.	.	.	.
	.	.	.	.	.	.	.	.	.	.	4	21 Aug.	1	.	1	.	.	.	.	.
	.	.	.	.	.	.	.	.	.	.	=	24 =	1	1	.	.	.	.	.	.
	6	22 Sep.	1	.	1	.	.	.	.	.	5	18 Sep.	1	1	.	6	1 Sep.	1	.	1
	=	26 =	1	.	1	.	.	.	.	.	6	31 Aug.	1	.	1	=	4 =	1	1	.
	8	16 Okt.	1	1	.	.	.	.	.	.	8	24 =	1	1	.	.	.	.	.	.
	.	.	.	.	.	.	.	.	.	.	=	28 =	1	1	.	.	.	.	.	.
	.	.	.	.	.	.	.	.	.	.	10	29 =	1	.	1	.	.	.	.	.
	.	.	.	.	.	.	.	.	.	.	13	27 =	1	.	1	.	.	.	.	.
	.	.	.	.	.	.	.	.	.	.	16	22 =	1	1	.	.	.	.	.	.
	18	5 Sep.	1	.	1	.	.	.	.	.	18	9 Sep.	1	.	1	.	.	.	.	.
Summa	.	.	5	2	3	.	.	.	.	.	.	.	13	5	8	.	.	3	2	1
Stadtvoigtei.	.	8 Sep.	2	1	1	.	.	.	.	.	.	23 Aug.	1	.	1	.	.	.	.	.
	.	10 =	1	.	1	.	.	.	.	.	.	24 =	1	1	.	.	.	.	.	.
	.	11 =	1	.	1	.	.	.	.	.	.	25 =	2	.	2	.	.	.	.	.
	.	13 =	3	1	2	.	.	.	.	.	.	26 =	1	1	.	.	.	.	.	.
	.	17 =	1	.	1	.	.	.	.	.	.	29 =	1	1	.	.	.	.	.	.
	.	5 Okt.	1	.	1	.	.	.	.	.	.	1 Sep.	1	1	.	.	.	.	.	.
	.	.	.	.	.	.	.	.	.	.	.	6 =	1	.	1	.	.	.	.	.
	.	.	.	.	.	.	.	.	.	.	.	30 =	1	1	.	.	.	.	.	.
Summa	.	.	9	2	7	.	.	.	.	.	.		9	5	4	.	.	.	.	.
Stallschreiberstraße, früher Gasse.	1	27 Sep.	1	1	.	.	.	.	.	.	1	25 Aug.	1	1	.	1	14 Okt.	1	1	.
	=	10 Okt.	1	1	.	.	.	.	.	.	2b	11 Sep.	1	.	1	10	9 Sep.	1	1	.
	=	18 =	1	1	.	.	.	.	.	.	3b	27 =	1	.	1	13	9 =	1	.	1
	=	20 =	1	.	1	.	.	.	.	.	=	8 Okt.	1	.	1	17	30 Aug.	1	.	1
	=	21 =	1	.	1	.	.	.	.	.	18	19 =	1	1	.	=	2 Sep.	1	.	1
	=	22 =	3	3	.	21	20 Okt.	1	.	1	21	26 Aug.	1	1	.	23	8 =	1	.	1
	=	26 =	1	1	.	=	21 =	1	1	.	=	29 =	1		1	=	11 =	1	.	1
	18	11 =	1	1	.	24	15 =	1	.	1	24	23 =	1	1	.	=	15 =	1	1	.
	21	20 =	1	.	1	=	16 =	1	.	1	25	29 =	2	2	.	25	13 =	1	1	.

Benennung der Straßen.	1831. Haus-Nummer.	1831. Tag der Erkrankungen.	1831. Zahl der Kranken.	1831. Genesen.	1831. Gestorben.	1832. Haus-Nummer.	1832. Tag der Erkrankungen.	1832. Zahl der Kranken.	1832. Genesen.	1832. Gestorben.	1837. Haus-Nummer.	1837. Tag der Erkrankungen.	1837. Zahl der Kranken.	1837. Genesen.	1837. Gestorben.	1848. Haus-Nummer.	1848. Tag der Erkrankungen.	1848. Zahl der Kranken.	1848. Genesen.	1848. Gestorben.
Stallschreiberstraße.	24	16 Okt.	1	.	1	.	.	.	.	.	25	31 Aug.	1	.	1	.	.	.	.	.
	"	18 "	1	.	1	.	.	.	.	.	27	12 Sep.	1	.	1	27	19 Okt.	1	.	1
	25	15 "	1	.	1	.	.	.	.	.	30	2 "	2	.	2	.	.	.	.	.
	"	16 "	1	.	1	.	.	.	.	.	"	3 "	1	1	.	.	.	.	.	.
	30	17 Nov.	1	1	.	.	.	.	.	.	"	9 "	3	2	1	.	.	.	.	.
	.	.	.	.	.	.	.	.	.	.	"	10 "	1	1	.	.	.	.	.	.
	32	2 Nov.	1	.	1	.	.	.	.	.	32	16 "	1	.	1	32	30 Aug.	1	1	.
	.	.	.	.	.	37	7 Okt.	1	.	1	38	14 Okt.	1	.	1	"	5 Sep.	1	1	.
	.	.	.	.	.	"	15 "	1	1	.	39	9 Sep.	3	3	.	39	19 Aug.	1	1	.
	43	30 Sep.	1	1	.	43	10 "	1	1	.	43	24 Aug.	1	1	.	.	.	.	.	.
	.	.	.	.	.	"	16 "	1	1	.	"	27 "	1	1	.	.	.	.	.	.
	58	4 Okt.	1	.	1	"	17 "	1	1	.	58	17 Sep.	1	.	1	.	.	.	.	.
	59	29 "	3	1	2	48	1 Nov.	1	.	1	.	26 "	1	1	.	.	.	.	.	.
	"	21 Nov.	1	1	.	.	1 "	1	.	1	.	.	.	.	.	.	.	.	.	.
	69	17 Okt.	1	1	.	.	.	.	.	.	.	.	.	.	.	.	.	.	.	.
Summa	.	.	24	13	11	.	.	11	5	6	.	.	28	16	12	.	.	13	7	6
Stechbahn.	.	.	.	.	.	5	28 Okt.	1	.	1	2	27 Aug.	1	.	1	.	.	.	.	.
Steingasse.	5	29 Okt.	1	.	1	.	.	.	.	.	2	26 Aug.	1	1	.	5	5 Okt.	1	.	1
	"	31 "	1	.	1	.	.	.	.	.	4	28 "	1	.	1	7	4 Sep.	1		1
	.	.	.	.	.	.	.	.	.	.	9	8 Sep.	1	1	.	"	12 "	1	1	.
	.	.	.	.	.	16	23 Okt.	1	1	.	16	22 Aug.	1	.	1	11	7 "	1	1	.
	.	.	.	.	.	.	.	.	.	.	"	23 "	1	.	1	"	14 "	2	1	1
	.	.	.	.	.	.	.	.	.	.	"	6 Sep.	1	1	.	"	19 Okt.	1	.	1
	.	.	.	.	.	.	.	.	.	.	17	3 "	1	.	1	12	10 Sep.	1	.	1
	.	.	.	.	.	.	.	.	.	.	"	6 "	1	.	1	.	.	.	.	.
	.	.	.	.	.	.	.	.	.	.	"	19 "	1	.	1	.	.	.	.	.
	.	.	.	.	.	.	.	.	.	.	"	21 "	1	.	1	.	.	.	.	.
	.	.	.	.	.	.	.	.	.	.	25	28 Aug.	1	.	1	.	.	.	.	.
	.	.	.	.	.	.	.	.	.	.	26	14 Sep.	1	.	1	.	.	.	.	.
	.	.	.	.	.	.	.	.	.	.	"	30 Sep.	1	.	1	.	.	.	.	.
	27	14 Okt.	1	1	.	.	.	.	.	.	27	22 Aug.	1	.	1	.	.	.	.	.
	"	28 Nov.	3	.	3	.	.	.	.	.	29	3 Sep.	1	.	1	29	17 Okt.	1	.	1
	29	2 Okt.	1	.	1	.	.	.	.	.	"	1 Okt.	1	.	1	"	29 "	1	.	1
	.	.	.	.	.	35	4 Okt.	1	1	.	35	23 Aug.	1	.	1	30	16 Sep.	1	1	.
	37	10 Okt.	1	1	.	.	.	.	.	.	"	19 Okt.	1	.	1	37	12 "	1	1	.
	"	11 "	1	1	.	.	.	.	.	.	.	.	.	.	.	"	22 "	1	1	.
Summa	.	.	9	3	6	.	.	2	2	.	.	.	18	3	15	.	.	13	6	7

Benennung der Straßen.	1831.					1832.					1837.					1848.				
	Haus-Nummer.	Tag der Erkrankungen.	Zahl der Kranken.	Genesen.	Gestorben.	Haus-Nummer.	Tag der Erkrankungen.	Zahl der Kranken.	Genesen.	Gestorben.	Haus-Nummer.	Tag der Erkrankungen	Zahl der Kranken.	Genesen.	Gestorben.	Haus-Nummer.	Tag der Erkrankungen.	Zahl der Kranken.	Genesen.	Gestorben.
Stralauer-Brücke.	3	15 Sep.	1	.	1	.	.	.	.	.	.	.	.	.	.	3	11 Sep	1	1	.
Stralauer-Mauer.	1	1 Okt.	1	.	1	.	.	.	.	.	1	24 Sep.	1	1	.	.	.	.	.	.
	=	18 =	1		1	.	.	.	.	.	3	23 =	1	1	.	.	.	.	.	.
	2	10 Sep.	1	1	.	2	9 Nov.	1	.	1	4	22 Aug.	1	1	.	.	.	.	.	.
	=	1 Okt.	1	1	.	.	.	.	.	.	=	13 Sep.	1	.	1	.	.	.	.	.
	3	13 Sep.	1	.	1	.	.	.	.	.	5	12 Nov.	1	.	1	.	.	.	.	.
	=	14 =	1	1	.	.	.	.	.	.	6	26 Aug.	1		1	.	.	.	.	.
	4	18 =	1	.	1	.	.	.	.	.	=	11 Sep.	1	.	1	.	.	.	.	.
	6	7 Okt.	1	1		7	1 Nov.	1	.	1	8	31 Aug.	1	.	1	7	2 Okt.	1	.	1
	10	18 Sep.	1	.	1	8	4 =	1	.	1	=	1 Sep.	1	.	1	=	3 =	2	.	2
	=	18 Okt.	1	.	1	=	9 =	1	.	1	=	3 =	1	.	1	.	.		.	.
	=	21 =	1	.	1	9	1 =	1	.	1	=	6 =	1	.	1	.	.	.	.	.
	.	.	.	.	.	=	3 =	1	.	1	=	6 =	1		1	.	.	.	.	.
	.	.	.	.	.	.	.	.	.	.	=	8 =	1	1	.	.	.	.	.	.
	.	.	.	.	.	.	.	.	.	.	19	15 =	1	.	1	.	.	.	.	.
	.	.	.	.	.	.	.	.	.	.	=	16 =	1	1	.	.	.	.	.	.
	.	.	.	.	.	.	.	.	.	.	=	18 =	1	.	1	.	.	.	.	.
	.	.	.	.		.	.	.	.	.	20	23 =	2	.	2	.	.	.	.	.
	.	.	.	.	.	.	.	.	.	.	21	20 =	1	1	.	.	.	.	.	.
	.	.	.	.	.	.	.	.	.	.	22	15 =	1	1	.	.	.	.	.	.
	.	.	.	.	.	.	.	.	.	.	23	6 =	1	1	.	.	.	.	.	.
	.	.	.	.	.	.	.	.	.	.	=	8 =	1	1	.	.	.	.	.	.
	24	18 Okt.	1	1	.	.	.	.	.	.	=	10 =	1	.	1	.	.	.	.	.
	=	23 =	1	1	.	.	.	.	.	.	24	18 =	1	.	1	34	15 Sep.	1	.	1
Summa	.	.	13	6	7	.	.	6	.	6	.	.	24	9	15	.	.	4		4
Stralauer-Platz.	.	.		.	.	.	.	.	.	.	2	26 Sep.	1	.	1	.	.	.	.	.
	.	.	.	.	.	.	.	.	.	.	4	13 =	1	1	.	.	.	.	.	.
	.	.	.	.	.	.	.	.	.	.	=	16 =	1	.	1	.	.	.	.	.
	.	.		.	.	.	.	.	.	.	=	17 =	2	2	.	.	.	.	.	.
	.	.	.	.	.	.	.	.	.	.	=	22 =	1	1	.	.	.	.	.	.
	.	.	.	.	.	.	.	.	.	.	=	24 =	1		1	.	.	.	.	.
	.	.	.	.	.	.	.	.	.	.	8	16 =	1	.	1	.	.	.	.	.
	.	.	.	.	.	.	.	.	.	.	15	22 =	1	.	1	.	.	.	.	.
	.	.	.	.	.	17	16 Nov.	1	.	1	=	29 =	1	1	.	.	.	.	.	.
	.	.	.	.	.	.	.	.		.	20	1 =	1	.	1	23	21 Aug.	2	1	1
	.	.	.	.	.	.	.	.	.	.	22	19 =	1	1	.	=	23 =	1	.	1
	.	.	.	.	.	.	.	.	.	.	=	27 =	1	.	1	.	9 Okt.	2	.	2

Benennung der Straßen	1831. Haus-Nummer.	1831. Tag der Erkrankungen.	1831. Zahl der Kranken.	1831. Genesen.	1831. Gestorben.	1832. Haus-Nummer.	1832. Tag der Erkrankungen.	1832. Zahl der Kranken.	1832. Genesen.	1832. Gestorben.	1837. Haus-Nummer.	1837. Tag der Erkrankungen.	1837. Zahl der Kranken.	1837. Genesen.	1837. Gestorben.	1848. Haus-Nummer.	1848. Tag der Erkrankungen.	1848. Zahl der Kranken.	1848. Genesen.	1848. Gestorben.
Stralauer-Platz.	.	.	.	.	.	.	.	.	.	.	23	1 Okt.	1	.	1	28	11 Okt	1	.	1
Summa	.	.	.	.	.	.	.	1	.	1	.	.	14	6	8	.	.	6	1	5
Stralauer-straße.	3	29 Sep.	1	.	1	.	.	.	.	.	3	18 Sep.	1	.	1	1	1 Sep.	1	1	.
	=	30 =	2	1	1	.	.	.	.	.	6	27 Aug.	1	.	1	=	3 =	1	.	1
	4	14 =	1	.	1	.	.	.	.	.	7	16 Sep.	1	.	1	3	3 =	1	.	1
	6	6 Okt.	1	.	1	.	.	.	.	.	8	23 Aug.	1	.	1	7	9 =	1	.	1
	12	28 Sep.	1	.	1	.	.	.	.	.	=	31 =	1	.	1	8	22 Aug.	1	.	1
	=	2 Okt.	1	.	1	.	.	.	.	.	15	29 =	1	1	.	11	17 Sep.	1	.	1
	=	6 =	1	.	1	.	.	.	.	.	=	5 Okt.	1	1	.	=	22 =	1	.	1
	=	8 =	1	1	.	.	.	.	.	.	21	26 Aug.	1	1	.	12	26 =	1	.	1
	27	11 Sep.	1	.	1	.	.	.	.	.	=	11 Sep.	2	.	2	.	.	.	.	.
	=	14 =	1	.	1	.	.	.	.	.	30	28 Aug.	1	1	.	.	.	.	.	.
	30	26 =	1	.	1	31	21 Nov.	1	1	.	32	8 Sep.	1	.	1	.	.	.	.	.
	.	.	.	.	.	32	6 Dez.	1	.	1	=	10 =	1	1	.	.	.	.	.	.
	.	.	.	.	.	33	20 Nov.	1	.	1	33	18 Aug.	1	1	.	.	.	.	.	.
	.	.	.	.	.	.	.	.	.	.	=	27 =	1	.	1	34	12 Sep.	1	.	1
	.	.	.	.	.	.	.	.	.	.	=	1 Okt.	1	.	1	.	.	.	.	.
	.	.	.	.	.	.	.	.	.	.	=	31 =	1	.	1	.	.	.	.	.
	.	.	.	.	.	.	.	.	.	.	=	9 Nov.	1	.	1	.	.	.	.	.
	.	.	.	.	.	.	.	.	.	.	35	4 Sep.	1	.	1	35	19 Sep.	1	.	1
	.	.	.	.	.	.	.	.	.	.	37	1 =	1	.	1	=	4 Okt.	1	1	.
	.	.	.	.	.	.	.	.	.	.	=	6 =	1	1	.	.	.	.	.	.
	.	.	.	.	.	.	.	.	.	.	=	7 =	1	.	1	.	.	.	.	.
	.	.	.	.	.	.	.	.	.	.	=	11 =	1	.	1	.	.	.	.	.
	.	.	.	.	.	.	.	.	.	.	39	18 Aug.	1	.	1	39	22 Aug.	1	.	1
	.	.	.	.	.	.	.	.	.	.	=	22 =	1	.	1	=	24 =	2		2
	.	.	.	.	.	.	.	.	.	.	=	23 =	1	.	1	=	31 =	1	.	1
	.	.	.	.	.	.	.	.	.	.	=	27 =	1	1	.	.	.	.	.	.
	.	.	.	.	.	.	.	.	.	.	41	14 =	1	1	.	.	.	.	.	.
	.	.	.	.	.	.	.	.	.	.	=	18 =	2	1	1	.	.	.	.	.
	.	.	.	.	.	.	.	.	.	.	=	26 Okt.	1	.	1	.	.	.	.	.
	.	.	.	.	.	.	.	.	.	.	42	7 Sep.	1	1	.	.	.	.	.	.
	44	5 Okt.	1	.	1	.	.	.	.	.	44	23 Aug.	2	.	2	44	1 Sep.	1	.	1
	.	.	.	.	.	.	.	.	.	.	=	24 =	1	.	1	=	15 Okt.	1	1	.
	.	.	.	.	.	.	.	.	.	.	=	30 =	1	.	1	.	.	.	.	.
	.	.	.	.	.	.	.	.	.	.	=	31 =	1	.	1	.	.	.	.	.
	.	.	.	.	.	.	.	.	.	.	=	3 Okt.	1	.	1	.	.	.	.	.
	47	5 Sep.	3	2	1	.	.	.	.	.	45	5 Sep.	1	.	1	45	12 Sep.	1	1	.
	=	6 =	1	.	1	.	.	.	.	.	47	22 Aug.	3	3	.	47	14 =	1	.	1
	=	4 Nov.	1	.	1	.	.	.	.	.	=	7 Okt.	1	.	1	=	28 =	1	.	1

Benennung der Straßen.	1831. Haus-Nummer.	1831. Tag der Erkrankungen.	1831. Zahl der Kranken.	1831. Genesen.	1831. Gestorben.	1832. Haus-Nummer.	1832. Tag der Erkrankungen.	1832. Zahl der Kranken.	1832. Genesen.	1832. Gestorben.	1837. Haus-Nummer.	1837. Tag der Erkrankungen.	1837. Zahl der Kranken.	1837. Genesen.	1837. Gestorben.	1848. Haus-Nummer.	1848. Tag der Erkrankungen.	1848. Zahl der Kranken.	1848. Genesen.	1848. Gestorben
Stralauerstraße.	49	12 Sep.	1	.	1	49	22 Dez.	1	.	1	49	26 Aug.	1	.	1	47	17 Okt.	1	.	1
	50	6 Okt.	1	1	.	.	.	.	.	.	50	23 =	1	1	.	49	1 =	1	1	.
	=	25 =	1	.	1	.	.	.	.	.	=	25 =	1	1	.	50	30 Sep.	1	.	1
	.	.	.	.	.	.	.	.	.	.	=	4 Sep.	1	.	1	=	4 Okt.	1	.	1
	.	.	.	.	.	.	.	.	.	.	=	9 =	1	.	1	=	8 =	1	.	1
	.	.	.	.	.	.	.	.	.	.	=	12 =	1	.	1	=	9 =	1	.	1
	.	.	.	.	.	.	.	.	.	.	=	16 =	1	.	1	.	.	.	.	.
	.	.	.	.	.	.	.	.	.	.	=	25 =	1	.	1	.	.	.	.	.
	.	.	.	.	.	.	.	.	.	.	=	26 =	1	.	1	.	.	.	.	.
	.	.	.	.	.	.	.	.	.	.	=	27 =	1	.	1	.	.	.	.	.
	.	.	.	.	.	.	.	.	.	.	=	1 Okt.	1	.	1	53	1 Sep	1	.	1
	.	.	.	.	.	.	.	.	.	.	=	9 =	1	.	1	54	2 =	1	.	1
	53	12 Sep.	1	.	1	51	19 Okt.	2	1	1	52	13 Aug.	1	.	1	57	7 =	1	1	.
	54	15 Okt.	1	1	.	.	.	.	.	.	=	6 Sep	2	1	1	=	19 =	1	1	.
Waisenhaus.	.	.	.	.	.	.	.	.	.	.	58	14 =	2	1	1	58	17 Aug.	1	.	1
	.	.	.	.	.	.	.	.	.	.	=	19 =	1	.	1	=	27 =	3	3	.
	.	.	.	.	.	.	.	.	.	.	=	21 =	1	.	1	=	30 =	1	1	.
	.	.	.	.	.	.	.	.	.	.	=	4 Okt.	2	1	1	=	17 Sep.	1	.	1
	.	.	.	.	.	.	.	.	.	.	.	.	.	.	.	=	18 =	1	.	1
	.	.	.	.	.	.	.	.	.	.	.	.	.	.	.	=	19 =	1	.	1
	.	.	.	.	.	.	.	.	.	.	.	.	.	.	.	=	20 =	1	1	.
	.	.	.	.	.	.	.	.	.	.	.	.	.	.	.	=	20 Okt.	1	1	.
Summa	.	.	23	6	17	.	.	6	2	4	.	.	64	19	45	.	.	40	13	27
Stralauer-Thor.	.	6 Sep.	1	.	1	.	.	.	.	.	.	.	.	.	.	.	.	.	.	.
Taubenstr.	5	5 Okt.	1		1	.	.	.	.	.	.	.	.	.	.	.	.	.	.	.
	=	11 =	1	.	1	.	.	.	.	.	.	.	.	.	.	.	.	.	.	.
	=	13 =	1	.	1	.	.	.	.	.	.	.	.	.	.	.	.	.	.	.
	=	16 =	1	.	1	.	.		.	.	.	.	.	.	.	.	.	.	.	.
	8	28 =	2	2	.	.	.	.	.	.	.	.	.	.	.	.	.	.	.	.
	=	29 =	1	.	1	.	.	.	.	.	12	31 Aug.	1	.	1	9	7 Sep.	1	1	.
	15	5 Nov.	1	1	.	15	5 Nov.	1	1	.	.	.	.	.	.	10	12 =	1	1	.
	16	24 Okt.	1	.	1	=	7 =	1	.	1	.	.	.	.	.	18	26 Aug.	1	1	.
	22	1 =	1	1	.	=	14 =	2	2	.	22	24 Aug.	1	1	.	=	27 =	1	1	.
	40	10 =	1	1	.		.	.	.	.	=	27 =	1	.	1	23	26 =	1	.	1
	48	23 =	1	1	.	.	.	.	.	.	42	19 =	1	.	1	39	1 Sep	1	.	1
Summa	.	.	12	6	6	.	.	4	3	1	.	.	4	1	3	.	.	6	4	2

Benennung der Straßen.	1831.					1832.					1837.					1848.				
	Haus-Nummer.	Tag der Erkrankungen.	Zahl der Kranken.	Genesen.	Gestorben.	Haus-Nummer.	Tag der Erkrankungen.	Zahl der Kranken.	Genesen.	Gestorben.	Haus-Nummer.	Tag der Erkrankungen.	Zahl der Kranken.	Genesen.	Gestorben.	Haus-Nummer.	Tag der Erkrankungen.	Zahl der Kranken.	Genesen.	Gestorben.
Thierarzneischulplatz.	.	.	.	.	.	.	.	.	.	.	1	1 Sep.	1	1	.	.	.	.	.	.
Thiergartenstraße.	11	28 Sep.	1	1	.	.	.	.	.	.	1	10 Sep.	1	.	1	9	30 Aug.	1	1	.
	.	.	.	.	.	.	.	.	.	.	21	12 Okt.	2	.	2	34	20 Okt.	1	.	1
	.	.	.	.	.	.	.	.	.	.	„	15 „	1	1	.	.	.	.	.	.
Summa	.	.	1	1	.	.	.	.	.	.	.	.	4	1	3	.	.	2	1	1
Thiergartenholzplatz.	.	.	.	.	.	.	.	.	.	.	.	23 Aug.	1	.	1	.	.	.	.	.
Thorstraße	.	.	.	.	.	.	.	.	.	.	2	16 Sep.	1	.	1	43	30 Okt.	1	.	1
Thurmstr.	73	13 Sep.	1	.	1	.	.	.	.	.	59	15 Sep.	1	.	1	.	.	.	.	.
	„	16 „	1	.	1	.	.	.	.	.	.	.	.	.	.	.	.	.	.	.
Summa	.	.	2	.	2	.	.	.	.	.	.	.	1	.	1	.	.	.	.	.
Tiefenstr.	.	20 Sep.	1	.	1	.	.	.	.	.	.	.	.	.	.	.	.	.	.	.
Ueberfahrtsgasse	.	.	.	.	.	.	.	.	.	.	1	22 Aug.	1	.	1	.	.	.	.	.
	.	.	.	.	.	.	.	.	.	.	„	16 Sep.	1	.	1	.	.	.	.	.
Summa	.	.	.	.	.	.	.	.	.	.	.	.	2	.	2	.	.	.	.	.
Unterbaum	.	23 Sep.	1	.	1	.	.	.	.	.	.	.	.	.	.	.	11 Sep.	1	.	1
	.	4 Okt.	1	1	.	.	.	.	.	.	.	.	.	.	.	.	13 „	2	1	1
	.	13 „		.	1	.	.	.	.	.	.	.	.	.	.	.	.	.	.	.
Summa	.	.	3	1	2	.	.	.	.	.	.	.	.	.	.	.	.	3	1	2
Unterbaumstr.	.	.	.	.	.	.	.	.	.	.	2	11 Sep.	1	.	1	6	14 Aug.	1	.	1
	.	.	.	.	.	.	.	.	.	.	3	21 „	1	1	.	.	.	.	.	.
	.	.	.	.	.	.	.	.	.	.	„	22 „	1	.	1	.	.	.	.	.
Summa	.	.	.	.	.	.	.	.	.	.	.	.	3	1	2	.	.	1	.	1
Unterwasserstraße.	4	18 Nov.	1	1	.	5	27 Okt.	1	.	1	7	20 Aug.	1	.	1	5	23 Aug.	1	.	1
	.	.	.	.	.	.	.	.	.	.	.	.	.	.	.	6	2 Sep.	1	.	1
	.	.	.	.	.	.	.	.	.	.	.	.	.	.	.	9	22 „	1	1	.
	.	.	.	.	.	.	.	.	.	.	.	.	.	.	.	9a	9 Aug.	1	1	.
Summa	.	.	1	1	.	.	.	1	.	1	.	.	1	.	1	.	.	4	2	2

Benennung der Straßen.	1831.					1832.					1837.					1848.				
	Haus-Nummer.	Tag der Erkrankungen.	Zahl der Kranken.	Genesen.	Gestorben.	Haus-Nummer.	Tag der Erkrankungen.	Zahl der Kranken.	Genesen.	Gestorben.	Haus-Nummer.	Tag der Erkrankungen.	Zahl der Kranken.	Genesen.	Gestorben.	Haus-Nummer.	Tag der Erkrankungen.	Zahl der Kranken.	Genesen.	Gestorben.
Wabzecks-straße.	4	23 Okt.	1	.	1	.	.	.	.	.	.	.	.	.	.	3	9 Okt.	1	.	1
	10a	27 Sep.	1	.	1	.	.	.	.	.	11	3 Sep	1	.	1	.	.	.	.	.
	.	.	.	.	.	.	.	.	.	.	12	17 =	1	1	.	12	18 Sep.	1	.	1
	.	.	.	.	.	.	.	.	.	.	19	24 Aug	1	.	1	.	.	.	.	.
	.	.	.	.	.	.	.	.	.	.	=	25 =	1	1	.	.	.	.	.	.
	.	.	.	.	.	.	.	.	.	.	21	16 Sep.	1	.	1	.	.	.	.	.
Summa	.	.	2	.	2	.	.	.	.	.	.	.	5	2	3	.	.	2	.	2
Walde-marstraße.	.	.	.	.	.	.	.	.	.	.	7	21 Aug.	1	.	1	7	12 Sep.	1	.	1
	.	.	.	.	.	.	.	.	.	.	=	22 =	1	.	1	.	.	.	.	.
	.	.	.	.	.	.	.	.	.	.	=	2 Sep.	1	1	.	.	.	.	.	.
	.	.	.	.	.	.	.	.	.	.	10	20 Aug.	2	1	1	.	.	.	.	.
	.	.	.	.	.	.	.	.	.	.	=	22 =	1	1	.	.	.	.	.	.
	.	.	.	.	.	.	.	.	.	.	=	7 Sep.	1	1	.	.	.	.	.	.
	.	.	.	.	.	.	.	.	.	.	11	25 =	1	1	.	.	.	.	.	.
	.	.	.	.	.	.	.	.	.	.	14	14 =	1	.	1	14	12 Sep.	2	1	1
	.	.	.	.	.	.	.	.	.	.	17	25 Aug.	1	.	1	.	.	.	.	.
	.	.	.	.	.	.	.	.	.	.	19	28 =	1	.	1	19	13 Sep.	1	1	.
	.	.	.	.	.	.	.	.	.	.	21	23 =	1	.	1	29	10 =	1	1	.
Summa	.	.	.	.	.	.	.	.	.	.	.	.	12	5	7	.	.	5	3	2
Wallstraße	.	.	.	.	.	.	.	.	.	.	.	.	.	.	.	2	21 Aug.	1	.	1
	6	10 Okt.	1	1	.	.	.	.	.	.	.	.	.	.	.	6	4 Sep	1		1
	.	.	.	.	.	.	.	.	.	.	.	.	.	.	.	=	3 Okt.	1	.	1
	.	.	.	.	.	.	.	.	.	.	.	.	.	.	.	=	7 =	1	.	1
	.	.	.	.	.	9	28 Okt.	2	.	2	10	29 Aug.	1	1	.	7-8	20 Sep	1	1	.
	11	15 Sep.	1	.	1	11	23 =	1	1		11	19 Sep.	1	1	.	11	13 Aug.	1	.	1
	=	16 =	1	1	.	12	18 =	1	1		=	20 =	1	1	.	12	4 Sep.	1	.	1
	.	.	.	.	.	.	.	.	.	.	=	24 =	1	1	.	=	8 =	1	.	1
	.	.	.	.	.	.	.	.	.	.	=	28 =	2	1	1	=	2 Okt.	1	1	.
	13	14 Okt.	1	.	1	.	.	.	.	.	12	19 Sep	1	1	.	13	27 Sep	1	.	1
	.	.	.	.	.	.	.	.	.	.	=	20 =	1	.	1	=	2 Okt.	1	1	.
	.	.	.	.	.	.	.	.	.	.	.	.	.	.	.	=	9 =	1	1	.
	.	.	.	.	.	.	.	.	.	.	.	.	.	.	.	=	10 =	1	1	.
	15	15 Sep.	1	1	.	.	.	.	.	.	14	10 Sep.	1	1	.	14	11 Sep.	1	.	1
	.	.	.	.	.	.	.	.	.	.	16	26 Aug.	1	.	1	16	8 Okt.	1	.	1
	.	.	.	.	.	.	.	.	.	.	.	.	.	.	.	=	14 =	1	1	.
	17	28 Sep.	1	.	1	.	.	.	.	.	17	25 Aug.	1	.	1	17	10 =	2	2	.
	=	4 Okt.	1	1	.	.	.	.	.	.	=	15 Sep.	1	.	1	=	11 =	1	1	.
	=	18 =	1	.	1	.	.	.	.	.	.	.	.	.	.	=	12 =	1	1	.

Benennung der Straßen	1831. Haus-Nummer.	1831. Tag der Erkrankungen.	1831. Zahl der Kranken.	1831. Genesen.	1831. Gestorben.	1832. Haus-Nummer.	1832. Tag der Erkrankungen.	1832. Zahl der Kranken.	1832. Genesen.	1832. Gestorben.	1837. Haus-Nummer.	1837. Tag der Erkrankungen.	1837. Zahl der Kranken.	1837. Genesen.	1837. Gestorben.	1848. Haus-Nummer.	1848. Tag der Erkrankungen.	1848. Zahl der Kranken.	1848. Genesen.	1848. Gestorben.
Wallstr.	17	21 Okt.	1	.	1	.	.	.	.	.	.	.	.	.	.	17	13 Okt.	1	1	.
	=	24 =	1	.	1	.	.	.	.	.	19	27 Aug.	1	.	1	18	13 Sep.	1	1	.
	23	14 =	1	.	1	.	.	.	.	.	25	23 =	1	.	1	22	20 Aug.	1	1	.
	27	19 =	1	.	1	.	.	.	.	.	26	22 =	1	.	1	26	15 Nov.	1	.	1
	=	24 =	1	.	1	.	.	.	.	.	=	23 =	1	.	1	35	20 Aug.	1	.	1
	28	1 =	1	.	1	.	.	.	.	.	28	9 Sep.	1	1	.	=	22 =	1	.	1
	=	4 =	1	.	1	35	19 Nov.	1	.	1	.	.	.	.	.	=	29 =	3	2	1
	38	17 =	1	1	.	=	21 =	1	.	1	.	.	.	.	.	=	10 Sep.	1	.	1
	39	16 Sep.	1	.	1	.	.	.	.	.	.	.	.	.	.	41	12 Okt.	1	.	1
	.	.	.	.	.	.	.	.	.	.	.	.	.	.	.	42	11 Sep.	1	.	1
	.	.	.	.	.	44/45	6 Okt.	1	1	.	.	.	.	.	.	44/45	31 Aug.	1	.	1
	.	.	.	.	.	.	.	.	.	.	.	.	.	.	.	=	3 Sep.	2	.	2
	.	.	.	.	.	.	.	.	.	.	.	.	.	.	.	=	4 =	1	.	1
	.	.	.	.	.	.	.	.	.	.	.	.	.	.	.	=	5 =	2	1	1
	.	.	.	.	.	.	.	.	.	.	.	.	.	.	.	=	8 =	2	1	1
	.	.	.	.	.	.	.	.	.	.	.	.	.	.	.	=	9 =	8	1	7
	46	26 Okt.	1	1	.	.	.	.	.	.	46	4 Sep.	1	.	1	46	5 =	1	1	.
	.	.	.	.	.	.	.	.	.	.	=	8 =	1	1	.	=	7 =	1	1	.
	.	.	.	.	.	.	.	.	.	.	47	3 =	1	1	.	=	11 =	1	.	1
	.	.	.	.	.	.	.	.	.	.	48	26 Aug.	1	.	1	48	31 Aug.	1	.	1
	.	.	.	.	.	.	.	.	.	.	.	.	.	.	.	=	8 Sep.	1	1	.
	.	.	.	.	.	.	.	.	.	.	.	.	.	.	.	=	10 =	1	.	1
	.	.	.	.	.	.	.	.	.	.	.	.	.	.	.	=	25 =	1	1	.
	.	.	.	.	.	.	.	.	.	.	49	21 Aug.	1	.	1	49	5 =	1	.	1
	.	.	.	.	.	.	.	.	.	.	=	19 Sep.	2	1	1	=	6 =	2	.	2
	.	.	.	.	.	.	.	.	.	.	.	.	.	.	.	=	8 =	1	.	1
	.	.	.	.	.	.	.	.	.	.	.	.	.	.	.	=	12 =	1	.	1
	50	24 Okt.	1	.	1	.	.	.	.	.	.	.	.	.	.	50	3 =	1	.	1
	=	1 Nov.	1	1	.	.	.	.	.	.	.	.	.	.	.	=	4 =	1	.	1
	=	5 =	1	1	.	.	.	.	.	.	.	.	.	.	.	=	6 =	1	1	.
	.	.	.	.	.	.	.	.	.	.	51	25 Aug.	1	.	1	=	12 =	1	.	1
	.	.	.	.	.	.	.	.	.	.	=	7 Sep.	1	1	.	=	3 Okt.	2	1	1
	.	.	.	.	.	.	.	.	.	.	=	19 =	1	1		51	27 Aug.	1	.	1
	.	.	.	.	.	.	.	.	.	.	=	23 =	1	.	1	=	5 Sep.	1	.	1
	.	.	.	.	.	.	.	.	.	.	52	21 Aug.	1	1	.	=	6 =	1	.	1
	.	.	.	.	.	.	.	.	.	.	53	10 Sep.	1	.	1	53	3 =	1	.	1
	.	.	.	.	.	.	.	.	.	.	.	.	.	.	.	54	11 =	1	.	1
Neues Hospital.	55	3 Sep.	1	.	1	55	22 Okt.	1	.	1	55	20 Aug.	1	.	1	55	21 Aug.	1	.	1
	=	4 =	1	.	1	=	23 =	1	.	1	=	24 =	1	.	1	=	22 =	1	.	1
	=	6 =	2	1	1	=	28 =	1	.	1	=	25 =	3	.	3	=	23 =	1	.	1
	=	7 =	2	1	1	=	29 =	1	1	.	=	26 =	3	.	3	=	27 =	1	.	1
	=	9 =	2	2	.	.	.	.	.	.	=	29 =	3	.	3	=	1 Sep.	3	1	2

Benennung der Straßen.	1831. Haus-Nummer.	1831. Tag der Erkrankungen.	1831. Zahl der Kranken.	1831. Genesen.	1831. Gestorben.	1832. Haus-Nummer.	1832. Tag der Erkrankungen.	1832. Zahl der Kranken.	1832. Genesen.	1832. Gestorben.	1837. Haus-Nummer.	1837. Tag der Erkrankungen.	1837. Zahl der Kranken.	1837. Genesen.	1837. Gestorben.	1848. Haus-Nummer.	1848. Tag der Erkrankungen.	1848. Zahl der Kranken.	1848. Genesen.	1848. Gestorben.
Wallstr. Neues Hospital.	55	12 Sep.	1	.	1	.	.	.	.	.	55	1 Sep.	1	.	1	55	2 Sep.	1	.	1
	„	13 „	2	.	2	.	.	.	.	.	„	12 „	1	.	1	„	4 „	1	.	1
	„	14 „	4	2	2	.	.	.	.	.	„	30 „	1	.	1	„	6 „	2	.	2
	„	15 „	1	.	1	.	.	.	.	.	„	14 Okt.	1	.	1	„	8 „	1	.	1
	„	19 „	3	3	.	.	.	.	.	.	„	21 „	1	.	1	„	9 „	1	.	1
	„	20 „	1	.	1	.	.	.	.	.	.	.	.	.	.	„	10 „	2	.	2
	„	21 „	8	1	7	.	.	.	.	.	.	.	.	.	.	„	12 „	1	1	.
	„	22 „	2	1	1	.	.	.	.	.	.	.	.	.	.	„	13 „	1	.	1
	„	23 „	1	1	.	.	.	.	.	.	.	.	.	.	.	„	16 „	1	.	1
	„	7 Okt.	1	.	1	.	.	.	.	.	.	.	.	.	.	„	17 „	1	.	1
	„	10 „	3	.	3	.	.	.	.	.	.	.	.	.	.	„	20 „	1	.	1
	„	11 „	2	.	2	.	.	.	.	.	.	.	.	.	.	„	8 Okt.	1	.	1
	„	12 „	1	.	1	.	.	.	.	.	.	.	.	.	.	„	10 „	1	.	1
	„	14 „	5	1	4	.	.	.	.	.	.	.	.	.	.	„	11 „	1	.	1
	„	15 „	3	2	1	.	.	.	.	.	.	.	.	.	.	„	12 „	2	.	2
	„	16 „	1	.	1	.	.	.	.	.	.	.	.	.	.	„	13 „	2	.	2
	„	17 „	1	.	1	.	.	.	.	.	.	.	.	.	.	„	14 „	1	.	1
	„	20 „	1	.	1	.	.	.	.	.	.	.	.	.	.	„	16 „	1	1	.
	„	21 „	2	.	2	.	.	.	.	.	.	.	.	.	.	„	18 „	2	.	2
	„	27 „	2	.	2	.	.	.	.	.	.	.	.	.	.	„	30 „	1	.	1
	„	29 „	3	.	3	.	.	.	.	.	.	.	.	.	.	.	.	.	.	.
	„	30 „	2	1	1	.	.	.	.	.	.	.	.	.	.	.	.	.	.	.
	„	31 „	3	1	2	.	.	.	.	.	.	.	.	.	.	.	.	.	.	.
	„	1 Nov.	2		2	.	.	.	.	.	.	.	.	.	.	.	.	.	.	.
	„	2 „	3	1	2	.	.	.	.	.	.	.	.	.	.	.	.	.	.	.
	„	3 „	1	.	1	.	.	.	.	.	.	.	.	.	.	.	.	.	.	.
	„	4 „	3	.	3	.	.	.	.	.	.	.	.	.	.	.	.	.	.	.
	„	6 „	2	.	2	.	.	.	.	.	.	.	.	.	.	.	.	.	.	.
	„	7 „	2	.	2	.	.	.	.	.	.	.	.	.	.	.	.	.	.	.
	„	18 „	1	.	1	.	.	.	.	.	.	.	.	.	.	.	.	.	.	.
	„	20 „	1	1	.	.	.	.	.	.	.	.	.	.	.	.	.	.	.	.
	„	23 „	1	1	.	.	.	.	.	.	.	.	.	.	.	.	.	.	.	.
	.	.	.	.	.	.	.	.	.	.	56	26 Aug.	1	.	1	56	8 Sep.	1	.	1
	.	.	.	.	.	.	.	.	.	.	.	.	.	.	.	„	9 „	1	1	.
	.	.	.	.	.	.	.	.	.	.	.	.	.	.	.	57	29 Aug.	2	1	1
	.	.	.	.	.	.	.	.	.	.	.	.	.	.	.	„	1 Sep.	1	.	1
	.	.	.	.	.	.	.	.	.	.	.	.	.	.	.	58	21 Aug.	1	.	1
	59	25 Sep.	1	.	1	.	.	.	.	.	.	.	.	.	.	59	10 Sep.	1	.	1
	.	.	.	.	.	.	.	.	.	.	.	.	.	.	.	„	12 „	1	.	1
	.	.	.	.	.	.	.	.	.	.	61	24 Aug	1	.	1	61	14 Aug.	1	1	.
	.	.	.	.	.	.	.	.	.	.	„	6 Sep.	1	.	1	62	4 Sep.	1	.	1
	.	.	.	.	.	.	.	.	.	.	62	20 Aug	1	.	1	„	5 „	1	.	1

Benennung der Straßen.	1831. Haus-Nummer.	1831. Tag der Erkrankungen.	1831. Zahl der Kranken.	1831. Genesen.	1831. Gestorben.	1832. Haus-Nummer.	1832. Tag der Erkrankungen.	1832. Zahl der Kranken.	1832. Genesen.	1832. Gestorben.	1837. Haus-Nummer.	1837. Tag der Erkrankungen.	1837. Zahl der Kranken.	1837. Genesen.	1837. Gestorben.	1848. Haus-Nummer.	1848. Tag der Erkrankungen.	1848. Zahl der Kranken.	1848. Genesen.	1848. Gestorben.
Wallstr.	.	.	.	.	.	.	.	.	.	.	62	22Aug.	1	.	1	62	10Sep.	1	.	1
	.	.	.	.	.	.	.	.	.	.	65	4Sep.	1	1	.	64	8 „	2	1	1
	.	.	.	.	.	.	.	.	.	.	.	.	.	.	.	66	11 „	1	.	1
	.	.	.	.	.	.	.	.	.	.	.	.	.	.	.	67	17 „	1	.	1
	.	.	.	.	.	.	.	.	.	.	68	31Aug.	1	1	.	„	24 „	1	1	.
	.	.	.	.	.	.	.	.	.	.	.	.	.	.	.	71	23Aug.	1	.	1
	.	.	.	.	.	.	.	.	.	.	73	29Aug.	1	.	1	„	27 „	1	.	1
	.	.	.	.	.	.	.	.	.	.	79	19 „	1	.	1	„	4Sep.	1	.	1
	80	16Sep.	1	.	1	.	.	.	.	.	.	.	.	.	.	75	4 „	1	1	.
	91	14 „	1	1	.	.	.	.	.	.	81	24Aug.	1	.	1	88	4Okt	1	.	1
Summa	.	.	101	29	72	.	.	11	4	7	.	.	56	16	40	.	.	125	33	92
Wallstr., kleine.	.	.	.	.	.	9	23Okt.	1	1	.	.	.	.	.	.	.	.	.	.	.
	.	.	.	.	.	„	24 „	1	.	1	.	.	.	.	.	.	.	.	.	.
Summa	.	.	.	.	.	.	.	2	1	1	.	.	.	.	.	.	.	.	.	.
Wassergasse.	13	1Okt.	1	.	1	.	.	.	.	.	16	23Aug.	1	1	.	.	.	.	.	.
	19	1 „	1	.	1	.	.	.	.	.	19	29 „	1	.	1	.	.	.	.	.
	.	.	.	.	.	.	.	.	.	.	28	30 „	1	.	1	.	.	.	.	.
	.	.	.	.	.	.	.	.	.	.	„	1Sep.	1	.	1	.	.	.	.	.
	.	.	.	.	.	.	.	.	.	.	38	23Aug.	1	1	.	.	.	.	.	.
Summa	.	.	2		2	.	.	.	.	.	.	.	5	2	3	.	.	.	.	.
Waßmannsstr., früher Gasse.	.	.	.	.	.	.	.	.	.	.	2	1Okt.	1	.	1	3	12Okt.	1	1	.
	.	.	.	.	.	.	.	.	.	.	4	25Aug.	1	.	1	13	19Sep.	1	.	1
	.	.	.	.	.	.	.	.	.	.	5	1Okt.	1	1	.	22	8Okt.	1	.	1
	.	.	.	.	.	.	.	.	.	.	6	26Sep	1		1	„	11 „	1	.	1
	10	11Sep.	1	.	1	.	.	.	.	.	10	2 „	1	1	.	22a	15Sep.	1	.	1
	12	11Okt.	1	1	.	.	.	.	.	.	„	19 „	1	.	1	28	9 „	1	.	1
	.	.	.	.	.	.	.	.	.	.	„	21 „	1	.	1	„	12Okt.	1	1	.
	15	24Sep.	1	.	1	.	.	.	.	.	15	25Aug.	1	1	.	.	.	.	.	.
	„	1Okt.	1	.	1	.	.	.	.	.	„	15Sep.	1	.	1	.	.	.	.	.
	„	3 „	1	.	1	.	.	.	.	.	16	15Aug.	1	1	.	.	.	.	.	.
	17	2 „	2	1	1	.	.	.	.	.	17	16Sep.	1	.	1	.	.		.	.
	„	7 „	1	1	.	.	.	.	.	.	„	25Okt.	1	1	.	.	.	.	.	.
	„	8 „	1	.	1	.	.	.	.	.	23	3Sep.	1	.	1	.	.	.	.	.
	„	9 „	1	.	1	.	.	.	.	.	29	7 „	2	1	1	29	6Nov.	1	1	.
	29	14Nov.	1	1	.	.	.	.	.	.	„	13 „	1	.	1	„	11 „	1	.	1
	.	.	.	.	.	.	.	.	.	.	„	14 „	1	.	1	„	14 „	1	.	1

Benennung der Straßen.	1831.					1832.					1837.					1848.				
	Haus-Nummer.	Tag der Erkrankungen.	Zahl der Kranken.	Genesen.	Gestorben.	Haus-Nummer.	Tag der Erkrankungen.	Zahl der Kranken.	Genesen.	Gestorben.	Haus-Nummer.	Tag der Erkrankungen.	Zahl der Kranken.	Genesen.	Gestorben.	Haus-Nummer.	Tag der Erkrankungen.	Zahl der Kranken.	Genesen.	Gestorben.
Waßmannsstr.	.	.	.	.	.	.	.	.	.	.	29	24 Sep.	1	.	1	30	8 Nov.	1	.	1
	.	.	.	.	.	.	.	.	.	.	=	26 =	1	.	1	=	10 =	2	.	2
	.	.	.	.	.	.	.	.	.	.	=	8 Okt.	2	.	2	31	11 Aug.	1	.	1
	.	.	.	.	.	.	.	.	.	.	=	18 =	3	.	3	=	29 Okt.	1	1	.
	.	.	.	.	.	.	.	.	.	.	.	.	.	.	.	32	15 =	1	.	1
	.	.	.	.	.	.	.	.	.	.	.	.	.	.	.	33a	28 =	1	.	1
Summa	.	.	11	4	7	.	.	.	.	.	.	.	24	6	18	.	.	17	4	13
Weberstr.	.	.	.	.	.	.	.	.	.	.	5	26 Sep.	1	.	1	.	.	.	.	.
	.	.	.	.	.	.	.	.	.	.	8	27 Aug.	1	1		.	.	.	.	.
	.	.	.	.	.	.	.	.	.	.	=	11 Sep.	1	1	.	.	.	.	.	.
	.	.	.	.	.	.	.	.	.	.	12	4 =	1	.	1	.	.	.	.	.
	.	.	.	.	.	.	.	.	.	.	18	10 Okt.	1	1	.	.	.	.	.	.
	.	.	.	.	.	.	.	.	.	.	19	24 Sep.	1	.	1	.	.	.	.	.
	.	.	.	.	.	20	22 Okt.	1	.	1	24	7 =	1	1	.	20	14 Sep.	1	.	1
	28	23 Sep.	1	.	1	.	.	.	.	.	24a	3 =	2	.	2	=	20 =	1	1	.
	.	.	.	.	.	.	.	.	.	.	=	8 =	1	.	1	.	.	.	.	.
	.	.	.	.	.	.	.	.	.	.	=	11 =	1	1	.	.	.	.	.	.
	.	.	.	.	.	.	.	.	.	.	=	2 Okt.	1	.	1	.	.	.	.	.
	.	.	.	.	.	33	23 Okt.	1	1	.	33	1 =	3	.	3	32	14 Sep.	1	1	.
	.	.	.	.	.	.	.	.	.	.	=	13 =	1	1	.	=	16 =	1	1	.
	.	.	.	.	.	.	.	.	.	.	=	16 =	1	.	1	=	2 Okt	1	.	1
	36	23 Sep.	1	.	1	.	.	.	.	.	=	17 =	1	.	1	=	12 =	1	.	1
	.	.	.	.	.	.	.	.	.	.	=	23 =	2	.	2	.	.	.	.	.
	.	.	.	.	.	34	7 Nov.	1	1	.	34	19 =	1	.	1	.	.	.	.	.
	.	.	.	.	.	=	8 =	1	.	1	38	27 Aug.	1	1	.	38	29 Aug.	1	.	1
	.	.	.	.	.	=	14 =	1	1	.	38a	27 =	1	1	.	.	.	.	.	.
	.	.	.	.	.	38	4 =	1	.	1	40b	29 Sep.	1	.	1	.	.	.	.	.
	.	.	.	.	.	.	.	.	.	.	41	18 =	1	.	1	.	.	.	.	.
	44	23 Sep.	1	1	.	.	.	.	.	.	44	7 Okt.	1	1	.	46	18 Sep.	1	1	.
	.	.	.	.	.	.	.	.	.	.	50	5 =	1	1	.	.	.	.	.	.
	.	.	.	.	.	.	.	.	.	.	51	3 =	1	.	1	.	.	.	.	.
	.	.	.	.	.	.	.	.	.	.	59	17 Sep.	1	.	1	.	.	.	.	.
	.	.	.	.	.	.	.	.	.	.	62	14 =	1	.	1	.	.	.	.	.
	.	.	.	.	.	.	.	.	.	.	=	15 =	1	1	.	.	.	.	.	.
	.	.	.	.	.	.	.	.	.	.	=	23 =	1	.	1	.	.	.	.	.
	.	.	.	.	.	.	.	.	.	.	63	15 =	1	.	1	.	.	.	.	.
	.	.	.	.	.	.	.	.	.	.	=	18 =	1	1	.	.	.	.	.	.
Summa	.	.	3	1	2	.		6	3	3	.	.	34	12	22	.	.	8	4	4

Benennung der Straßen.	1831. Haus-Nummer.	1831. Tag der Erkrankungen.	1831. Zahl der Kranken.	1831. Genesen.	1831. Gestorben.	1832. Haus-Nummer.	1832. Tag der Erkrankungen.	1832. Zahl der Kranken.	1832. Genesen.	1832. Gestorben.	1837. Haus-Nummer.	1837. Tag der Erkrankungen.	1837. Zahl der Kranken.	1837. Genesen.	1837. Gestorben.	1848. Haus-Nummer.	1848. Tag der Erkrankungen.	1848. Zahl der Kranken.	1848. Genesen.	1848. Gestorben.
Weidendamm, das Montirungsdepot	2-3	3 Dez.	1	.	1	.	.	.	.	.	.	.	.	.	.	.	.	.	.	.
Weinberg (Winkel am).	.	18 Okt.	1	1	.	.	.	.	.	.	.	.	.	.	.	.	.	.	.	.
	.	30 „	1	.	1	.	.	.	.	.	.	.	.	.	.	.	.	.	.	.
	.	31 „	1	1	.	.	.	.	.	.	.	.	.	.	.	.	.	.	.	.
	.	2 Nov.	1	1	.	.	.	.	.	.	.	.	.	.	.	.	.	.	.	.
Summa	.	.	4	3	1	.	.	.	.	.	.	.	.	.	.	.	.	.	.	.
Weinbergsgasse.	.	.	.	.	.	.	.	.	.	.	1	2 Sep.	1	.	1	12	5 Okt.	1	.	1
	.	.	.	.	.	.	.	.	.	.	2	23 „	1	1	.	.	.	.	.	.
	.	.	.	.	.	.	.	.	.	.	9	9 „	1	.	1	.	.	.	.	.
	.	.	.	.	.	.	.	.	.	.	„	10 „	1	1	.	.	.	.	.	.
	.	.	.	.	.	.	.	.	.	.	11	13 „	1	.	1	.	.	.	.	.
	.	.	.	.	.	.	.	.	.	.	12	„	1	1	.	.	.	.	.	.
	.	.	.	.	.	.	.	.	.	.	„	4 „	1	.	1	.	.	.	.	.
Summa	.	.	.	.	.	.	.	.	.	.	.	.	7	3	4	.	.	1	.	1
Weinmeisterstraße.	2	18 Nov.	1	.	1	.	.	.	.	.	3	2 Sep.	1	.	1	3	26 Sep.	1	.	1
	.	.	.	.	.	.	.	.	.	.	„	16 „	2	2	.	.	.	.	.	.
	4	3 Okt.	1	.	1	.	.	.	.	.	4	27 Aug.	3	.	3	4	12 Okt.	1	.	1
	.	.	.	.	.	.	.	.	.	.	„	13 Okt.	1	1	.	10	28 Aug.	1	1	.
	.	.	.	.	.	6	13 Okt.	1	.	1	„	20 „	1	.	1	„	1 Sep.	1	1	.
	7	6 Sep.	1	.	1	7	14 Nov.	1	.	1	7	30 Aug.	1	.	1	.	.	.	.	.
	10	26 „	3	2	1	.	.	.	.	.	„	2 Sep.	1	.	1	.	.	.	.	.
	„	28 „	1	.	1	.	.	.	.	.	„	7 „	1	.	1	.	.	.	.	.
	„	3 Okt.	1	.	1	.	.	.	.	.	„	21 „	1	.	1	12	1 Okt.	1	.	1
	„	5 „	1	.	1	.	.	.	.	.	„	23 „	1	.	1	„	3 „	1	.	1
	12	12 Sep.	1	.	1	.	.	.	.	.	„	24 „	1	.	1	14	5 „	1	1	.
	.	.	.	.	.	.	.	.	.	.	13	22 Aug.	1	.	1	17	10 Sep.	1	.	1
	.	.	.	.	.	.	.	.	.	.	„	26 „	1	.	1	20	17 Okt.	1	.	1
	.	.	.	.	.	.	.	.	.	.	„	14 Sep.	1	1	.	„	18 „	1	1	.
	.	.	.	.	.	.	.	.	.	.	17	17 „	1	.	1	„	20 „	2	2	.
Summa	.	.	10	2	8	.	.	2	.	2	.	.	18	4	14	.	.	12	6	6
Weinstr.	.	.	.	.	.	.	.	.	.	.	.	.	.	.	.	20	17 Aug.	1	.	1
	.	.	.	.	.	.	.	.	.	.	.	.	.	.	.	„	22 Okt.	1	1	.
Summa	.	.	.	.	.	.	.	.	.	.	.	.	.	.	.	.	.	2	1	1

Benennung der Straßen.	1831.					1832.					1837.					1848.				
	Haus-Nummer.	Tag der Erkrankungen.	Zahl der Kranken.	Genesen.	Gestorben.	Haus-Nummer.	Tag der Erkrankungen.	Zahl der Kranken.	Genesen.	Gestorben.	Haus-Nummer.	Tag der Erkrankungen.	Zahl der Kranken.	Genesen.	Gestorben.	Haus-Nummer.	Tag der Erkrankungen.	Zahl der Kranken.	Genesen.	Gestorben.
Werderscher Markt.	6	22 Okt.	1	1	.	.	.	.	.	.	3	25 Aug.	1	1	.	3	19 Sep.	1	.	1
Werdersche Mühlen.	.	.	.	.	.	.	.	.	.	.	.		.	.	.	7	9 Sep.	1	.	1
Wilhelmsplatz.	2	23 Okt.	1	1	.	.	.	.	.	.	4	19 Aug.	1	.	1	.	.	.	.	.
Wilhelmsstraße.	8	5 Nov.	1	1	.	.	.	.	.	.	1	16 Sep.	1	.	1	.	.	.	.	.
	„	7 „	1	.	1	.	.	.	.	.	5	1 „	1	.	1	5	28 Aug.	1	.	1
	.	.	.	.	.	.	.	.	.	.	13	3 Okt.	1	.	1	17	1 Okt.	1	1	.
	.	.	.	.	.	.	.	.	.	.	20	11 Sep.	1	1	.	21	26 „	1	.	1
	.	.	.	.	.	.	.	.	.	.	24	9 „	1	.	1	.	.	.	.	.
	.	.	.	.	.	.	.	.	.	.	25	19 Aug.	1	.	1	.	.	.	.	.
	.	.	.	.	.	.	.	.	.	.	26	5 Sep.	1	.	1	.	.	.	.	.
	.	.	.	.	.	.	.	.	.	.	28	11 Okt.	1	1	.	.	.	.	.	.
	.	.	.	.	.	.	.	.	.	.	32	20 Sep.	1	1	.	.	.	.	.	.
	66	7 Okt.	1	1	.	.	.	.	.	.	35	1 „	1	.	1	.	.	.	.	.
	84	16 Sep.	1	.	1	.	.	.	.	.	38	6 „	1	.	1	.	.	.	.	.
	„	5 Okt.	1	.	1	85	19 Okt.	1	.	1	44	22 Aug.	1	.	1	43	3 Aug.	2	.	2
	93	23 Sep.	1	.	1	„	20 „	1	.	1	93	31 „	1	1	.	„	15 Sep.	1	1	.
	.	.	.	.	.	„	27 „	1	.	1	104	4 Nov.	1	.	1	„	18 „	1	1	.
	.	.	.	.	.	.	.	.	.	.	105	26 Sep.	1	1	.	75	13 „	1	1	.
	106	5 Okt.	1	.	1	.	.	.	.	.	106	15 Okt.	3	.	3	92	15 Okt.	1	.	1
	„	7 „	1	1	.	.	.	.	.	.	„	22 „	2	2	.	94	8 Sep.	1	.	1
	„	12 „	1		1	.	.	.	.	.	108	30 Aug.	1	1	.	113	20 Okt.	1	1	.
	„	13 „	1	.	1	.	.	.	.	.	116	23 Okt.	1	.	1	.	.	.	.	.
	119	13 Nov.	1	1	.	.	.	.	.	.	119	12 Sep.	1	.	1	119	24 Aug.	1	.	1
	.	.	.	.	.	.	.	.	.	.	„	2 Okt.	2	1	1	.	.	.	.	.
	129	27 Okt.	2	1	1	.	.	.	.	.	120	21 Aug.	1	.	1	.	.	.	.	.
	„	31 „	2	2	.	.	.	.	.	.	„	8 Okt.	1	1	.	.	.	.	.	.
	„	1 Nov.	2	2	.	.	.	.	.	.	„	11 „	1	1	.	.	.	.	.	.
	„	3 „	1	1	.	134	28 Okt.	1	.	1	134	5 Sep.	1	1	.	.	.	.	.	.
	„	5 „	1	.	1	.	.	.	.	.	142	18 „	1	1	.	143	20 Okt.	1	.	1
	134	2 Okt.	1	1	.	.	.	.	.	.	144	25 „	1	.	1	.	.	.	.	.
	.	.	.	.	.	.	.	.	.	.	„	17 Okt.	1	1	.	.	.	.	.	.
	.	.	.	.	.	.	.	.	.	.	146	30 Sep.	1	.	1	.	.	.	.	.
Summa	.	.	20	11	9	.	.	4	.	4	.	.	33	14	19	.	.	13	5	8

Benennung der Straßen.	1831.					1832.					1837.					1848.				
	Haus-Nummer.	Tag der Erkrankungen.	Zahl der Kranken.	Genesen.	Gestorben.	Haus-Nummer.	Tag der Erkrankungen.	Zahl der Kranken.	Genesen.	Gestorben.	Haus-Nummer.	Tag der Erkrankungen.	Zahl der Kranken.	Genesen.	Gestorben.	Haus-Nummer	Tag der Erkrankungen.	Zahl der Kranken.	Genesen.	Gestorben.
Wilhelmsstraße, neue.	.	.	.	.	.	11	4Nov.	1	.	1	2	26Aug.	1	.	1	.	.	.	.	.
	.	.	.	.	.	.	.	.	.	.	12	31 =	1	1	.	.	.	.	.	.
Summa	.	.	.	.	.	.	.	1	.	1	.	.	2	1	1	.	.	.	.	.
Wollanksstraße.	.	.	.		.	1	10Okt.	1	.	1	5	14Sep.	1	.	1	.	.	.	.	.
	.	.	.	.	.	.	.	.	.	.	12	28Aug.	1	1	.	10	14Sep.	1	1	.
	.	.	.	.	.	.	.	.	.	.	13	4Okt.	1	1	.	15	14 =	2	2	.
Summa	.	.	.	.	.	.	.	1	.	1	.	.	3	2	1	.	.	3	3	.
Wollanks Weinberg.	.	5Okt.	1	.	1	.	.	.	.	.	.	14Aug.	1	.	1	.	14Sep.	1	.	1
	.	.	.	.	.	.	.	.	.	.	.	16 =	4	3	1	.	.	.	.	.
	.	.	.	.	.	.	.	.	.	.	.	3Sep.	1	.	1	.	.	.	.	.
	.	.	.	.	.	.	.	.	.	.	.	4 =	1	.	1	.	.	.	.	.
	.	.	.	.	.	.	.	.	.	.	.	19 =	1	.	1	.	.	.	.	.
Summa	.	.	1	.	1	.	.	.	.	.	.	.	8	3	5	.	.	1	.	1
Wüste Gasse.	.	.	.	.	.	.	.	.	.	.	1	24Aug.	1	.	1	3	29Sep	1	.	1
	.	.	.	.	.	.	.	.	.	.	=	30 =	1	.	1		.	.	.	.
	.	.	.	.	.	.	.	.	.	.	=	2Sep	2	1	1	.	.	.	.	.
Summa	.	.	.	.	.	.	.	.	.	.	.	.	4	1	3	.	.	1	.	1
Ziegelstr.	3	21Okt.	1	1	.	3	7Okt	1	1	.	3	16Aug.	1	1	.	4	29Sep	1	.	1
	15	6Sep.	1	.	1	6	19 =	1	1	.	=	8Sep.	1	.	1	7	13 =	1	.	1
	.	.	.	.	.	.	.		.	.	4	25Aug.	1	.	1	11	14 =	1	1	.
	.	.	.	.	.	.		.	.	.	=	30 =	1	.	1	22	12 =	1	.	1
	.	.	.	.	.	.	.	.	.	.	8	18Sep.	1	1	.	=	14 =	1	1	.
Summa	.	.	2	1	1	.	.	2	2	.	.	.	5	2	3	.	.	5	2	3
Zimmerstr.	.	.	.	.	.	.	.	.	.	.	5-6	7Sep.	1	.	1	12	15Sep.	1	1	.
	.	.	.	.	.	.	.	.	.	.	=	8Okt.	1	.	1	=	19 =	1	.	1
	14	14Okt.	2	.	2	.	.	.	.	.	23	16Sep.	1	.	1	14	6Okt.	1	.	1
	51	5Nov.	1	.	1	.	.	.	.	.	46	17 =	1	.	1	=	13 =	2	1	1

Benennung der Straßen.	1831.					1832.					1837.					1848.				
	Haus-Nummer.	Tag der Erkrankungen.	Zahl der Kranken.	Genesen.	Gestorben.	Haus-Nummer.	Tag der Erkrankungen.	Zahl der Kranken.	Genesen.	Gestorben.	Haus-Nummer.	Tag der Erkrankungen.	Zahl der Kranken.	Genesen.	Gestorben.	Haus-Nummer.	Tag der Erkrankungen.	Zahl der Kranken.	Genesen.	Gestorben.
Zimmerstr.	51	7 Nov.	1	.	1	.	.	.	.	.	70	16 Sep.	1	.	1	49	31 Aug.	1	1	.
	„	9 „	1	1	.	.	.	.	.	.	90	15 „	1	.	1	„	3 Sep.	2	1	1
	62	22 Okt.	1	1	.	60	10 Okt.	1	.	1	98	19 Aug.	1	1	.	98	24 „	1	.	1
	75	7 Nov.	1	1	.	65	16 „	1	1	.	„	9 Okt.	1	.	1	.	.	.	.	.
	.	.	.	.	.	.	.	.	.	.	100	27 Aug.	1	1	.	100	12 Okt.	1	.	1
	.	.	.	.	.	.	.	.	.	.	„	3 Sep.	1	.	1	.	.	.	.	.
	.	.	.	.	.	.	.	.	.	.	„	10 „	2	1	1	.	.	.	.	.
	.	.	.	.	.	.	.	.	.	.	„	16 „	1	.	1	.	.	.	.	.
Summa	.	.	7	3	4	.	.	2	1	1	.	.	13	3	10	.	.	10	4	6

Total - Uebersicht.

	1831.			1832.			1837.			1848.		
	Zahl der Kranken.	Genesen.	Gestorben.	Zahl der Kranken.	Genesen.	Gestorben.	Zahl der Kranken.	Genesen.	Gestorben.	Zahl der Kranken.	Genesen.	Gestorben.
In den Häusern sind erkrankt in Summa . . .	2158	808	1350	587	189	398	3515	1199	2316	2300	782	1518
hierzu auf Kähnen in der Stadt . .	81	33	48	23	9	14	52	20	32	98	28	71
obdachlos . . .	35	10	25	3	3	.	13	5	8	8	3	5
Total-Summa	2274	851	1423	613	201	412	3580	1224	2356	2406	812	1594

Tab. II.

Wöchentliche Uebersicht der Erkrankungen in den vier Cholera-Epidemien.

	Woche.	1831.	Woche.	1832.	Woche.	1837.	Woche.	1848.
Monat Juni	.	.	.	1	.	.	.	.
Monat Juli	.	.	.	1	.	.	.	.
27 Juli — 2 August	.	.	.	1	.	.	1.	5
3 Aug. — 9 „	.	.	.	.	.	.	2.	15
10 „ —16 „	.	.	.	.	1.	52	3.	49
17 „ —23 „	.	.	.	.	2.	417	4.	70
24 „ —30 „	.	.	1.	2	3.	766	5.	188
31 „ — 6 Septbr.	1.	64	2.	4	4.	591	6.	300
7 Sep. —13 „	2.	163	3.	11	5.	490	7.	466
14 „ —20 „	3.	336	4.	6	6.	538	8.	391
21 „ —27 „	4.	217	5.	6	7.	319	9.	193
28 „ — 4 Oktobr.	5.	249	6.	20	8.	159	10	142
5 Okt. —11 „	6.	251	7.	69	9.	80	11.	190
12 „ —18 „	7.	271	8.	106	10.	56	12.	184
19 „ —25 „	8.	239	9.	83	11.	47	13.	107
26 „ — 1 Novbr.	9.	135	10.	85	12.	30	14.	45
2 Nov. — 8 „	10.	141	11.	52	13.	21	15.	31
9 „ —15 „	11.	64	12.	43	14.	8	16.	23
16 „ —22 „	12.	63	13.	34	15.	4	17.	6
23 „ —29 „	13.	22	14.	16	16.	2	18.	1
30 „ — 6 Dezbr	14.	10	15.	9	.	.	.	.
7 Dez. —13 „	15.	5	16.	7	.	.	.	.
14 „ —20 „	16.	11	17	21	.	.	.	.
21 „ —27 „	17.	5	18.	8	.	.	.	.
28 „ — 3 Januar	18.	6	19.	5	.	.	.	.
4 Jan. —10 „	19.	3	20.	4	.	.	.	.
11 „ —17 „	20.	8	21.	9	.	.	.	.
18 „ —24 „	21.	9	22.	7	.	.	.	.
25 „ —31 „	22.	2	.	.	.	.	.	.
Monat Februar. . .	.	.	.	1	.	.	.	.
Monat März	.	.	.	2	.	.	.	.
Summa	.	2,274	.	613	.	3,580	.	2,406

Tab. III.

Ausbreitung der Cholera in der ganzen Stadt und in einzelnen Stadttheilen.

In der ganzen Stadt Berlin

	waren				An Cholerafällen kamen vor			Die Kranken vertheilen sich auf	
	Straßen.	Häuser	Einwohner	Cholera-fälle.	bei Obdachlosen.	auf Kähnen.	in Häusern.	Straßen.	Häuser.
1831	282	7,330	248,682	2,274	35	81	2,158	206	986
1832	282	7,330	248,682	613	3	23	587	129	325
1837	326	7,614	283,722	3,580	13	52	3,515	247	1,762
1848	338	10,000	450,000	2,406	8	98	2,300	242	1,258

In der Friedrichsstadt und Dorotheenstadt

	kamen			
	auf Straßen.	mit Häusern.	Einwohner.	Cholera-fälle
1831	30	2,098	.	173
1832	24	1,894	.	92
1837	36	2,118	.	390
1848	43	2,443	.	213

In dem vom Festungsgraben begränzten Theil der innern Stadt

	kamen			
	auf Straßen.	mit Häusern.	Einwohner.	Cholera-fälle.
1831	73	1,896	.	523
1832	48	1,603	.	150
1837	88	1,949	.	1,018
1848	74	1,907	.	629

Im Voigtlande

	kamen			
	auf Straßen.	mit Häusern.	Einwohner.	Cholera-fälle.
1831	7	334	.	271
1832	5	247	.	69
1837	8	338	.	321
1848	9	426	.	108

Tab. IV.

Vergleichende Tabelle für die vorzugsweise Betheiligung einzelner Straßen.

Es ereigneten sich Cholerafälle:	1831.	1832.	1837.	1848.
in der Ackerstraße	**41**	.	**59**	6
„ „ Auguststraße	12	13	**93**	25
„ „ Bergstraße	**45**	7	**43**	14
„ „ Blumenstraße	4	.	10	**34**
„ „ Brunnenstraße	**20**	2	**25**	9
„ „ Fischerbrücke	**24**	5	13	5
„ „ Gartenstraße	**142**	**37**	**141**	42
„ „ Gr. Hamburgerstraße . .	9	4	**30**	**25**
„ „ Hirtengasse	.	.	**19**	7
„ „ Jüdenstraße	**37**	3	18	14
„ „ Königsmauer	**28**	1	26	9
„ „ Königsthor, vor dem . . .	3	.	12	**22**
„ „ Kreuzgasse	.	4	**17**	6
„ „ Kürassierstraße	3	1	2	**16**
„ „ Landsbergerstraße	5	2	**35**	**35**
„ „ Lindenstraße	4	2	**22**	6
„ „ Linienstraße	31	13	**90**	33
„ „ Mulacksgasse	3	10	**38**	9
„ „ Poststraße	8	6	**17**	**15**
„ „ Prenzlauerstraße	**43**	4	**65**	29
„ „ Rosenqueergasse	**17**	.	7	**14**
„ „ Schiffbauerdamm	**32**	4	**32**	**44**
„ „ Schleuse	**14**	**7**	7	10
„ „ Schönhauserstraße, neue . .	4	1	**14**	3
„ „ Schumannsstraße	1	1	**25**	6
„ „ Spandauerstraße	8	5	**25**	6
„ „ Spreegasse	5	.	**13**	3
„ „ Stralauerstraße	23	6	**64**	**40**
„ „ Wallstr. (ohne neues Hospital)	24	7	40	**93**
„ „ Weberstraße	3	6	**34**	8

Tab. V. Gruppenweises Auftreten der Cholera in Berlin.

Es ereigneten sich Cholerafälle

in demselben Hause.	1831.		1832.		1837.		1848.		Bemerkungen.
2 Fälle	175mal	Sa. 350	55mal	Sa. 110	351mal	Sa 702	237mal	Sa. 474	
3 =	69 =	= 207	14 =	= 42	141 =	= 423	107 =	= 321	
4 =	36 =	= 144	10 =	= 40	75 =	= 300	31 =	= 93	
5 =	21 =	= 105	5 =	= 25	33 =	= 165	14 =	= 70	
6 =	12 =	= 72	2 =	= 12	39 =	= 234	13 =	= 78	
7 =	7 =	= 49	1 =	= 7	14 =	= 98	5 =	= 35	
8 =	4 =	= 32	.	.	11 =	= 88	2 =	= 16	
9 =	4 =	= 36	.	.	4 =	= 36	3 =	= 27	
10 =	3 =	= 30	.	.	5 =	= 50	2 =	= 20	
11 =	1 =	= 11	1 =	= 11	5 =	= 55	3 =	= 33	
12 =	1 =	= 12	.	.	1 =	= 12	1 =	= 12	
13 =	1 =	= 13	.	.	1a =	= 13	2 =	= 26	a. Artilleriekaserne.
14 =	1 =	= 14	1 =	= 14	1 =	= 14	1b =	= 14	b. Alexanderkaserne.
15 =	.	.	.	.	1 =	= 15	.	.	
16 =	1 =	= 16	.	.	1c =	= 16	1 =	= 16	c. Hospital i. d. Wallstr.
17 =	2d =	= 34	.	.	.	.	1e =	= 17	d. u. e. Artilleriekaserne.
19 =	.	.	.	.	.	.	1 =	= 19	
21 =	.	.	1f =	= 21	1 =	= 21	.	.	f. Invalidenhaus.
22 =	.	.	1g =	= 22	.	.	.	.	g. Arbeitshaus.
23 =	.	.	.	.	1h =	= 23	.	.	h. Armenbeschäftigungs-Anstalt.
24 =	.	.	.	.	1 =	= 24	.	.	
32 =	.	.	.	.	.	.	1i =	= 32	i. Hospital i. d. Wallstr.
38 =	.	.	.	.	.	.	1k =	= 38	k. Armenbeschäftigungs-Anstalt.
44 =	.	.	.	.	1l =	= 44	.	.	l. Arbeitshaus.
49 =	.	.	.	.	2m =	= 98	.	.	m. Charité.
52 =	1n =	= 52	1o =	= 52	.	.	.	.	n. Armenbeschäftigungs-Anstalt. o. Charité.
62 =	.	.	.	.	.	.	1p =	= 62	p. franz. Waisenhaus.
67 =	.	.	.	.	.	.	1q =	= 67	q. Arbeitshaus.
70 =	1r =	= 70	.	.	.	.	.	.	r. Arbeitshaus.
77 =	2s,t =	= 154	.	.	.	.	.	.	s. Charité, t. Hospital in der Wallstraße.
102 =	1u =	= 102	.	.	.	.	.	.	u. Familienhaus in der Gartenstraße.
Nicht isolirte Fälle	.	1505	.	354	.	2431	.	1469	
Isolirte Fälle. . .	.	653	.	233	.	1084	.	831	
Ueberhaupt in Häusern	.	2158	.	587	.	3515	.	2300	
auf Kähnen	.	81	.	23	.	52	.	98	
obdachlos .	.	35	.	3	.	13	.	8	
Summa der Kranken	.	2274	.	613	.	3580	.	2406	

Tab. VI. Krankheitsheerde in Privathäusern.

Es kamen in demselben Hause vor.	1831.	1832.	1837.	1848.
8 Kranke	Gartenstraße Nr. 10. Prenzlauerstr. Nr. 19. Schiffbauerdamm Nr. 17. Wilhelmsstr. Nr. 129.		Auguststraße Nr. 38. Neue Friedrichsstraße Nr. 32. Jakobsstraße Nr. 16. Köpnickerstr. Nr. 79. Landwehrstr. Nr. 16. Markgrafenstraße Nr. 107. Roßmariengasse Nr. 2. Schumannsstr. Nr. 10. Schützenstr. Nr. 68. Spandauerstr. Nr. 50. Weberstraße Nr. 33.	Blumenstr. Nr. 37b. Landsbergerstraße Nr. 80a.
9 Kranke	Gartenstraße Nr. 50. Petristraße Nr. 27. Stallschreibergasse Nr. 1.		Prenzlauerstr. Nr. 19.	Landsbergerstr. Nr. 80.
10 Kranke	Elisabethstr. Nr. 59.		Hirtengasse Nr. 6. Koppenstraße Nr. 13. Louisenstraße Nr. 31. Prenzlauerstr. Nr. 3.	Gr. Hamburgerstraße Nr. 30a. Kürassierstr. Nr. 22.
11 Kranke	Gr. Jüdenhof Nr. 4.		Kurzestraße Nr. 16. Linienstraße Nr. 48. Stralauerstr. Nr. 50. Waßmannsstr. Nr. 29.	Elisabethstr. Nr. 47. Gartenstraße Nr. 11. Dresdenerstr. Nr. 61.
12 Kranke	Feldstraße Nr. 4.		Prenzlauerstr. Nr. 26.	Schiffbauerdamm Nr. 19.
13 Kranke	Köpnickerstr. Nr. 78.			Königsthor Nr. 11.
14 Kranke	Holzmarktplatz Nr. 10.		Mulacksgasse Nr. 35.	
16 Kranke	Prenzlauerstr. Nr. 26.			Wallstr. Nr 44—45.
17 Kranke	Bergstraße Nr. 20.			
19 Kranke				Blumenstraße Nr. 38.

Berichtigungen.

Seite 17, Zeile 11 u. 12 v. u. muß es anstatt „am wenigsten“ heißen „am meisten“.
- 20, - 20 v. u. anstatt Schifferbrücke — Fischerbrücke.
- 27, - 11 v. u. anstatt 70 — 72.
- 32, - 10 v. o. anstatt 16 — 18.

Nachträgliche Notiz.

Durch allerlei Hindernisse ist der Druck der vorstehenden statistischen Uebersicht leider so verzögert worden, daß inzwischen Berlin abermals von der epidemischen Cholera heimgesucht worden ist. Indessen glaubte ich die bisherige Zusammenstellung um so weniger zurückhalten zu dürfen, als die Vergleichung des Ganges der diesjährigen Epidemie mit den früheren manches Interesse darbietet.

Berlin, den 16ten August 1849.

Der Verfasser.

Berlin, gedruckt bei C. Feister.

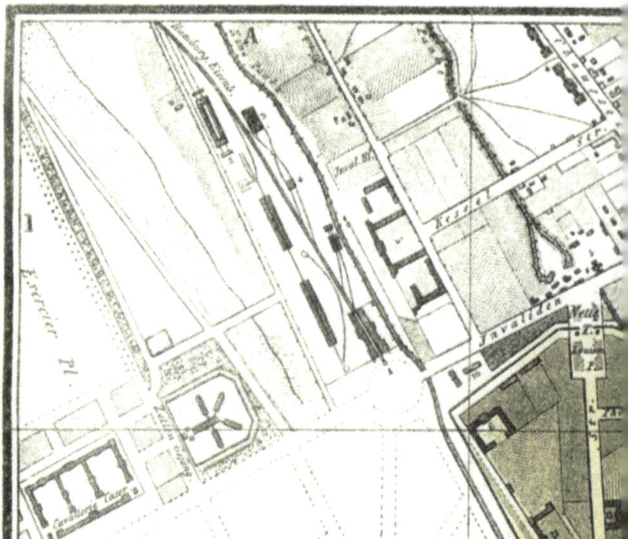

Exercier Pl.
Cavallerie Caserne
Invaliden
Kessel Str.
Unterbaum
Bade A.
Zelte
Brandenb. T.

PLAN VON

V o i g t l a n d
Hamburger
Linien
August
Oranienburger
Sophien
Johannis
Monbijou

N BERLIN.

D
Windmühlen B.
Schönhaus.
Prenzlau.
Landsberger
Elisabeth
Gr. Frankfurter
Stralower

F
1
2
Communication
Friedrichs Hain
Landsberger
Str. T.
Str.
Neue

Berlin.

Alt Cöln

Fri

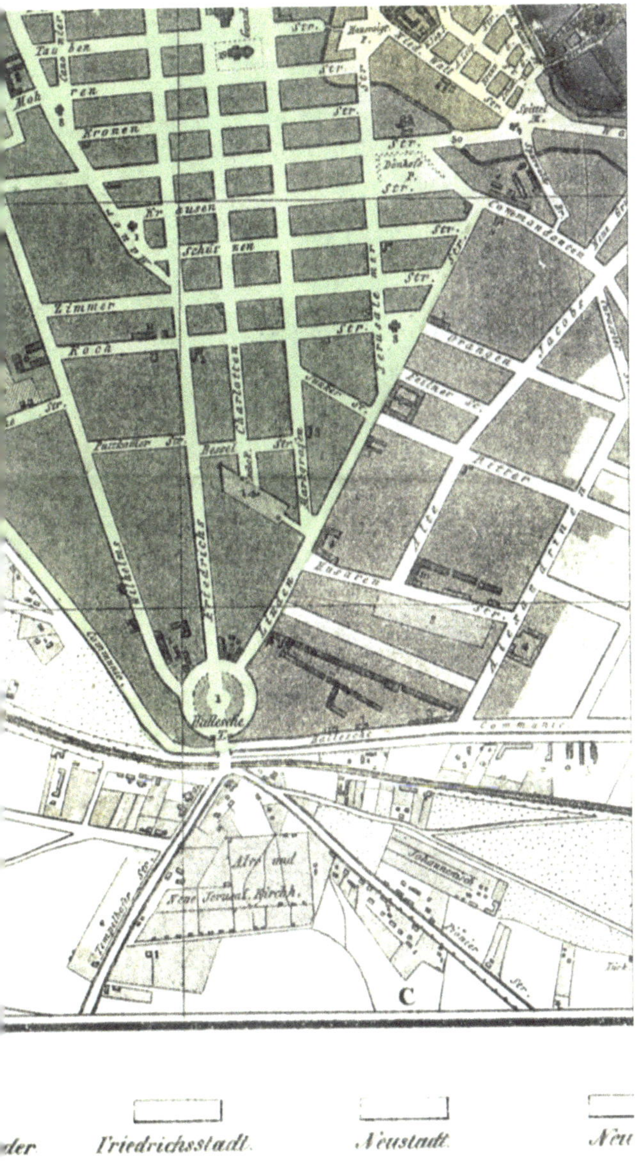

Tauben
Mohren
Kronen
Krausen
Schützen
Zimmer
Koch
Charlotten
Friedrichs
Linden
Commandanten
Oranien
Ritter
Husaren
Dönhofs P.
Hallesche T.
Alte und Neue Jerusal. Kirchh.
C
Friedrichsstadt.
Neustadt.

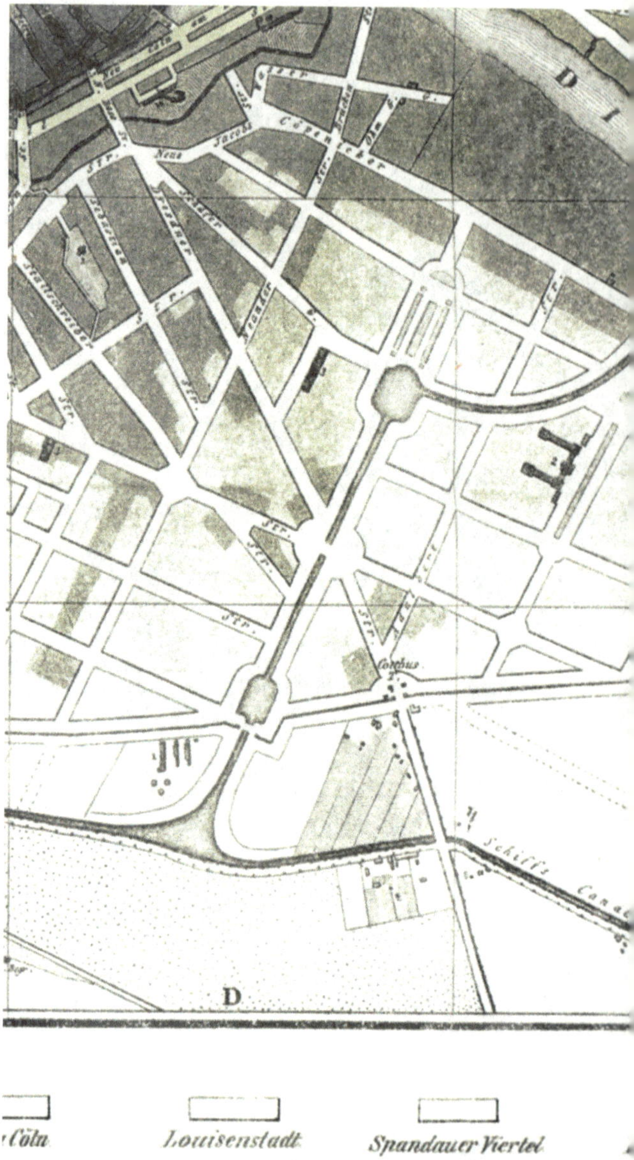
Cöpenicker
Schiffs
D
Cöln
Louisenstadt
Spandauer Viertel

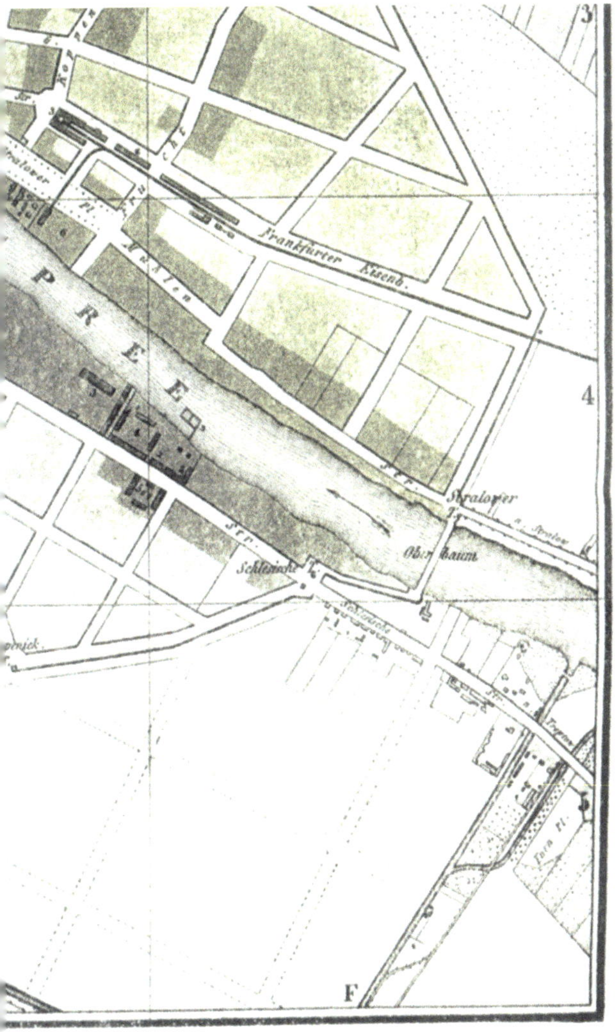

Stralauer Viertel. *Fried. Wilhelmstadt.*

FSC
www.fsc.org
MIX
Papier | Fördert
gute Waldnutzung
FSC® C083411

Kolibri 360 GmbH
Ferdinand-Jühlke-Straße 7
99095 Erfurt, Deutschland
produktsicherheit@kolibri360.de